KB220201

과거 우리가 경험한 한국 교회의 부흥은 신앙의 선배들이 3-40년 전 교회 학교에 뿌린 씨앗의 열매였다고 해도 지나치지 않을 것입니다. 반대로 지금 한국 교회가 겪는 위기 역시 교회 학교의 문제와 맞닿아 있습니다. 우리 사회는 지난 3-40년간 급격한 변화를 경험했지만 교회 교육은 예전에 비해 조금도 나아진 것이 없습니다. 미래의 한국 교회는 고령화와 저출산 문제와 씨름해야 합니다. 그런데 심각한 문제는 다음 세대가 현재의 "흐름"을 어떻게 극복할 수 있을지에 대한 실마리조차 보이지 않는다는 것입니다. 2020년이면 교회 학교는 어떻게 될 것이라는 "통계"와 "예측"이 난무하고 수많은 대안이 제시되지만 비현실적인 구호에 그치는 경우가 대부분입니다. 게다가 한국 교회와 교회 학교 현장에 만연한 "신학의 부재(不在)"는 우리의 미래를 더 혼란스럽게 할 뿐입니다.

이런 시기에 일선 교육 현장에서 고투하는 선생님들과 삼일교회 사역자들이 함께 고민하면서 제작한 이 책은 시대적 요구에 부응하는 결과물이라고 확신합니다. 1563년에 만들어진 하이델베르크 교리문답은 참된 신학이 무엇이고 바른 교회 교육이 무엇인지를 일목요연하게 제시해준 소중한 신앙 유산입니다. 하이델베르크 교리문답을 기초로 하는 이 책도 바른 신학과 교육이 무엇인지를 우리에게 말해줍니다. 게다가 실제 교육 현장에 계신 선생님들이 "인문 고전"을 논하는 형태로 다음 세대의 눈높이에 맞추어 신앙을 전수하려는 이 책의 시도는, 지난 3-40년간 정체된 교회 교육을 위한 훌륭한 자극제가 될 것입니다.

다음 세대의 신앙 교육을 위해 각 지역 교회와 그리스도인 선생님들이 연합하여 머리를 맞대고 고민할 때, 지금의 위기는 오히려 새로운 기회가 될 수 있을 것입니다. 우리는 "통계"와 "예측"을 뛰어넘어 다음 세대를 위해 몸을 던지는 노력을 쏟아부어야 합니다. 개별 교회에서뿐 아니라 교회 교육의 다양한 주체들이 더 많은 노력과 고민을 한곳에 모을 때, 우리의 미래는 소망으로 바뀌게 되리라 믿습니다.

송태근 | 삼일교회 담임 목사

삼일교회의 교회 학교 교역자들과 소명중고등학교 선생님들이 힘을 합쳐 말씀 가운데 기도하고 고민하며 하이델베르크 교리문답을 인문 고전으로 풀어낸 이 책을 출간하게 되어 참 감사합니다. 저도 예전에 하이델베르크를 방문하여 교리문답이 만들어진 교회와 역사적 흔적을 둘러본 적이 있습니다. 이 책은 그때의 기쁨을 생생하게 되살려주었습니다.

하이델베르크 교리문답을 문학, 역사, 예술을 포함한 인문학과 역사 속 인물들—예수님을 영접한 사람이든, 예수님을 거부한 사람이든—의 이야기를 통해 풀어내었다는 것은 큰 성과라고 생각합니다. 하나님의 말씀인 성경을 정리하고 요약한 하이델베르크 교리문답과 인간에 집중하여 그 가치를 탐구하는 인문학의 만남은 일면 어색할 수 있습니다. 그 어색함을 뛰어넘어 인문학으로 하나님의 말씀인 성경이 정당하고 합당할 뿐 아니라 진리임을 논증할 수 있다는 사실이 흥미롭게 다가옵니다. 이것이야말로 이 책의 가장 큰 장점이요, 글쓴이들의 풍부한 창조적 상상력이 발현된 결과라고 하겠습니다.

이로 미루어보건대 그리스도인 교사와 부모, 교회 교역자 등 다음 세대에게 신앙을 전수하고자 하는 모든 사람은, 주변에 일어나는 사건과 다양한 책을 통해서, 또한 미술관 전시를 관람하거나 음악을 감상하면서도 "예수 그리스도가 만왕의 왕이요 만주의 주"라는 사실을 소개하고 가르칠 수 있을 것입니다. 이 땅의 그리스도인 교사와 부모, 교회 교역자들이 이 책을 길잡이 삼아 학교와 가정 및 교회에서 "교육과 선교"를 통합해나갈 수 있기를 기도합니다. **신병준** | 소명중고등학교 교장, 좋은교사운동 이사장

청소년을 위한
하이델베르크 교리문답 1

독일의 인문 고전으로
이해하는

청소년을 위한

하이델
베르크
교리문답

1

박양규 지음

Holy
WavePlus

차례

너는 진리의 말씀을 옳게 분별하며

부끄러울 것이 없는 일꾼으로 인정된 자로

자신을 하나님 앞에 드리기를 힘쓰라.

_ 디모데후서 2:15

하멜른의 음식점 간판. 피리 부는 사나이가 새겨져 있다.

독일 프랑크푸르트(Frankfurt am Main)에서 북쪽으로 한참을 달리면 하멜른(Hameln)에 도착한다. 이 도시는 그림(Grimm) 형제의 「하멜른의 피리 부는 사나이」라는 이야기로 유명하다. 그 이야기에서 들끓는 쥐 때문에 골치를 썩던 하멜른의 시장은 쥐를 없애주겠다는 낯선 남자에게 상금을 주기로 약속한다. 그 남자는 피리 소리로 도시의 모든 쥐를 유인해 강에 빠뜨려 죽인다. 하지만 하멜른 사람들은 그 남자를 수상한 사람으로 몰아 약속한 상금을 주지 않고 마을에서 쫓아내 버린다. 이후에 조용히 돌아온 그 사나이는 피리를 불어 마을의 아이들을 모은 후 아이들과 함께 사라져버린다.

하멜른의 골목길. 쥐 문양이 인상적이다.

그림 형제는 독일에서 전해 내려오는 민담과 설화를 바탕으로 이 이야기를 만들었는데, 흥미롭게도 하멜른 시청사에서 발견된 13세기 문서에는 실제로 쥐 떼로 인한 피해에 대한 기록이 남아 있다고 한다. 그런데 이 이야기에서 우리의 눈길을 끄는 부분은 따로 있다. 피리 부는 사나이가 아이들을 이끌고 사라진 시간은 언제였을까? 놀랍게도 그 시간은 주일 오전으로서 어른들은 모두 예배당에 가고 없었다. 하멜른은 시민 전부가 예배를 드릴 만큼 종교성이 강한 도시였지만 아이들은 교회에서 배척된 존재였고, 그런 모순은 결국 아이들을 잃는 비극으로 이어졌던 것이다.

이 이야기를 오늘날 우리의 현실과 비교할 때 소름이 돋을 정도로 유사성이 느껴지는 이유는 무엇일까? 「하멜른의 피리 부는 사나이」는 우리의 현실에 대한 엄중한 경고를 들려준다. 하멜른의 어른들처럼 우리는 신앙생활을 삶의 중심에 두고 살아가지만 아이들은 언제나 관심의 사각지대에 놓여 있다. 30년 전과 지금의 교회 교육을 비교해보라. 과연 무엇이 얼마만큼 변했는가? 많은 교회가 건축, 차량 구입, 선교를 위해서는 예산을 물 쓰듯 쓰면서도 교육을 위한 예산 편

성에는 미온적인 것이 현실이다. 그런 무관심으로 인해 우리는 스스로 "피리 부는 사나이"를 만들고 있는지도 모른다.

다음 세대를 잃으면 교회의 미래도 잃는다. 교회 건물을 쌓아 올리고, 지구 반대편의 생면부지(生面不知)의 사람들을 살린다는 구호에만 매달린 채 우리는 미래를 상실해가고 있다. 인정하기 싫지만 그게 우리의 현실이다. 이런 현실 앞에서 어떤 사람들은 교회 학교의 몰락을 예측하고 통계를 내는 것에 시간과 물질을 쏟아부으며 발만 동동 구른다. 그러나 이제는 모두 팔 걷고 나서서 "피리 부는 사나이"에게 빼앗긴 아이들을 되찾는 일에 사활을 걸어야 하지 않을까?

그런 절박한 심정으로 삼일교회의 교회 학교 사역자들과 학교 현장의 선생님들이 힘을 모아 이 책을 만들었다. 이 책은 피리 부는 사나이에게 맞서려는 어른들의 발버둥 중 하나다. 이런 노력이 쌓이고 쌓이면 우리의 미래인 아이들의 "상실"을 막을 수 있으리라 기대해본다.

선생님들의 이야기

정승민 선생님(소명중고등학교, 역사)

교회는 아이들에게 무엇을 가르쳐야 할까? 성경 이야기만 하면 교회의 책임을 다한 것일까? 우리 주변에는 교회 안에서 자라다가 어느 순간 인본적인 세계관으로 가득한 지식을 접하면서 교회를 등지는 젊은이가 많다. 우리가 다음 세대의 신앙 교육을 책임지고자 할 때 성경과 일반 학문을 연결하는 노력을 기울여야 할 이유가 여기에 있다. 이 책은 그 교차점을 모색하는 몸부림이라는 측면에서 의미가 있다. 이런 시도가 한국 교회에 자극을 주어 교회 교육의 지평을 넓히는 촉매제가 되기를 바란다. 개인적으로 성경, 과학, 음악, 미술, 문학을 전공한 선생님들과 협력하는 과정을 통해 다양한 사고를 접하며 생각이 넓어진 것은 매우 유익한 경험이었다. 모쪼록 이 책을 접하는 독자들도 교회와 학교에서 배우는 지식이 성경적 세계관 속에서 어떻게 조화되는지를 경험하기 바란다. 더불어 다음 세대를 향한 교회의 관심이 더욱 풍성해지기를 기도한다.

박광제 선생님(소명중고등학교, 기독교 세계관)

나는 지난 15년간 교회와 기독교 학교에서 성경을 가르치면서 교육 현장에서 학생들에게 실제로 예수님을 어떻게 보여주어야 하는지에 대해 고민이 많았다. 그러던 중 하나님은 소중한 동역자들을 만나게 해주셨다. 그 동역자들은 우선 약 450년 전에 하이델베르크 교리문답을 작성한 우르시누스(Zacharias Ursinus, 1534-1583)와 올레비아누스(Caspar Olevianus, 1536-1587)다. 그들은 성경의 핵심 내용을 누구나 이해할 수 있도록 쉬운 말을 사용해 129개의 문답으로 정리했다. 그들이 만든 하이델베르크 교리문답은 지금까지 가장 사랑받는 교리문답 중 하나다. 그다음 동역자들은 이 책의 기획자인 박양규 목사님과 담당 주제와 관련하여 글을 쓰신 선생님들이다. 나는 이들과의 협력을 통해 다양한 교과들이 하이델베르크 교리문답에 녹아 있는 하나님의 말씀과 만나 "합력하여 선을 이루는 것"

을 볼 수 있었다. 이 책은 기독교 교육 현장의 목회자와 교사들이 함께 만든 하이델베르크 교리문답 해설서이자 말씀과 학문의 통합을 보여주는 신앙 서적이다. 많은 사람이 교회 학교의 위기에 대해 말하는 지금, 이 책은 다양한 세계관 속에서 진리를 변증하는 새로운 도전으로서 신선한 자극을 줄 것이다.

강오성 선생님(소명중고등학교, 문학/윤리)

나는 대학생 시절 윤리교육학을 복수 전공하며 어쭙잖게 철학을 공부했다. 그 당시 접한 유명한 철학자들의 사상과 교수님들의 인본주의적 강의는 하나님에 대한 나의 믿음을 흔들어댔다. 나는 이런 경험 가운데서 나 자신이 일종의 "세뇌된 종교인"이 아닌지 의심했었다. 그러나 우리는 "만물이 그로 말미암아 지은 바 되었으니 지은 것이 하나도 그가 없이는 된 것이 없느니라"(요 1:3)라는 말씀을 통해 만물의 창조주가 하나님이심을 알게 된다. "만물" 속에는 지식도 포함된다. 우리에게 창조주를 발견할 수 있는 지력과 사고력을 주신 분도 하나님이시다. 하지만 내가 접한 얕은 철학 지식이 나의 믿음을 흔들었던 것처럼 이 땅에는 하나님의 존재를 부정하는 지식도 존재한다. 하나님과의 바른 관계 속에서 참된 지식을 쌓는 일은 그리스도인에게, 특별히 성장 과정에 있는 청소년에게 매우 중요하다. 우리는 삶의 "고뇌"를 표현하는 문학에서, 삶의 "옳음"을 논하는 윤리 속에서 하나님에 대한 지식의 흔적을 발견할 수 있다. 이 책에서 그런 흔적들을 통해 하나님을 알게 하려는 시도를 확인해보기 바란다.

이효선 선생님(소명중고등학교, 국어/문학)

이 세상의 어떤 것도 하나님께 속하지 않은 것은 없다. 하늘을 찌를 듯이 높이 솟은 광대한 산부터 내 발치의 작은 풀꽃까지, 세상의 모든 사람과 이곳에 서 있는 나 자신도 모두 하나님께 속한다. 우리가 배우는 다양한 지식 역시 그렇다. 글을 쓰고 수학 문제를 풀어내는 지혜도 그렇다. 성경은 물론이고 이 세상의 다양한 지식 역시 하나님과 무관하지 않다. 우리 주변을 둘러싼 자연과 사람들, 우리가 알고 있는 모든 지혜와 지식도 다 하나님께 속한 것이다. 더 나아가 모든 학문에는 하나님의 성품이 담겨 있다. 소위 "일반은총" 속에 담긴 하나님의 흔적을 발견할 때 우리는 하나님을 더 명확하게 이해하고 더 풍성하게 사랑할 수 있을 것이다. 이 책이 교리(성경)와 인문학의 다양한 주제를 연결하는 것은 바로 그런 목적 때문이다. 우리를 둘러싼 모든 것이 분절되지 않고 하나님의 지혜 안에서 통합되길 기도한다.

김성민 선생님(소명중고등학교, 음악)

기독교 교육의 핵심 목적은 그리스도를 닮아가는 삶에 있다. 그것은 성경적 지식의 축적이나 종교적 습관의 형성을 의미하지 않는다. 지식과 습관보다 더 중요한 것이 삶과 가치관의 변화다. 이를 위해서 교회 교육의 주체들이 연합하고 합력할 수 있는 다양한 시도가 필요하다. 그 시도와 관련해 우리는 그동안 교회 교육이 등한시했던 심미적 경험과 연결된 교육 활동, 즉 음악, 예술, 미학 분야를 염두에 둘 필요가 있다. 사람들이 음악의 바탕이 되는 심미성을 삶 속에서 일상적으로 경험하고 그것을 통해 삶을 변화시키도록 고양하는 교육적 시도들은 교회 교육의 새로운 대안이 될 것이다. 나는 이 책에서 작곡가인 바흐(Johann Sebastian Bach, 1685-1750), 헨델(Georg Friedrich Händel, 1685-1759), 베토벤(Ludwig van Beethoven, 1770-1827), 브람스(Johannes Brahms, 1833-1897) 등의 삶을 조명하고 그들의 삶과 작품 속에 담긴 신앙을 추적해보았다. 그들이 어떻게 역경과 고난 속에서 신앙을 꽃피우고 그것을 예술작품으로 승화시켰는지 알아가는 과정을 통해 독자들이 참된 그리스도인의 모습으로 세워져 가기를 기도한다.

백병환 선생님(소명중고등학교, 미술)

나는 오랜 시간 동안 "건강한 공부"를 모색해왔다. 지식이 더해갈수록 타인을 배제하고 보이지 않는 것들의 가치를 배척하는 폐쇄된 공부가 아니라, 끊임없이 우리를 속박하는 것들로부터의 자유를 얻게 하는 전략적 공부, 함께 살아가기 위한 공부가 건강한 공부다. 건강한 공부를 하려면 성경은 거룩하고 학교에서 배우고 가르치는 내용은 "세속적"이라고 보는 이분법적 이해를 뛰어넘어야 한다. 나와 아이들이 지금부터, 그리고 평생 힘써야 할 건강한 공부를 찾기 위한 시도 중 하나가 바로 이 책이다.

이현래 선생님(노원고등학교, 물리)

고대 그리스의 아르키메데스(Archimedes, 기원전 287?-212)는 목욕을 하던 중 고민하던 문제의 답을 깨닫고는 "유레카"(알아냈다)라고 외치며 벌거벗은 채 거리로 뛰쳐나갔다. 진리를 발견하는 기쁨은 바로 그런 것이다. 성경은 물론이고 창조세계 속에도 깃들어 있는 진리를 발견하고 아이들에게 가르치는 것은 우리의 사명이요, 하나님의 영광을 드러내는 일이다. 우리는 아이들에게 자연과 학문을 통해서 하나님을 볼 수 있는 눈을 길러주어야 한다. 그래야 그 영역 속에서도 우리 아이들이 소명을 발견하고 기뻐할 수 있기 때문이다. 과학은 창조세계의 아름다움과 창조의 질서를 다루는 학문이다. 이 책에서 하이델베르크 교리문답을 해설하면서 과학과의 접촉점을 찾는 것은 매우 신선한 시도로서 독자들에게 색다른 기쁨을 안겨줄 것이다. 이 책을 읽는 사람 중에서 뉴턴(Isaac Newton, 1642-1727)이나 케플러(Johannes Kepler, 1571-1630) 같은 믿음의 과학자들이 등장하는 것도 기대해본다.

이 책의 특성과 활용법

이 책은 1563년에 독일 하이델베르크에서 작성된 하이델베르크 교리문답을 52주에 걸쳐 공부할 수 있도록 52과(1, 2권 각 26과)로 구성한 교리 해설서다. 특히 각 과에 해당하는 핵심 사상을 독일과 관련된 "인문 고전"과 관련지어 설명한다. 여기에는 문학, 과학, 역사, 음악, 미술, 철학 등의 다양한 내용이 포함되는데, 이 책의 구성과 관련하여 다음과 같은 사항들을 염두에 두면 도움이 될 것이다.

각 과의 처음 부분에 등장하는 "그림으로 이해하기"는 화두를 던지는 그림 한 폭을 소개한다. 여기서 소개하는 그림들은 독일 내의 유명한 미술관, 즉 베를린 국립회화관, 드레스덴 국립미술관, 뮌헨 소재 바이에른 주립미술관의 알테 피나코테크 등에 소장되어 있다. 각 미술관에 방문하면 해당 작품을 어렵지 않게 찾을 수 있다. 작품들이 작가별, 국가별, 시대별로 잘 분류되어 있을 뿐 아니라 안내인에게 그림을 보여주면 해당 전시관으로 안내해주기 때문이다.

그다음에 이어지는 "성경 수업"에서는 해당 과와 관련한 성경적 주제를 다룬다. 각 주제는 하이델베르크 교리문답의 순서에 따른 것이다. 여기서 소개되는 "관련 성구"도 눈여겨볼 필요가 있다.

"성경 수업"과 대비되는 "교실 밖 수업"에서는 앞에서 다룬 내용을 인문 고전과 연결해 심화 설명하는 시도를 한다. "교실 밖 수업"은 자연스럽게 "선생님의 칠판"으로 이어지는데 독자들은 이를 통해 성경적 주제가 역사, 철학, 문학, 과학, 미술, 음악 등의 주제와 어떻게 통합되는지 확인할 수 있을 것이다. 한편 여기에 소개되는 역사적 사건, 인물, 개념 등은 모두 독일의 지역들과 연결되어 있으며, 이 책은 독자들이 직접 그 장소에 가서 보고 배울 것을 염두에 두었다. 즉 "교실 밖 수업"과 "선생님의 칠판"은 현장 견학 준비를 돕는 내용을 담고 있다고 볼 수도 있다.

각 과의 마지막 부분은 "믿음 노트"다. 공부한 내용을 생각으로만 정리하는 것과 직접 손으로 쓰며 정리하는 것은 매우 큰 차이가 있다. 배운 내용을 손으로 기록하면 자신이 정확하게 무엇을 알고 무엇을 모르는지 파악하면서 배운 내용을 머릿속에 각인할 수 있다. 또한 배운 내용을 글로 정리하면 글쓰기와 사고 능력이 눈에 띄게 향상된다. 책을 모두 읽은 후 1과를 마치고 쓴 믿음 노트의 내용과 마지막 과를 마치고 쓴 내용을 반드시 비교해보기 바란다. 거기서 확인되는 차이만큼 글쓰기와 사고 능력이 향상된 것이다. 특히 함께 공부하는 그룹에서 "믿음 노트"를 적극적으로 활용하기 바란다.

교실 밖 수업을 위한 준비

앞서도 말했지만 이 책은 이론적인 교리 공부뿐 아니라 독일의 신앙 유적과 유서 깊은 지역을 답사하며 교실 밖 수업을 진행할 수 있도록 구성했다. 이 책을 참고하여 방문 희망지를 사전에 선택하고 미리 공부하며 이동 루트를 만들면 알찬 여행을 할 수 있을 것이

바흐의 동상 앞에서 바흐에 대한 발표와 토론을 진행하고 있는 소명중고등학교 학생들의 모습

숙소에서 조별로 내일 방문지에 대해 점검하고 기도하는 교사와 학생들의 모습

다. 제2권 머리말에는 방문 희망지를 엮어서 루트를 만드는 법도 간략하게 정리해놓았다.

특히 교회나 신앙 단체에서 집단으로 현장을 방문하는 경우에는 이책으로 먼저 함께 공부하고 과별 담당자를 선정해서 현장 설명자로 삼는 방법도 추천한다. 담당자의 현장 설명에 덧붙여 교역자나 인솔자가 내용을 보완한다면 완벽한 교실 밖 수업을 진행할 수 있을 것이다. 중요하고 인상적인 지역을 방문하면서 하이델베르크 교리문답을 곱씹어보라. 교리문답은 관념이 아니라 오감으로 경험되는 현실임을 깨닫게 될 것이다.

여행을 실제로 돕기 위해 각 과의 주제와 관련된 방문지의 주소도 책 속에 표기했다. 책에 표시된 주소를 활용해 "구글맵"(Google Maps) 같은 장소 검색 도구를 사용하면 어렵지 않게 답사를 다닐 수 있을 것이다.

서론　　　교리 교육과 인문 고전의 만남

그림으로 이해하기　# 투만(Paul Thumann)의 "소환되는 루터"(아이
제나흐 바르트부르크 성 소장)

루터의 용기

1521년, 보름스(Worms)에서 열린 신성 로마 제국 의회에 "이단자" 루터(Martin Luther, 1483-1546)가 소환되었다. 루터가 1517년에 종교개혁을 일으킨 지 4년 만의 일이었다. 로마 가톨릭 교회는 어떻게든 루터를 제압하려고 노력했으나 여의치 않자 정치적 술수를 써 제후들과 주교들이 모인 제국 의회를 통해 루터를 파문하고자 했다. 이 당시 교회의 "파문"은 지옥으로 보낸다는 말과 동의어로서 사람들이 가장 두려워하던 징벌이었다. 하지만 루터는 자신의 신앙을 굽히지 않고 담대히 맞서 진실을 이야기했다. 수많은 권력자의 정죄와 공격에도 그가 굴복하지 않았던 이유는 바로 **성경** 때문이었다. 그의 확신의 근거는 오직 성경이었다.

성경은 세상의 어떠한 가르침과 사상 앞에서도 담대히 맞설 수 있는 용기를 허락해준다. 죽음조차 두렵지 않은 확신의 유일한 근거는 성경의 가르침이다. 그리고 성경의 가르침을 정리해서 요약한 것이 바로 **교리**다. 교리란 지루한 종교적 지식 체계에 불과한 것이 아니다. 교리를 잘 사용하면 우리의 가치관을 성경적으로 온전하게 세우는 도구가 될 수 있다. 우리도 루터처럼 성경적 가치관을 바로 세운다면 세상에 담대하게 맞설 수 있을 것이다. 이 책이 성경적 가치관을 바로 세우는 데 도움이 되기를 바란다.

교리 교육과 인문 고전의 만남이 필요한 이유

루터를 소환한 보름스 제국 의회의 결과는 불 보듯 뻔했다. 루터는 이단으로 정죄되어 파문당하고 형벌을 받게 될 것이었다. 하

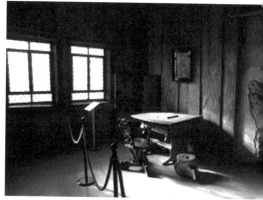

아이제나흐에 자리한 바르트부르크 성(좌). 이 성에는 루터가 숨어서 독일어 성경을 번역한 방이 있다(우).

지만 우여곡절 끝에 루터는 아이제나흐(Eisenach)의 바르트부르크 (Barthburg) 성에 숨어 지낼 수 있었다. 그는 그곳에서 성경을 독일어로 번역하는 일에 매진했다.

루터가 일으킨 1517년의 종교개혁은 어느 날 갑자기 발생한 사건이 아니었다. 루터는 어릴 때부터 인문학, 법학을 공부하며 학문적 훈련을 받은 사람이었다. 그가 익힌 법학은 교황청과의 논쟁을 이어나갈 수 있는 자양분이 되었다. 또한 로마 가톨릭의 모순과 문제점을 논리적으로 지적한 95개조 반박문을 만들 수 있는 배경이기도 했다. 글을 쓰고 성경을 번역하며 찬송가(코랄)를 직접 만들면서 개혁 사상을 전파할 수 있었던 루터의 재능도 법학, 인문학을 바탕으로 한 것이었다. 만일 루터가 태어나면서부터 수도원에만 있었다면 결코 종교개혁을 일으킬 수 없었을 것이다.

하이델베르크 교리문답을 인문 고전으로 풀어내는 이유가 여기에 있다. 어떤 사람들은 아직도 성경은 거룩하지만 세상 학문은 세속적이거나 악하다고 생각한다. 그러나 루터뿐 아니라 칼뱅(Jean Calvin, 1509-1564), 에라스무스(Desiderius Erasmus, 1469-1536), 심지어 바울도 성경의 진리를 효과적으로 전달하기 위해 그들의 토대가 된 인문학적 소양들을 효과적으로 사용했다는 사실을 기억해야 한다. 이 목적을 위해 몇몇 선생님들과 교역자들이 하이델베르크 교리문답을 중심으로 힘을 모았다. 딱딱하게만 느껴지는 교리를 쉽게 풀어서 설명하기 위해 다양한 내용을 활용하는 이 책을 통해, 성경의 핵심 내용을 가슴에 새기고 세상에 당당히 맞서는 그리스도인들이 생겨나기를 기도한다.

🏷️ 교실 밖 수업 # 하이델베르크

철학자의 길에서 내려다본 하이델베르크 구시가지. 왼편 산기슭에 하이델베르크 성이 있고, 강을 따라 오른편으로 눈길을 돌리면 짙은 색 지붕의 웅장한 성령교회가 보인다.

하이델베르크 교리문답의 탄생

프랑크푸르트에서 자동차를 타고 남쪽으로 1시간 정도 이동하면 하이델베르크(Heidelberg)에 도착한다. 프랑크푸르트 공항에서 하이델베르크로 가는 셔틀버스가 있으며, 프랑크푸르트 시내에서 기차를 타도 된다. 작고 아름다운 대학 도시인 하이델베르크는 유럽을 여행하는 사람들이 가장 많이 찾는 도시 중 하나다.

하이델베르크 교리문답은 어떻게 탄생했을까? 1517년 루터의 종교개혁 이후 형성된 루터파는 가톨릭 교회의 횡포에 시달리던 농민들과 중앙집권적 체제에 불만을 품은 귀족들의 지지를 받으며 세력을 넓혀갔다. 교황청과 황제를 중심으로 한 세력과 루터파의 갈등이 깊어지며 독일 전역이 전란에 휘말리자 황제는 아우크스부르크 화의(평화회의)를 통해 루터파를 인정할 수밖에 없었다. 단, 개인이 종교를 선택하는 것이 아니라 각 지역의 군주들이 통치 지역의 종교를 결정할 수 있었고, 그나마도 루터파 이외의 종파는 인정되지 않았다.

하지만 루터파는 당시 유럽의 유일한 개신교 종파가 아니었다. 루터의 종교개혁에 영향을 받은 스위스에서도 새로운 개신교 종파가 세력화하기 시작했고, 1530년대에 이르러서는 칼뱅을 중심으로 개혁교회가 형성되어 귀족 중심의 루터파와는 결이 다른 노선을 걷기 시작했다. "직업 소명설", "예정설"을 주장했던 칼뱅은 평민이나 상공 계층의 지지를 받았을 뿐 아니라 성찬과 몇 가지 신앙 주제에 대한 가르침에서는 루터파와 다른 주장을 펼쳤다.

그런데 문제는 칼뱅파가 독일 내에서 정치적으로 큰 비중을 차지하지 못했다는 것이었다. 가톨릭을 옹호하는 신성 로마 제국의 황제는 최소한의 범위에서 개신교를 인정하고자 했기에 결국 루터파만을 허용하고 그 외의 종파는 인정하지 않았다. 따라서 칼뱅파는 여전히 국가와 공권력에 의해 박해를 받으며 루터파와의 관계도 정립해야 하는 처지였다.

이런 상황에서 칼뱅파와 루터파의 신학자들은 하이델베르크 대학교에서 성찬을 중심으로 여러 가지 신학 주제들에 대한 격론을 펼치면서 좀처럼 거리를 좁히지 못하고 있었다. 당시 칼뱅주의를 받아들인 팔츠(Pfalz)의 선제후 프리드리히 3세(Friedrich III, 1515-1576)는 이 문제를 해결하기 원했기 때문에 칼뱅파의 교리를 정리한 신앙고백서를 작성하게 했다.

루터파와 칼뱅파의 역사 개요	
1517년	루터의 종교개혁
1530년대	스위스에서 칼뱅파 형성
1545-63년	가톨릭의 트리엔트 공의회 (개신교 정죄)
1547년	슈말칼덴 전투에서 루터파가 가톨릭에 승리
1555년	아우크스부르크 화의 (가톨릭의 루터파 인정)
1563년	하이델베르크 교리문답 탄생

이 일을 위임받은 올레비아누스와 우르시누스는 위원회와 함께 교리문답식의 신앙고백서를 만들어 칼뱅의 개혁주의가 이단이 아니라 성경에 기반을 둔 사상임을 천명했다. 바로 이 신앙고백서가 1563년 하이델베르크의 성령교회에서 탄생한 하이델베르크 교리문답이다.

하이델베르크 교리문답의 특성은 다음과 같다. 첫째, 하이델베르크 교리문답은 칼뱅의 개혁주의를 따르는 사람들이 성경에 근거한 자신들의 믿음을 체계화시켜 정리한 결과였다. 둘째, 하이델베르크 교리문답은 지적 만족을 채우기 위해 만든 지루한 이론적 교리 체계가 아니라 오히려 그로 인해 목숨을 잃을 수도 있는 자백문에 가까웠다. 셋째, 하이델베르크 교리문답은 1년 동안 52주로 나누어 교육할 수 있도록 만들어졌는데 이는 오늘날 교회 교육의 시초가 되었다.

믿음 노트

1. 제국 의회에서 권력자들에게 공격을 받은 루터가 끝까지 진실을 말할 수 있었던 이유는 무엇이었나요?

2. 하이델베르크 교리문답을 작성한 사람들은 어떤 마음으로 교리문답을 작성했을까요?

3. 하이델베르크 교리문답 공부를 통해 여러분이 꼭 알고 싶은 부분은 무엇입니까? 이 부분을 자세히 기록하면 더 효과적인 공부를 할 수 있을 것입니다.

제1과

인생의 유일한 행복(위로)
토마스 만의 『행복을 향한 의지』

🏷 그림으로 이해하기 # "루터의 생애" 중 여섯 번째 그림: 에르푸르트 구 시청사 소장

행복한 루터

에르푸르트(Erfurt) 구(舊)시청사 3층에는 루터의 생애에서 중요한 일곱 가지 사건을 표현한 그림이 있다. 앞의 그림은 그중 여섯 번째 그림으로서, 루터가 비텐베르크(Wittenberg)에서 교수로 재직할 당시 진리를 갈구하면서 성경을 읽던 중 "오직 의인은 믿음으로 살리라"(롬 1:17)라는 구절을 통해 회심을 경험한 상황을 묘사한다.

루터는 진리를 탐구하며 참된 행복(위로)을 찾기 위해 모든 수단과 방법을 동원했다. 아버지의 권유에 따라 법학을 공부한 것도 남들보다 더 안정적인 삶을 통해 행복을 얻기 위한 시도 중 하나였다. 그러나 그는 친구가 벼락에 맞아 죽는 광경을 목격하고 인생의 허무함과 하나님의 위엄에 압도되어 수도사가 되기로 결단한다. 수도원에 들어간 루터는 온갖 고행과 금욕 생활을 통해 진리에 이르려고 힘썼다. 그러나 루터가 결국 진리를 발견한 곳은 성경이었다.

이처럼 이 그림은 우리에게 중요한 메시지를 던져준다. 많은 사람이 진리를 찾아 참된 행복에 이르기 위해 온갖 노력을 다한다. 그러나 인생은 허무함으로 가득 차 있다. 친구의 갑작스러운 죽음을 경험하거나 생각지 못한 실패와 좌절을 겪어 세상과 단절된 채 회의감과 우울함에 빠질 때도 있다. 아무리 노력을 해도 참된 행복을 느끼기란 쉽지 않다. 참된 행복(위로)은 성경을 통해서만 찾을 수 있다. 우리가 하이델베르크 교리문답을 공부하는 이유도 인생의 참된 위로를 발견하기 위함이다.

성경을 토대로 만들어진 하이델베르크 교리문답을 차근차근히 공부해보자. 공부를 모두 마치고 제52과에 도달할 무렵이면 우리도 성경에서 인생의 참된 행복과 위로를 발견한 루터처럼 기쁨을 누릴 수 있을 것이다.

🏷️ 성경 수업

📖 마음 열기

1. 자신이 행복하다고 느꼈던 순간은 언제인가요?

2. "행복"을 정의해보세요. 행복은 무엇인가요? 그렇게 생각하는 이유는 무엇인가요?

인생의 유일한 행복에 대하여

자신이 "행복"하다고 느꼈던 적은 언제인가? 과거에 느꼈던 행복감을 지금도 되살릴 수 있는가? 세상의 많은 사람이 행복을 추구하면서 살아간다. 하지만 정말 행복하다고 느끼는 사람은 많지 않은 것 같다. 일시적이고 변덕스러운 행복의 기준에 매여 살아가는 사람이 많기 때문이다. 돈이 행복의 조건이라면 세상의 부자들은 모두 행복한 사람들일까? 유명한 것이 행복의 조건이라면 왜 많은 연예인이나 저명인사가 스스로 목숨을 끊을까?

기독교 변증가이자 설교자인 팀 켈러(Tim Keller)가 이야기한 비유를 빌려와 생각해보자. 벽에 못을 박으려고 하는데 망치가 없어서 손목시계로 못을 박았다. 그런데 시계가 깨지고 말았다. 그럼 이 시계는 "안 좋은 시계"인가? 아니다! 시계를 올바른 "목적"에 맞지 않게 사용한 결과일 뿐이다. 정확한 시간을 알려주는 원래 목적에 맞게 사용될 때 시계는 시계로서 가장 행복할 수 있다. 나는 행복한 인생을 살고 있는가? 이 역시 나 자신이 세상에 존재하는 목적에 따라 살아가고 있는지에 따라 결정되는 문제다.

성경은 이 세상이 불행으로 가득 찬 것은 "죄"의 결과가 나타난 현상이라고 이야기한다. 사람은 죄를 억제하거나 선을 행하면서 살라고 가르칠 수 있다. 하지만 그 누구도 "죄" 자체를 없애주지는 못한다. 모든 사람은 "죄"를 가지고 태어나서 평생 많은 죄를 짓다가 죽는다. 그것이 인생의 본질이며(롬 3:23), 우리 스스로는 죄를 없애는 것이 불가능하다. 따라서 우리가 인생에서 발견할 수 있는 진정한 위로는 "선물"로서 누군가의 "계획"에 따라 우리에게 주어져야 한다(딤후 1:9).

누군가가 우리의 죄 문제를 해결해주지 않으면 안 된다는 사실을 이해하기 위해 우리가 죄를 지어서 감옥에 갇혔는데 10억 원의 보상금을 내야 풀려날 수 있다고 가정해보자. 간수에게 눈물을 흘리며 잘못했다고 빌면 감옥에서 풀려날 수 있을까? 우리의 눈물을 보고 감동한 간수는 우리를 감옥에서 풀어줄 권한이 있을까? 앞으로 그런 잘못을 저지르지 않겠다고 다짐하면 감옥에서 나갈 수 있을까? 감옥에서 풀려나는 방법은 눈물이나 결심과는 무관하다. 죄에 따르는 대가를 치르는 방법밖에는 없다. 누군가 10억 원을 마련해 보상금으로 내주는 것만이 우리가 감옥에서 나갈 수 있는 유일한 방법이다.

구원, 인생의 참된 위로

인간은 태어나면서 죽을 때까지 죄를 지으며 살아가지만 그 "죗값"을 해결하기 위해서 우리가 할 수 있는 일은 없다. 그런데 하나님이 우리의 선택과 상관없이 보상금을 납부해주셨다. 그 보상금은 죽음이다(롬 6:23). 예수님은 우리의 죗값에 해당하는 죽음을 대신 감당하시기 위해 십자가에 달리셨다(롬 5:8).

"죄"에 속박되어 살아가는 인생은 불행으로 가득하다. 하지만 하나님이 우리의 죗값을 지불하셨기 때문에 우리에게는 더 이상 형벌이 없다. 우리를 죄에서 벗어나게 해준 것은 우리의 눈물과 결심이 아니라 예수님의 죽음이다. 정확히 말하면 우리를 살리기 위해 지불된 "가치"는 10억 원 정도가 아니다. 하나님의 아들, 독생자이신 예수님의 가치가 온전히 지불되었다. 은혜로우신 하나님은 나 자신과 예수님의 가치를 같다고 보신 것이다!

하나님이 우리의 몸값을 모두 치르시고 우리를 하나님의 자녀로 삼아주셨다(고전 6:19-20). 이 사실이 우리가 이 세상을 살아가는 온전한 근거가 된다. 인생의 유일한 위로와 행복은 이 예수 그리스도를 발견하는 것에서 시작한다.

○ 관련 성구

우리가 아직 죄인 되었을 때에 그리스도께서 우리를 위하여 죽으심으로 하나님께서 우리에 대한 자기의 사랑을 확증하셨느니라(롬 5:8).

우리는 다 양 같아서 그릇 행하여 각기 제 길로 갔거늘 여호와께서는 우리 모두의 죄악을 그에게 담당시키셨도다(사 53:6).

19너희 몸은 너희가 하나님께로부터 받은 바 너희 가운데 계신 성령의 전인 줄을 알지 못하느냐? 너희는 너희 자신의 것이 아니라, 20값으로 산 것이 되었으니 그런즉 너희 몸으로 하나님께 영광을 돌리라(고전 6:19-20).

제1문 삶과 죽음 사이에서 당신의 유일한 위로(행복)는 무엇입니까?

답 나의 삶과 죽음에서 나의 몸과 영혼은 나의 것이 아니라 그리스도 예수의 것입니다. 예수님이 그의 피로 나의 모든 죗값을 완전히 지불하셔서 죽음과 마귀의 권세에서 해방해주셨고, 하나님의 소유로 삼아주셨습니다. 영원한 생명을 성령으로 확신시켜주셔서 이후로는 그분을 위해 살도록 하시는 것입니다.

제2문 당신이 이런 위로의 기쁨 속에 살고 죽기 위해 반드시 알아야 하는 것은 무엇입니까?

답 그것은 다음의 세 가지입니다. 첫째, 나의 죄가 얼마나 비참한지, 둘째, 내가 어떻게 그 비참한 상황에서 구원을 받는지, 셋째, 구원을 베푸신 하나님께 어떻게 감사하며 살아야 하는지를 알아야 합니다.

🏷 교실 밖 수업 # 뮌헨

토마스 만의 발자취를 따라

토마스 만(Thomas Mann, 1875-1955)은 우리에게 약간 생소하게 느껴질 수도 있다. 하지만 그는 20세기 독일 최고의 작가다. 하이델베르크 교리문답의 첫 부분을 다루는 이번 과에서는 토마스 만의 삶과 작품을 통해 행복의 조건에 대해 살펴보려고 한다. 또한 이번 과를 통하여 교리 공부가 지식 차원에 머무는 것이 아니라 우리의 삶과 밀접하게 연관되어 있다는 사실을 발견하기 바란다.

토마스 만

토마스 만이 태어난 자유도시 뤼베크(Lübeck)는 독일 최북단의 발트 해안에 자리해 있지만 그가 어린 시절에 이사해 살았던 뮌헨(München)의 집은 현재도 그대로—일반인이 들어갈 수는 없다—남아 있다. 베를린(Berlin)에는 토마스 만과 관련된 직접적인 장소는 없지만 토마스 만의 사상을 엿볼 수 있는 베벨 광장(Bebelplatz)이 있다. 뮌헨이나 베를린에 들르면 토마스 만과 관련된 장소에 방문해보자.

토마스 만의 삶

토마스 만은 1875년에 뤼베크에서 태어났다. 그의 가정은 루터의 가르침을 따르는 독실한 기독교 가문으로서 그는 태어나자마자 유아 세례를 받았다. 그러나 그가 17살이었던 1891년에 아버지가 세상을 떠나고 가세가 기울자 가족은 재산을 정리해 뮌헨으로 이사할

토마스 만(우)과 그에게 큰 영향을 주었던 형 하인리히 만(좌)

수밖에 없었다. 토마스 만은 18세에 보험회사의 견습 사원으로 취직했지만 곧 그만두었고, 공부와 글쓰기에 열중하여 작가의 길을 걷기 시작했다. 이때 그의 형 하인리히 만(Heinrich Mann) 역시 작가로서 활동하고 있었다. 토마스가 인간의 내면, 행복, 고뇌, 정신 등 주로 "인간성"을 문학의 소재로 삼았던 반면, 형 하인리히는 "작가는 반드시 사회 속에서 시대적 목소리를 낼 수 있어야 한다"라는 자세를 견지하며 문학을 통해 사회의 불

의에 대해 목소리를 높인 작가였다. 문학과 사회 문제에 대한 의견 충돌로 인해 두 형제는 한동안 사이가 벌어지기도 했다.

그러나 제1차 세계대전에서 패배한 독일에 세워진 바이마르 공화국이 전체주의를 추구하는 나치에게 위협당하는 역사의 격랑 속에서 토마스 만은 입장을 수정해야 했다. 이제 두 형제는 비슷한 목소리를 냈고 형 하인리히는 나치에 반대하는 활동을 하다가 신변에 위험을 느끼고 프랑스 망명길에 올랐다. 토마스 만도 바이마르 공화국이 추구하는 민주주의가 위협을 받을 때『마리오와 마술사』를 발표해 나치에 대항하면서 "독일인의 양심"이라는 칭호를 얻었다. 그는 1929년에는 노벨 문학상까지 받았지만 나치의 세력이 점점 더 커지자 조국을 등질 수밖에 없었다. 나치는 국가의 전권을 장악하고 제3제국을 선포한 후 나치의 정신에 어긋나는 책들을 수거해 불태웠는데, 이때 두 형제의 책들도 베를린 베벨 광장에서 공개적으로 소각되었다.

현대판 분서갱유(焚書坑儒) 사건이 벌어진 베를린 베벨 광장의 텅빈 서고. 나치는 "독일 정신"에 반대되는 책을 모아 이 광장에서 불태워버렸다.

토마스 만은 제2차 세계대전의 전운이 감돌던 1938년부터 미국에 정착했지만, 전쟁이 끝나자 1952년부터는 스위스에서 지내다가 1955년 80세의 나이로 세상을 떠났다. 그는 『부덴브로크 가의 사람들』을 통해 작가로서 이름을 알렸고, 『바이마르의 로테』, 『마의 산』, 『베니스에서 죽다』, 『트리스탄』 등의 작품을 남겼다.

🏷️ 선생님의 칠판

| 시대의 양심 # 강오성 선생님

루터의 종교개혁을 추종한 가문에서 태어난 토마스 만의 삶은 우리가 그리스도인으로서 어떻게 살아야 할지 생각하게 한다. 1919년은 제1차 세계대전의 패전국 독일에 바이마르 공화국이 세워진 해다. 그 이전까지 토마스 만의 문학적 관심은 인간의 행복과 내면에 제한되어 있었다. 그러나 바이마르 공화국의 기반인 민주주의가 히틀러(Adolf Hitler, 1889-1945)의 국가사회주의에 의해 위협을 받게 되자 토마스 만의 문학은 사회적 불의와 전체주의적 광기에 대항하는 도구가 되었다. 예리한 통찰과 용감한 발언으로 나치의 위험성을 널리 알리고 경각심을 일깨운 토마스 만은 어두운 시대를 밝힌 "독일의 양심"이라고 불릴 만하다.

공교롭게도 1919년은 우리나라에서 일제에 저항한 3·1운동이 일어나고 그 열매

O 선생님의 어시스트 # 정승민 선생님

바이마르 공화국 19세기, 비스마르크는 분열된 독일을 통일하여 독일 제국의 문을 열었다. 하지만 독일 제국은 20세기 초에 제1차 세계대전에서 패한 결과 혁명이 일어남으로써 붕괴하고 말았다. 독일의 혁명 세력은 1919년에 헌법을 만들고 민주주의에 기초한 바이마르 공화국을 출범시켰다. 그후 바이마르 공화국은 세계 대공황을 배경으로 나치가 정권을 장악한 1933년까지 이어졌다. 바이마르 헌법에 대해서는 제2권에서 자세히 다룰 것이다.

로 4월 13일에 대한민국 임시정부가 세워진 해다. 그 당시의 역사를 자세히 들여다보면 어두운 우리의 역사 속에 "민족의 양심"이 되었던 수많은 그리스도인이 있었음을 알 수 있다.

또한 토마스 만이 경험한 독재와 민주주의의 경합, 언론 통제와 저항의 상황은 묘하게도 우리의 현대사와 닮았다. 토마스 만처럼 종교개혁 사상을 이어받은 그리스도인이라면 이 시대의 양심이 되어 세상을 변화시키는 목소리를 내야 할 것이다.

행복의 조건 # 이효선 선생님

작가로 활동하기 시작한 처음 시기인 1896년, 당시 22세였던 토마스 만은 『행복을 향한 의지』라는 단편 소설을 썼다. 앞서도 언급되었듯이 이 시기에 그는 인간의 내면을 탐구하며 행복이 무엇인지 찾고 있었다. 당시 그의 상황은 어땠을까? 가정의 버팀목이던 그의 아버지는 5년 전인 1891년에 별세했고, 그의 가족이 고향을 떠나 뮌헨으로 이사한 것도 얼마 전의 일이었다. 집안 경제가 파산되었기에 그는 보험회사에 입사해 돈을 벌기도 했다. 하지만 그는 뮌헨 대학교에서 문학과 여러 과목을 청강하면서 습작을 계속해나갔다. 그런 상황에서 쓴 소설이 바로 『행복을 향한 의지』였다. 우리는 이 작품을 통해 토마스 만이 행복에 대해 어떤 생각을 했는지 엿볼 수 있다.

『행복을 향한 의지』의 화자는 "나"지

토마스 만이 뮌헨으로 옮겨와 작품활동을 하며 살던 집

1인칭 관찰자 시점 소설에서 "시점"이란 독자에게 이야기를 전달하는 서술자의 위치와 태도다. 시점에는 1인칭 주인공 시점, 1인칭 관찰자 시점, 3인칭 관찰자 시점, 전지적 작가 시점 등 네 가지가 있다. 서술자가 소설 속에 등장하는 인물일 경우에는 1인칭 시점이고, 그렇지 않으면 3인칭 시점이다.

『행복을 향한 의지』는 소설 속 인물인 "나"가 이야기를 전달하기 때문에 1인칭이다. 그런데 『행복을 향한 의지』에서 사건의 주인공은 파울로라는 친구이고 "나"는 파울로에 관한 이야기를 전달하는 사람일 뿐이다. 이런 경우가 바로 1인칭 관찰자 시점에 해당한다. 반면 1인칭 주인공 시점 소설은 "나"가 자신이 겪은 이야기를 풀어내는 방식으로 전개된다.

1인칭 관찰자 시점은 말 그대로 인물의 겉모습, 태도, 행동, 표정 등 눈에 보이는 것을 관찰하는 것이기 때문에 인물의 심리까지는 전달할 수 없지만, 독자가 인물의 심리를 추측하고 상상할 수 있기에 또 다른 긴장감과 재미를 준다.

한국 소설 중 옥희라는 여섯 살 먹은 여자아이가 어른들의 사랑에 대해 관찰하여 서술하는 『사랑손님과 어머니』(주요섭 지음)는 1인칭 관찰자 시점을 사용한 소설의 대표적인 예다. 이 소설은 자칫 통속적으로 흐를 수 있는 내용을 순수한 아이의 시각에서 전달함으로써 소설의 주제를 더 효과적으로 살려내었다. 그 밖에 김동인의 『붉은 산』, 박완서의 『그 여자네 집』 등도 1인칭 관찰자 시점 소설이다.

만 실제 주인공은 "파울로"라는 병약한 친구다. 즉 이 소설은 1인칭 관찰자 시점으로 이야기를 풀어나간다. 파울로는 청년이 되어 한 여인을 깊이 사랑하게 된다. 그 여인의 부모는 처음에 파울로가 병약하다는 이유로 결혼에 반대하지만 몇 년이 지나도 딸이 마음을 바꾸지 않자 어쩔 수 없이 결혼을 허락한다. 이 소식을 들은 파울로는 그 여인을 찾아가 결혼한다. 하지만 파울로는 그날 밤에 죽고 만다. 토마스 만은 다음과 같은 내용으로 이 작품을 마무리한다.

> 그는 결혼식을 올린 다음 날에 죽고 말았다. 아니, 결혼식 날 밤사이에 일이 벌어지고 말았다. 어쩌면 그것은 당연했는지도 모른다. 그는 행복을 향한 의지를 품고 오랫동안 죽음과 맞서왔기 때문이다. 따라서 그 행복에 대한 의지가 채워졌을 때 그는 죽지 않으면 안 되었던 것이다. 그는 투쟁도 반항도 없이 죽지 않으면 안 되었다. 그는 그 이상 살아갈 이유를 갖고 있지 않았던 것이다(『노벨 문학상 수상작가 단편소설[2]』[일송미디어, 2005]에서 인용함).

어쩌면 우리도 파울로처럼 "행복의 조건"이 충족되기를 기다리며 살아가는지 모른다. 그러나 그 조건이 충족되는 순간 삶의 이유가 사라져버린다. 반대로 그 조건이 충족되지 않으면 행복을 이루지 못했다는 좌절감에 사로잡히기도 한다.

그러나 하나님이 우리에게 제시하시는 "인생의 유일한 행복"은 파울로가 생각했던 "행복"과는 다르다. 하나님이 주시는 행복이란 일시적이지 않다. 우리는 하나님 안에서 우리 존재의 목적을 발견하고 영원한 행복을 누린다. 그 행복이 무엇인지 하이델베르크 교리문답을 통해 정확하게 확인해가기를 바란다.

우리 주변의 수많은 사람이 불행감에 빠져 있다. 우리나라 어린이, 청소년들의 행복지수는 OECD 국가 중 최하위권이며 우리나라 청소년의 사망 원인 1위는 자살이다. 왜 이런 현상이 나타날까? 우리 사회의 행복의 기준이 잘못 설정되었기 때문이 아닐까? 성적이 좋고 외모가 뛰어나며 돈이 많고 남보다 잘 나가야 행복하다고 생각하기 때문에 그런 조건에 맞지 않는 사람들은 불행할 수밖에 없다. 하지만 성경에서 말하는 행복이란 그런 상대적인 조건으로 결정되는 것이 아니다. 하나님이 인생에 허락하신 본질적인 의미와 가치를 발견하고 영원한 평안과 안식 가운데 거하는 사람이 진정으로 행복한 사람이다. 그런 의미에서 하이델베르크 교리문답을 공부하는 것은 "지식"을 배우는 것이 아니라 인생의 의미와 행복을 찾아가는 과정이라고 할 수 있다.

믿음 노트

1. 『행복을 향한 의지』의 내용을 떠올리며 파울로가 생각했던 행복은 무엇인지 정리해보고 참된 행복이란 무엇인지 이야기해봅시다.

2. 죄에서 해방된 하나님의 자녀로서 행복하게 살아가려면 어떻게 해야 하는지를 토마스 만의 삶에 비추어 생각해봅시다.

제2과

죄와 인간의 비참함에 대하여
헤르만 헤세의 『수레바퀴 밑에서』

제 3 – 5 문

🏷️ **그림으로 이해하기** # 렘브란트의 "돌판을 던지는 모세"(베를린 국립회화관 소장)

모세의 일그러진 얼굴

렘브란트(Harmensz van Rijn Rembrandt, 1606-1669)가 그린 앞의 그림은 모세가 시내 산에서 하나님과 대면하고 율법을 받아서 내려왔을 때의 장면을 묘사한다. 하나님을 대면한 사건은 모세에게 매우 영광스러운 경험이었을 것이다. 그런데 이 그림에 등장하는 모세의 표정은 일그러져 있다. 게다가 당장에라도 율법이 쓰인 돌판을 내팽개치려는 모습이다.

모세가 하나님이 주신 율법이 쓰인 돌판을 가지고 내려왔을 때, 모세를 기다리다 지친 이스라엘 백성들은 금송아지를 만들어 섬기고 있었다. 그런 상황에서 백성들에게 율법이 곧바로 주어졌다면 어떤 사태가 벌어졌을까? 금송아지를 만들어 섬기던 사람들, 즉 이스라엘 백성의 대다수가 죽임을 당했을 것이다. 왜냐하면 율법의 첫 계명은 하나님 외에 다른 신을 섬기지 말라는 것이었기 때문이다. 어떻게 보면 모세가 이스라엘 백성을 살릴 수 있는 유일한 방법은 십계명이 새겨진 돌판을 깨는 것뿐이었다고 할 수 있다.

렘브란트가 묘사한 모세의 얼굴을 자세히 살펴보자. 그의 표정에는 내적 고통이 생생하게 묻어난다. 자신의 상태를 모르고 날뛰는 이스라엘 백성의 비참한 운명을 깨달은 모세의 얼굴은 고통스럽게 일그러질 수밖에 없다.

우리는 앞서 1과에서 인생의 유일한 위로와 행복은 예수 그리스도를 발견하는 것임을 살펴보았다. 그런데 우리가 예수 그리스도 안에 있는 참된 행복을 알기 위해서는 그 전에 우리 자신이 얼마나 비참한 존재인지를 깨달아야 한다. 배가 고픈 사람만이 따뜻한 밥 한 공기의 가치를 제대로 느낄 수 있다. 목이 마른 사람만이 물 한 컵이 얼마나 소중한지 알 수 있다. 방금 식사를 마치고 배가 부른 사람에게는 아무리 귀한 음식도 그다지 반갑지 않은 법이다. 진정한 행복과 위로가 무엇인지 알기 위해 이번 과에서는 모세의 얼굴에 비친 인간의 비참한 상태에 대해 살펴보는 시간을 가져보자.

🏷️ 성경 수업

📖 마음 열기

1. 삶이 답답하고 힘들게 느껴진 적이 있다면 언제인지 말해봅시다.

2. 주변 사람들의 요구 사항 중 나를 가장 힘들게 하는 것은 무엇인가요?

| 인간의 비참한 상태

별생각 없이 살아가다 보면 우리는 자신이 평범한 사람이라고 느끼기 쉽다. 남보다 아주 뛰어날 정도로 선하게 살지는 못하지만 그렇다고 흉악범처럼 나쁜 행동을 하는 것도 아니다. 많은 사람이 이런 평범한 자신의 모습이 다른 사람의 눈에 꽤 괜찮게 보일 만하다고 생각하면서 자신의 부족한 모습을 잊어버리고 살아간다.

그러나 하나님은 우리의 마음을 꿰뚫어 보시며 우리 마음에 가득한 악한 생각들도 모두 아신다(렘 17:9-10). 양심의 소리는 우리가 결코 정직하거나 완벽하지 못하다는 사실을 끝없이 증언한다. 그래서 예수님은 우리가 정결하지 못한 것은 손을 씻지 않거나 나쁜 음식을 먹기 때문이 아니며, 또한 우리 마음 자체가 이미 죄로 오염된 까닭에 우리 속에서 더럽고 부정직하며 어리석은 생각들이 나온다고 경고하셨다(막 7:20-23). 더 나아가 성경은 하나님의 눈으로 볼 때 완벽하게 의로운 사람은 아무도 없다는 사실을 분명히 한다(롬 3:10).

○ 관련 성구

9만물보다 거짓되고 심히 부패한 것은 마음이라. 누가 능히 이를 알리요마는 10나 여호와는 심장을 살피며 폐부를 시험하고 각각 그의 행위와 그의 행실대로 보응하나니(렘 17:9-10).

20또 이르시되 "사람에게서 나오는 그것이 사람을 더럽게 하느니라. 21속에서 곧 사람의 마음에서 나오는 것은 악한 생각, 곧 음란과 도둑질과 살인과 22간음과 탐욕과 악독과 속임과 음탕과 질투와 비방과 교만과 우매함이니 23이 모든 악한 것이 다 속에서 나와서 사람을 더럽게 하느니라"(막 7:20-23).

기록된바 "의인은 없나니 하나도 없으며 깨닫는 자도 없고 하나님을 찾는 자도 없고, 다 치우쳐 함께 무익하게 되고 선을 행하는 자는 없나니 하나도 없도다"(롬 3:10).

사람의 모든 생각을 이미지화해서 보여주는 모니터가 있어서 주변 사람들이 자신의 실상을 볼 수 있게 된다면 어떨까? 과연 떳떳하고 당당하게 살아갈 수 있는 사람이 있을까? 우리는 친한 사람들에게조차 거짓말을 하거나 미워하는 마음을 가진다. 겉과 속이 다르다. 성경이 말하는 대로 모든 사람은 죄에 오염되었다. 죄에 오염된 사람은 평생 몸과 마음으로 악한 행동을 하다가 결국에는 그 대가를 받는다. 이것이 모든 사람의 운명이다.

죄의 굴레에서 벗어날 수 없는 인간의 상태는 비참하다. 우리는 이런 비참한 상태를 깨달아야만 비로소 우리에게 진정한 위로가 무엇인지를 발견할 수 있다. 우리의 마음은 이미 죄에 오염되어 있으며 우리는 스스로 이 오염된 상태에서 벗어날 수 없다. 아무리 선행을 한다고 해도 죄에 오염된 존재 자체가 변하지는 않기 때문이다. 여기서 벗어날 수 있는 방법은 단 하나뿐이다. 자신의 비참한 상태를 인정하고 우리를 이 비참한 현실에서 벗어나게 해줄 누군가의 도움을 받는 것이다. 그분이 바로 예수 그리스도이시다.

○○ 하이델베르크 교리문답 살펴보기

제3문 당신은 어디에서 죄와 그 비참한 상태를 알 수 있습니까?
답 하나님의 율법(십계명)에서 알 수 있습니다.

제4문 하나님의 율법(십계명)은 우리에게 무엇을 요구합니까?
답 예수님은 마태복음 22장에서 요약해서 말씀하셨는데, 하나님을 사랑하고 네 이웃을 네 몸과 같이 사랑하라는 것입니다(마 22:37-40).

제5문 당신은 이 모든 요구를 완벽하게 지킬 수 있습니까?
답 지킬 수 없습니다. 나는 본성적으로 하나님과 내 이웃을 미워하는 성향이 있기 때문입니다.

🏷️ **교실 밖 수업** # 마울브론

헤세의 발자취를 따라

이번 과와 다음 제3, 4과에서는 한국인이 좋아하는 독일 작가 헤르만 헤세(Hermann Hesse, 1877-1962)와 그의 작품들을 통해 우리의 상황을 구체적으로 이해해보고자 한다. 헤세는 학창 시절 우리와 비슷한 입시 경쟁을 겪으면서 힘든 시기를 보냈다. 헤세의 대표작인 『수레바퀴 밑에서』는 작가 자신의 경험을 토대로 하는 "자전적 소설"로서 입시 경쟁에 내몰린 우리나라의 10대 청소년들도 공감할 만한 내용을 담고 있다.

헤세는 1877년에 독일 남부 칼프(Calw)에서 태어났다. 헤세의 고향 칼프에는 오른편 사진처럼 크눌프(Knulp)의 동상이 서 있다. "크눌프"는 헤세가 1908년에 발표한 초기 소설 『크눌프』의 주인공 이름이다. 정처 없이 방황하면서 인생의 문제를 하나님께 질문한 크눌프처럼, 우리도 우리 인생의 문제를 하나님 앞에 가지고 나가 뚜렷한 답을 얻어보자. 칼프에 대해서는 제3과에서 더 자세히 살펴보기로 하고 이번 과에서는 헤세가 입시의 괴로움을 직접 경험하며 학창 시절을 보냈던 마울브론(Maulbronn)을 살펴보자.

1147년에 건립되었으며 세계문화유산이기도 한 마울브론 수도원은 조용한 시골에 자리했지만 꽤 규모가 크다. 헤세의 청소년 시절 이 수도원은 우수한 성적을 거둔 아이들만 진학할 수 있는 일종의 "특목고" 혹은 "자사고"와 같은 학교였다. 헤세는 치열한 입시 경쟁을 뚫고 이 수도

헤세 관련 방문지

칼프: 하이델베르크에서 70km 떨어진 남쪽에 자리한 칼프는 칼스루에(Karlsruhe)나 포르츠하임(Pforzheim)에서 기차를 타고 갈 수 있다. 기차역에서 내려서 다리를 건너면 크눌프 동상을 볼 수 있다.

마울브론 수도원: 마울브론 수도원도 포르츠하임에서 기차를 타고 이동할 수 있다. 마울브론 기차역에서 하차한 후 1km 정도를 걸으면 된다(Klosterhof 5, 75433 Maulbronn).

헤세가 입시 경쟁을 뚫고 진학한 마울브론 수도원

원 학교에 진학했으나 얼마 못 가 이곳 생활에 환멸을 느꼈다. 곧 학교를 그만둔 헤세는 튀빙엔(Tübingen)으로 가서 서점 점원으로 일하기도 했다.

『수레바퀴 밑에서』를 보면 마울브론 수도원의 입학 정원은 36명에 불과한데 각 지역의 수재 중 118명이 학교장의 추천을 받아서 시험을 치렀다. 이 경쟁을 뚫고 수도원에 들어가면 명문 튀빙엔 대학교로의 진학은 떼어놓은 당상이기에 평생 안정적인 삶이 보장된 것이나 다름없었다. 이는 우리 사회에서 특목고, 자사고, 명문대가 선호되는 이유와 마찬가지다. 소위 "스펙"이 "행복한 삶"을 보장해준다고 믿는 것이다.

『수레바퀴 밑에서』의 주인공 한스 기벤라트는 시골 학교에서 유일

헤세가 학창 시절을 보낸 마울브론 수도원의 내부 모습. 그는 이곳에서 문학가의 기질을 발견했다.

하게 마울브론 진학 시험에 필요한 추천을 받는다. 시험 결과 차석으로 합격한 한스는 고향에서 모든 사람의 부러움의 대상이 된다. 마을 어른들은 물론이고 한스의 아버지도 한스를 남다르게 자랑스러워했다.

그런데 마울브론에 진학한 한스는 젊은 시절의 낭만, 감성, 열정, 자유를 희생하고 대학 진학을 위해 규율에 복종하며 공부에 매진할 것을 강요받았다. 한스는 그런 중에 알게 된 헤르만 하일너라는 친구를 통해 자기 속에 문학적 재능이 있음을 발견한다. 그러나 헤르만 하일너는 반항적이라는 이유로 요주의 학생이 되어 퇴학을 당하고 만다. 한스 역시 하일너와 친했다는 이유로 정상적인 학교생활을 이어갈 수 없었다. 그는 주변 사람들의 편견과 차별로 인한 스트레스를 견디다 못해 학교를 그만둔다. 낙오자가 되어 고향으로 돌아온 한스는 이제 부러움의 대상이 아니었다. 그는 한때 영재 소리를 들었지만 지금은 훈련을 견뎌내지 못한 무능한 젊은이에 불과했다. 또래 친구들은 취업 전선에 뛰어들었지만 한스는 어떻게 자리를 잡아야 할지도 막막했다. 결국 아버지는 한스를 공장에 보내고 거기서 기계공 수련을 받던 한스는 어느 날 술을 잔뜩 먹고 만취하는데 다음 날 아침 그만 싸늘한 주검으로 발견되고 만다.

주인공 한스는 헤세가 직접 경험한 10대의 경험을 그대로 재현하는 인물이다. 한스와 헤세에게 "마울브론"은 어떤 의미가 있었을까? 그것은 모든 사람이 "행복"이라고 여기는 신기루와도 같은 것이었다. 그 신기루를 좇아간 헤세는 비참한 시간을 보내야 했다. 마울브론에 갇힌 한스와 헤세의 모습에서 우리나라 청소년들의 모습이 엿보이는 건 무슨 이유일까?

🏷️ 선생님의 칠판

행복의 시작점 # 이효선 선생님

헤세는 우리가 주목해야 할 작가다. 헤세는 할아버지가 인도 선교사를 지낸 독실한 기독교 집안에서 태어났다. 유아 세례를 받은 헤세는 어릴 때부터 교회에 출석하도록 강요받았으며, 10대 시절에는 집안의 기대에 부응하여 수도원에서 운영하는 기숙학교에 들어가 입시 경쟁에 뛰어들어야 했다. 주입식 교육과 입시 경쟁 속에서 부모와 선생님을 비롯한 어른들이 헤세를 평가하는 기준은 "공부를 잘한다"는 것 말고는 달리 없었다. 그의 자전소설(自傳小說)『수레바퀴 밑에서』에는 그런 그의 이런 경험이 여과 없이 녹아들어 있다.『수레바퀴 밑에서』의 한 단락을 살펴보자.

한스 기벤라트의 재능에는 의심의 여지가 없었다. 교장 선생님도, 목
사님도, 부모님도 한스가 뛰어난 두뇌의 소유자이며, 특별한 존재라는
사실을 인정했다. 그 때문에 이미 한스의 장래는 결정되어 있었다. 왜
냐하면 슈바벤 지역에서는 부모가 능력이 있고 부자가 아닌 이상 성공
하려면 단 하나의 좁은 길만이 있을 뿐이었기 때문이다. 그것은 주(州)
시험을 통해 마울브론 신학교에 들어간 뒤 튀빙엔 대학교를 졸업하는
것이다(『헤르만 헤세 대표 걸작선』[나래북, 2013]에서 인용함).

구체적인 상황은 다르겠지만 한스가 처한 상황은 우리나라 청소
년들의 상황과 비슷해 보인다. 심지어 성적에 따라서 학생들을 차별
하는 분위기조차 닮았다는 사실을 부정하기 어렵다.

담임 선생님은 수업이 시작되기 전에 학생들에게 이렇게 말했다. "드

헤세

1877년 독일 남부 칼프의 독실한 기독교 집안에서 태어난 헤세는 1891
년에 명문 학교인 마울브론에 입학하지만 신경쇠약으로 1년 만에 중퇴
했다. 그 후 튀빙엔에서 서점 직원으로 일하면서 본격적으로 글을 쓰기
시작했다. 제1차 세계대전 때는 독일 민족주의에 맞서고, 제2차 세계대
전 때는 나치 히틀러에 맞선 헤세는 독일에 머물 수 없어서 스위스로 망
명해야 했다. 글을 통해 세상에 저항했던 헤세는 자신의 작품들이 금서
로 지정되는 수모를 겪었지만 1946년에 노벨 문학상을 받았다. 그 이후
에도 냉전 체제에 대한 공포를 조장하는 정부를 비판하고, 서평을 통해
젊은 작가를 발굴하는 등의 활동을 하다가 1962년에 뇌출혈로 세상을
떠났다.

디어 슈투트가르트 주(州) 시험이 시작된다. 우리도 함께 한스의 성공을 위해 기도하자. 물론 한스는 알아서 잘해내겠지만…. 너희 같은 게으름뱅이들은 열 명이 달려들어도 못 이기니까"(『헤르만 헤세 대표 걸작선』에서 인용함).

자전소설 자전소설은 "자서전 소설"과 같은 말로서 작가가 자신의 생애나 생활 체험을 소재로 쓴 소설이다. 자서전과 자전소설의 차이점이 있다면 전자는 있는 그대로를 기술하지만 후자는 작가의 의도대로 꾸며서 다른 이야기를 만들어내기도 한다는 것이다.

『수레바퀴 밑에서』는 재능이 풍부하지만 획일적인 교육 제도와 어른들의 이기심, 명예심으로 인해 서서히 파괴되어 가는 한 소년을 보여준 작품으로서 헤세의 경험이 녹아 있다. 따라서 주인공 한스는 헤세의 분신과도 같다.

수레를 끄는 사람들, 즉 기성세대의 기대와 권위, 교육 제도, 사회의 잘못된 신념으로 인해 수레바퀴 밑에서 깔려 죽은 사람들을 위해 헤세는 무엇을 말하고 싶었을까? 우리가 처한 현실과 지난 삶을 반성하면서 너무나 무겁고 무서운 수레를 올바른 방향으로 이끌어야 할 임무가 우리에게 있는 것은 아닐까?

우리나라 소설 중 자전소설은 박완서의 『그 남자네 집』, 『그 많던 싱아는 누가 다 먹었을까』, 공지영의 『즐거운 나의 집』, 신경숙의 『외딴방』, 박완규의 『축구도 잘해요』 등이 있다.

하지만 한스는 마울브론의 교육 과정을 견디지 못하고 고향에 돌아와서 지내게 된다. 한때 그가 공부를 잘한다는 이유로 많은 기대를 걸고 자랑스러워하던 부모님, 선생님, 목사님은 그런 한스에게 더 이상 어떤 기대도 하지 않았다. 한스는 그렇게 쓸쓸하게 죽고 말았다.

한스의 장례식에 참석한 사람들을 향해 평소에 한스에게 따뜻한 마음을 가지고 있던 구둣방의 플라이크 씨가 이렇게 말했다. "저기 가는 저 인간들도 이 아이[한스]가 이렇게 되는 데 일조를 한 셈이야. 저 인간들도, 그리고 나도, 이 아이에게 소홀했던 것 같군"(『헤르만 헤세 대표 걸작선』에서 인용함).

이것이 "수레바퀴"에 깔린 한스의 최후였다. 그리고 어쩌면 『수레바퀴 밑에서』의 주인공 한스는 우리 사회의 수많은 청소년을 대표한다. 한스가 느꼈던 인생의 비참함과 버거운 짐이 우리 청소년들의 어깨를 누르고 있는 것이다. 온 사회가 마치 마울브론이 행복을 가져다줄 것처럼 그것을 추구한다. 하지만 헤세는 좋은 성적, 좋은 대학, 좋은 "스펙"이 절대 행복의 조건이 될 수 없다는 사실을 우리에게 말해준다.

한스는 마울브론에서 헤르만 하일너라는 친구를 만나 자신에게 문학적 재능이 있음을 발견하게 된다. 헤세가 소설 속의 등장인물에게 자기와 똑같이 "헤르만"이라는 이름을 부여한 것은 의미심장하다. 헤세는 명문 학교를 중퇴하고 서점에서 일하던 "낙오자" 신세였지만 문학을 통해 인생의 의미와 목표를 발견했다.

행복은 무엇일까? 행복은 성적순이 아니다. 행복은 내 인생의 목적이 무엇인지를 발견하는 데서 시작한다. 우리는 우리의 비참한 상황을 하나님이 행복하게 만들기 위해서 어떤 계획을 하셨고, 어떻게 도우셨는지 깨달아야 한다. 이 책을 읽는 사람들이 비참해 보이는 상태에 매몰되지 않고 예수님이 주시는 참된 행복을 발견하기를 응원한다.

믿음 노트

1. 『수레바퀴 밑에서』의 주인공 한스의 상황에 공감되는 부분이 있다면 무엇인가요?

2. 만약 자신이 자전소설을 쓴다면 어떤 내용을 중심으로 쓰고 싶나요? 그 이유는 무엇인가요?

제3과

타락한 인간의 본성에 대하여
헤르만 헤세의 『나비』

🏷 **그림으로 이해하기** # 크라나흐의 "낙원"(드레스덴 구[舊]거장미술관 소장)

실낙원

루터의 동역자였던 대(大) 크라나흐(Lucas Cranach der Ältere, 1472-1553)는 이 그림을 통해 인간의 창조와 타락의 과정을 묘사한다. 이 그림은 인간이 단순히 "죄에 빠진 존재"라는 결과만 표현하는 것이 아니다. 그림을 자세히 보면 다음과 같은 6단계의 과정을 확인할 수 있다.

① 하나님이 아담을 창조하시는 장면: 중앙 뒷부분
② 하나님이 아담이 잠든 사이에 하와를 만드시는 장면: 맨 오른편
③ 하나님이 아담과 하와에게 선악과에 대해 말씀하시는 장면: 중앙
④ 마귀가 아담과 하와를 유혹하는 장면: 왼편
⑤ 아담과 하와가 자신들을 부르시는 하나님을 피해 몸을 숨기는 장면: 오른편
⑥ 천사가 아담과 하와를 에덴동산에서 쫓아내는 장면: 맨 왼편

흥미로운 점은 이 그림에 등장하는 수많은 동물이다. 피조물인 동물들이 쌍을 이루어 그림의 많은 부분을 차지하고 있다. 이는 하나님이 아담과 하와에게 선악과에 대해 주의를 당부하는 중앙 부분과 조화를 이루면서 이 그림의 메시지를 분명하게 한다. 인간이 창조된 원래의 목적은 다른 동물들과는 달리 하나님과 소통하며 함께 거하는 것이다. 선악과란 인간을 타락시키려고 만들어지지 않았다. 오히려 인간은 선악과를 통해 하나님이 창조세계의 왕이심을 인정하고 자신은 그분께 순종해야 하는 자녀임을 확인하게 된다.

인간은 동물과 같이 하나님께 축복을 받은 존재이지만 동물과 달리 자유의지를 가진 존재다. 동물은 본능대로 살도록 창조되었지만 하나님의 형상대로 창조된 인간은 스스로 하나님께 순종할 수도, 불순종할 수도 있는 존재였다. 동물과 달리 하나님과 "동등한" 관계에서 사랑을 나누는 인격체로 지음 받은 것이다. 그것이 인간의 본래 위치였다.

 성경 수업

▯ 마음 열기

1. 애완동물을 키워본 적이 있나요? 애완견과 로봇 강아지의 차이점은 무엇이라고 생각하나요?

2. 친구에게 큰 잘못을 했을 때 어떤 방법으로 해결하나요? 좋은 방법이 있다면 나눠봅시다.

타락한 인간의 본성

하나님과 우리는 어떤 관계일까? 하나님은 실험 상자의 쥐를 살펴보는 과학자처럼 인간의 선택과 타락을 관찰하고 계실까? 아니면 전지전능하신 하나님은 인간이 먹을 것을 알면서도 선악과를 만들어 타락의 빌미를 제공한 괴팍한 성격의 소유자이실까? 오랫동안 많은 사람이 이와 비슷한 질문을 던지면서 인간과 하나님의 관계를 오해해왔다.

성경은 이에 대해 무엇이라고 가르칠까? 창세기 1:26-28은 하나님이 인간을 피조물로 만드셨지만 다른 동물들처럼 만드신 것이 아니라 하나님의 형상대로 만드셔서 다른 동물들과 자연 만물을 다스리는 존재로 삼으셨음을 분명히 말씀한다. 하나님은 무조건 하나님께 순종하도록 "설계된" 로봇 같은 존재로 사람을 만드신 것이 아니다. 무조건 순종하도록 "프로그램화된" 사람이라면 하나님의 형상대로 만들어졌다고 할 수 없다. 하나님은 인간에게 "자유의지"를 주셨고, 그렇기에 우리는 하나님의 형상을 닮은 인격체가 되었다.

○ 관련 성구

26하나님이 이르시되 "우리의 형상을 따라 우리의 모양대로 우리가 사람을 만들고 그들로 바다의 물고기와 하늘의 새와 가축과 온 땅과 땅에 기는 모든 것을 다스리게 하자" 하시고, 27하나님이 자기 형상, 곧 하나님의 형상대로 사람을 창조하시되 남자와 여자를 창조하시고, 28하나님이 그들에게 복을 주시며 하나님이 그들에게 이르시되 "생육하고 번성하여 땅에 충만하라, 땅을 정복하라, 바다의 물고기와 하늘의 새와 땅에 움직이는 모든 생물을 다스리라" 하시니라(창 1:26-28).

내가 죄악 중에서 출생하였음이여, 어머니가 죄 중에서 나를 잉태하였나이다(시 51:5).

그런즉 누구든지 그리스도 안에 있으면 새로운 피조물이라. 이전 것은 지나갔으니 보라, 새것이 되었도다(고후 5:17).

그러나 안타깝게도 인류의 조상은 하나님이 주신 자유의지를 잘못 사용해 하나님께 불순종하여 죄를 짓고 말았다. 우리의 타락은 인류의 조상으로부터 기인한다. 모든 인간이 죄 가운데 태어나서 죄를 짓고 죽는다(시 51:5). 이는 엄밀히 말해 인간의 본성 자체가 죄로 오염되었음을 말하는 것이다. 본성 자체가 오염되었기에 인간은 거기서 파생되는 결과물, 즉 죄를 매일매일 지으며 살아간다. 이것이 인간의 비참한 현실이다.

그런데 우리 존재의 비참함을 인정할 때 우리는 하나님이 우리를 비참한 현실에서 어떻게 구해주시고 또 위로해주시는지를 알게 될 희망이 생긴다. 다르게 말하면 다음의 세 가지 명제가 우리 신앙의 근거가 된다는 것이다.

① 우리의 본성이 죄로 물들었다.
② 이런 본성으로는 완전한 선을 행할 수 없다.
③ 하나님은 우리의 본성을 회복시키실 수 있다.

여기서 하나님이 우리의 본성을 회복시키실 수 있다는 사실이 인생의 유일한 희망이다.

○○ 하이델베르크 교리문답 살펴보기

제6문 그렇다면 하나님이 인간을 악하고 타락한 존재로 창조하셨습니까?

 답 아닙니다. 하나님은 그 반대로 인간을 선하게 창조하셨고, 의롭고 거룩한 하나님의 형상대로 만드셔서 하나님께 영광을 돌리도록 창조하셨습니다.

제7문 그렇다면 인간의 타락한 본성은 어디에서 왔습니까?

 답 인간의 조상 아담과 하와가 에덴동산에서 타락하고 불순종한 이후로 모든 사람의 본성이 죄로 물들었습니다.

제8문 그렇다면 우리는 선은 행할 수 없고, 전적으로 악을 행하는 성향으로 타락한 것입니까?

 답 그렇습니다. 우리가 성령으로 거듭나지 않는 한 그렇습니다.

🏷️ 교실 밖 수업 #칼프

헤세의 고향을 찾아서

헤세의 고향인 칼프는 독일 남부 슈바벤(Schwaben) 지역에 자리한 작고 한적한 마을이다. 마을 구석구석을 걸어서 다녀보는 것도 좋을 만큼 아담하고 예쁜 이곳은 곳곳마다 헤르만 헤세의 체취가 남아 있는 "헤세의 마을"이다. 앞서도 말했듯이 마르크트 다리를 건너면 볼 수 있는 크눌프 동상은 헤르만 헤세가 30세에 쓴 『크눌프』의 주인공을 형상화한 것이다. 헤세도 삶의 방향과 행복, 진리에 대해 고민하며 방랑하는 크눌프처럼 평생 무언가를 추구하며 살았다.

니콜라우스 다리의 헤세 동상

헤세의 동상과 헤세의 얼굴이 새겨진 분수가 있는 니콜라우스 다리는 그의 대표적 소설 『데미안』에도 등장한다. 그만큼 칼프에 대한 기억들은 헤세의 작품 속 곳곳에 스며 있다. 마을 중심부인 마르크트 광장의 6번지는 헤세가 태어난 집인데 현재는 보통 가정집으로 일반인의 출입은 제한된다. 대신 헤세의 명판이 붙어 있고 오른편 상단에 헤세의 어머니 마리를 소개하는 글이 있다. 헤세의 외할아버지는 인도에서 오랫동안 활동한 선교사였고 그의 어머니 마리 역시 독실한 신자로서 가족의 행복과 교회를 위해 일하는 것을 자신의 "사명"으로 여긴 열정적인 여성이었다. 그녀의 모습은 우리 어머니들의 모습과

칼프의 중심부인 마르크트 광장

많이 닮았다. 이런 집안 분위기 속에서 자란 헤세는 『나비』를 통해 어린 시절 자신이 가졌던 죄의식과 예민한 자존심을 묘사했다. 『나비』는 헤세를 이해하려면 꼭 읽어보아야 할 소설이다.

🏷 선생님의 칠판

실망과 좌절을 넘어   # 이효선 선생님

『나비』는 등장인물이 단 3명에 불과한 매우 짧은 소설이지만 저자인 헤세가 어린 시절에 경험한 신앙적 요소들이 강렬하게 드러난다. 주인공인 "나"는 나비 채집에 열중하는 소년이고 친구인 "에밀"은 언제나 칭찬받는, 하지만 얄미운 구석이 있는 모범적인 아이다. 그리고 또 다른 등장인물은, 잘못을 범한 나에게 정직함을 강요하는 단호하고 냉정한 어머니다.

소위 말하는 "엄친아"인 에밀이 점박이 나비를 잡았다는 이야기를 들은 나는 그 나비가 꼭 보고 싶었다. 에밀의 집에 찾아간 나는 아무도 없는 방에서 그 나비를 보고는 매료되어 훔쳐 나오다가 문득 정신을 차리고 돌려놓으려고 했는데 그 과정에서 점박이 나비를 망

헤세 박물관 내부에 전시된 유품들. 헤세의 손길이 닿은 다양한 전시물들을 통해 그의 성장 과정을 살펴볼 수 있다.

가뜨리고 말았다. 조용히 집으로 돌아온 나는 고민 끝에 어머니에게 상황을 말씀드렸다. 에밀에게 가서 용서를 빌라고 하시는 어머니에게 빈틈은 없었다. 다른 친구였다면 모르겠지만 나를 결코 이해해주거나 사과를 받아줄 것 같지 않은 에밀에게 찾아가는 일은 고역이었다. 에밀은 나의 고백과 사죄에 대해 화를 내지 않았다. 오히려 비웃는 눈빛으로 이렇게 말했다.

"알았어. 말하자면 너는 그런 놈이란 말이지."

나는 그에게 내 장난감을 모두 주겠다고 했지만 그는 내 말을 흘려들으며 냉담하게 앉아 나를 비웃는 눈으로 바라보았다. 나는 내가 수집한 나비 전부를 주겠다고 했다.

"그럴 필요 없어. 나는 네가 모은 것이 어떤 것인지 알고 있고, 게다가 오늘 네가 나비를 다루는 태도나 수준이 어느 정도인지 충분히 알았어!"

나는 심한 분노와 모멸감을 느꼈지만 이미 저지른 일은 어떻게도 바로잡을 도리가 없다는 것을 깨달았다. 집으로 돌아온 나는 잠자리에 들기 전에 그동안 모았던 나비들을 하나하나 끄집어내어 손끝으로 비벼서 못쓰게 만든다.

『나비』는 자존심과 친구, 어른의 기대와 평판 등이 어릴 때 우리의 자아를 형성하는 데 있어 매우 중요한 요소임을 보여준다. 부모님이나 어른들이 아이들을 평가하는 기준은 보통 성품, 성적, 건강 등이지만 정작 이런 기준들은 대다수 아이들에게 너무 멀게 느껴진다. 사람은 누구나 분노하거나 죄책감에 빠지고 원망하거나 반항하고 싶은 마음이 솟구치는 순간들을 경험하며 살아간다. 더 나아가 우리의 내면을 자세히 살펴보면 선을 행할 능력이 결핍되어 있다는 사실을 발견하게 된다. 그런 순간이 사람의 순수한 마음을 헤치는 경험이 되는 것이 아니라, 부족한 모습 그대로를 받아주시는 하나님을 발견하는 기회가 된다면 참 좋을 것이다.

헤세는 실제로 나비 수집을 평생 취미로 삼았다. 나비는 다양한 영감을 불러일으키며 음악가, 시인, 화가 등 예술가들에게 특별한 사랑을 받아왔다. "프시케"(*Psyche*)라는 그리스어는 "영혼" 또는 "나비"를 뜻한다. 로마 신화에서 큐피드와 사랑을 나눈 공주의 이름 역시 프시케인데, 미술 작품에서 이 공주는 흔히 나비의 날개를 가진 것으로 묘사된다.

초라하고 징그러운 애벌레에서 번데기 단계를 거쳐 아름다운 날개를 펴는 나비는 우리에게 상징적인 존재다. 나비의 성장 과정은 변화를 꿈꾸며 초라한 현실에서 탈피하고자 하는 사람을 매료시키기에 충분하다. 게다가 나비는 채집해서 표본으로 만들기에 좋은 생물이다. 헤세의 『나비』에는 다음과 같은 구절이 나온다.

식물이건 동물이건 색채를 지닌 대부분 생물은 아무리 표본을 잘해도 죽었을 때는 최고의 아름다움을 상실한다. 그러나 나비의 경우 그들은 죽어서도 다른 동물보다도 색채의 화려함을 더욱 잘 유지한다(『세계명작단편 50선[상]』[한빛, 2000]에서 인용함).

이는 우리 그리스도인들에게 아주 중요한 메시지를 던져준다. 우리가 지금은 비참하고 고통스러운 "애벌레" 같은 존재라 하더라도 언젠가는 나비처럼 아름다운 모습으로 영원히 변화될 것이다. 부활의 소망은 하나님이 우리 인생에 주시는 놀라운 위로다. 그 소망으로 인해 우리는 암울한 현실 속에서도 낙심하지 않을 수 있다. 우리 속에는 하나님의

소설과 갈등 『나비』는 주인공이 친구와 겪는 갈등을 중심으로 이야기가 전개된다. 갈등(葛藤)이란 "칡과 등나무"라는 뜻으로, 어떤 일이나 상황이 서로 복잡하게 얽혀 화합하지 못함을 비유하는 말이다. 소설 구성의 3요소는 인물, 사건, 배경인데 이 중 "사건"은 갈등을 중심으로 펼쳐지기 때문에 갈등은 소설에서 매우 중요한 자리를 차지한다. 소설에서 갈등이란 인물의 마음속이나 인물들 사이에서 일어나는 대립과 충돌, 또는 인물과 환경, 운명 사이의 모순과 대립을 가리킨다.

소설의 갈등은 크게 내적 갈등과 외적 갈등의 두 가지 유형으로 나뉜다. 내적 갈등이란 한 개인의 내면에서 일어나는 갈등을 말하는데 이상의 『날개』, 이은성의 『소설 동의보감』 등이 내적 갈등을 그려내는 소설의 대표적인 예다. 반면 외적 갈등은 인물과 인물, 인물과 환경 사이에서 생기는 갈등이다. 개인과 개인 사이의 갈등을 그려내는 대표적인 소설로는 김유정의 『봄봄』, 오정희의 『소음 공해』 등이 있고, 개인과 사회의 갈등을 그려내는 대표적인 소설로는 박완서의 『그 여자네 집』, 허균의 『홍길동전』 등이 있다. 김동리의 『역마』는 개인과 운명의 갈등을 그려내는 대표적인 소설이고, 김정한의 『사하촌』, 헤밍웨이의 『노인과 바다』 같은 작품은 개인과 자연 사이의 갈등을 그려내는 것으로 유명하다.

형상을 닮은 "프시케", 즉 영혼이 있다는 사실을 잊지 말자.

우리가 주목하는 것은 보이는 것이 아니요 보이지 않는 것이니, 보이는 것은 잠깐이요 보이지 않는 것은 영원함이라(고후 4:18).

✎ 믿음 노트

1. 헤세가 하나님을 떠난 이유는 무엇인지 이야기해봅시다.

2. 인간의 타락한 본성은 어디에서 왔습니까? 인간이 선을 행할 수 없는 상태로 타락했다는 증거는 무엇입니까?

제4과   율법의 요구와 하나님의 자비

헤르만 헤세의 『데미안』

🏷️ 그림으로 이해하기   # 페티의 "잃어버린 동전 비유"(드레스덴 구거장 미술관 소장)

잃어버린 동전을 찾아서

하나님은 죄로 인한 인간의 비참한 상태를 어떻게 바라보실까? 이것은 매우 중요한 질문이다. 도메니코 페티(Domenico Fetti, 1589-1623)의 "잃어버린 동전 비유"는 하나님의 마음을 잘 표현해준다. 하나님은 의도적으로 인간을 벌주려고 선악과를 만들어 인간을 곤경으로 몰아넣으셨을까? 그렇지 않다. 그것은 창조주 하나님의 본심이 아니다.

이에 대해 예수님은 은전을 잃어버린 사람을 비유로 들어 말씀하셨다. 어떤 사람이 갖고 있던 은전 중 하나를 잃어버렸다. 그는 은전 하나를 찾기 위해 불을 켜고 집안을 샅샅이 뒤진다. 은전은 스스로 주인에게 돌아올 수 없고 상실된 상태를 스스로 뒤바꿀 수도 없다. 주인의 손에서 떨어진 후 어딘가에서 "비참한 상태"로 주인을 기다리고 있는 은전은 바로 우리의 모습이다. 하지만 불을 켜고 열심히 은전을 찾는 주인처럼 하나님은 우리의 상태를 회복시키고 위로하시기 위해 직접 우리를 찾아오셨다.

페티의 그림을 자세히 관찰해보자. 의자는 넘어지고 옷장은 다 파헤쳐져 있다. 다급한 주인의 심정이 느껴지는가? 주인의 관심은 오로지 잃어버린 동전에 집중되어 있다. "잃어버린 동전"을 찾는 것이 그의 유일한 목적이다. 하나님의 심정이 그와 같다. 하나님은 천지를 선하게 창조하셨다. 그러나 인간은 불순종함으로써 하나님과 단절되어 비참한 상태로 전락했다. 그때부터 하나님의 마음은 인간을 되찾고자 하는 열망으로 가득했다. 그것이 하나님의 본심이다. 인간을 향한 하나님의 시선이 마치 실험 상자의 쥐를 관찰하는 실험자의 눈빛처럼 차갑지 않다는 사실을 꼭 기억하기 바란다. 하나님의 사랑 가득한 본심을 알아야 하나님께 나아갈 수 있다.

🏷️ 성경 수업

📖 마음 열기

1. 육체적으로나 심리적으로 자신이 겪은 "성장통"에 대해서 이야기해 봅시다.

2. 혹시 주변에 부러운 친구가 있나요? 그 친구가 부러운 이유는 무엇인가요?

거룩함과 사랑의 조화

이번 과에서는 매우 중요한 하나님의 속성인 거룩함과 사랑을 다루려고 한다. 거룩하신 하나님은 죄를 미워하기에 죄인과 공존할 수 없는 분이시다. 그런데 하나님은 죄에 빠진 인간을 사랑하시며 함께하시는 분이다. 모순처럼 보이는 이 두 가지 모습은 어떻게 조화를 이룰 수 있을까?

훌륭한 경찰관인 아버지가 매우 아끼고 사랑하는 아들이 있다고 가정해보자. 그 아들이 어느 날 죄를 저질렀다. 경찰관인 아버지는 아들의 죄를 알고 있다. 이런 상황에서 경찰관으로서의 속성과 아버지로서의 속성이 어떻게 서로 조화를 이룰 수 있을까? 아들을 사랑한다는 이유로 그 죄를 모른 척한다면 경찰관으로서의 자격이 손상될 수밖에 없다. 아버지는 경찰관으로서 아들의 죄를 모른 척해서는 안 된다. 우선 아들을 체포한 이후 아버지로서 아들이 저지른 범죄에 대해 책임을 지고, 보상금을 지불하거나 피해자와 합의를 해야 할 것이다. 이렇게 책임을 지면 경찰관과 아버지로서의 두 속성이 조화를 이루게 된다.

하나님이 비참한 인간을 위해 구원의 계획을 세우신 이유는 바로 거룩함과 사랑이란 두 가지 속성 때문이었다. 한편으로 하나님은 거룩하시며 어떤 죄도 용납하지 않고 심판하는 "경찰관" 같은 분이시다(히 9:27). 반대로 하나님은 그의 형상대로 창조하신 인간들을 너무도 사랑하는 아버지시다. 그래서 하나님은 죄로 인해 타락하고 오염된 인간을 위해 자신이 직접 나서 보상금을 지불하고 죗값을 치를 "계획"을 세우셨다.

하나님의 거룩함과 사랑이라는 모순적인 두 속성이 어떻게 조화를 이루는지 이해하면 이다음에 이어지는 "인간의 구원"에 대한 계획, 절차, 방법도 이해할 수 있다.

○○ 하이델베르크 교리문답 살펴보기

제9문 사람이 할 수 없는 것을 하나님이 율법에서 요구하는 것은 부당한 요구가 아닙니까?

답 아닙니다. 하나님은 사람이 행할 수 있도록 만들었으나 마귀의 유혹으로 인해 고의적으로 불순종하게 되었고, 자신과 그 후손까지 이런 선물들을 빼앗기게 되었습니다.

제10문 하나님은 그런 불순종과 반역을 형벌하지 않으십니까?

답 결코 그렇지 않습니다. 하나님은 우리가 지은 죄(자범죄)뿐 아니라 죄의 "속성"(원죄) 자체도 몹시 싫어하십니다. "누구든지 율법책에 기록된 대로 모든 일을 항상 행하지 아니하는 자는 저주 아래에 있는 자라"(갈 3:10)라고 하신 것처럼 그분은 이 세상에서, 그리고 영원히 죄를 심판하실 것입니다.

제11문 그러나 하나님은 자비로운 분이 아니십니까?

답 하나님은 자비로우시지만 동시에 의로우십니다. 그렇기에 하나님의 의로우심이 요구하는 것은 지극히 위대하신 하나님을 거스르는 죄에 대해 영혼과 육체에 영원한 형벌을 내리는 것입니다.

🏷 교실 밖 수업 # 튀빙엔

『데미안』의 숨결을 느끼며

튀빙엔은 독일 남부의 검은 숲 자락에 위치한 작은 대학 도시로서 도보로 산책해도 좋을 만큼 작고 아담하다.

언제나 사람들로 붐비는 튀빙엔 중심부. 오른편에 헤켄하우어 서점이 보인다.

하지만 튀빙엔은 "튀빙엔 학파"를 배출할 만큼 세계의 신학을 주도해온 지역이다. 튀빙엔 학파의 천재 신학자들이 이곳을 거쳐 갔을 뿐 아니라 그 이전에는 루터의 동역자 멜란히톤(Philipp Melanchthon, 1497-1560), 세계적 철학자 헤겔(Georg Wilhelm Friedrich Hegel, 1770-1831), 신앙이 독실했던 천문학자 케플러 등이 튀빙엔에서 학문을 수련했다. 헤세는 마울브론 신학교를 그만둔 뒤 튀빙엔에서 서점 직원으로 일하면서 문학가의 길을 걷기 시작했다. 애석하게도 이곳은 그가 하나님을 완전히 떠난 장소이기도 하다.

튀빙엔을 거닐면서 헤세가 쓴 『데미안』, 『수레바퀴 밑에서』 등의 작품을 손에 들고 읽어본다면 그 느낌이 색다를 것이다. 앞서 우리는 헤세의 자전소설 『수레바퀴 밑에서』를 통해 그의 학창 시절을 엿보았다. 헤세는 장래가 촉망받는 총명한 아이로서 마울브론에 입학해 부모님, 선생님, 목사님의 기대를 한몸에 받았다. 하지만 그곳 생활에 염증을 느끼고 중퇴해 튀빙엔의 서점에서 일하게 되었다. 당시 그의 마음은 어땠을까? 우리나라에서 외국어고등학교나, 과학고등학교, 자율형 사립 고등학교에 다니던 똑똑한 아이가 중퇴한 후 시급제 아르바이트를 하며 지낸다고 생각해보라. 그 아이를 바라보는 주변의 시선은 어떨까? 헤세가 얼마나 심적으

방문지 주소

헤켄하우어 서점: J. J. Heckenhauer, Holzmarkt 5, 72070 Tübingen

헤르만 헤세의 편지

이곳[튀빙엔]의 생활은 지난번[마울브론]보다 더욱 나쁘지만 아무도 원망하지 않아요. 단지 조용한 가운데서 하나님을 저주해요. 사람들은 자꾸 나에게 설교를 해요. "하나님과 그리스도를 바라보라"라고요. 솔직히 저는 하나님 안에서는 망상밖에 보이지 않아요. 신앙심 좋은 엄마가 저를 미워해도 뭐 어쩔 수 없죠. 엄마가 믿는 하나님에 대해서 저는 별로 관심이 없어요. 엄마의 그런 강요와 설교로 인해 저의 신앙이 엄마의 신앙처럼 되리라고 생각하지는 말아주세요. 하나님과 예수님…제게는 너무 낯선 존재들이에요.

_허무주의자 헤르만 헤세 올림

로 혹독한 경험을 했을지 짐작할 수 있다.

청소년들은 사춘기를 겪으면서 인생을 진지하게 바라보고 정체성을 고민하기 시작한다. 이때 신앙에 대해서도 다시 생각하면서 회의를 느끼기도 하고 참된 신앙으로 성숙해가기도 한다. 그런 질풍노도의 시기에 마음껏 사색하고 고민하며 기존 권위에 도전해보는 것도 나쁘지 않다. 왜냐하면 그런 과정이 없다면 자기 삶에 대해서, 그리고 하나님에 대해서 확고한 신념을 가질 수 없기 때문이다. 그런 의미에서 튀빙엔 시내를 돌아보며 헤세의 고민과 선택에 대해 생각해보는 것도 좋지 않을까? 아울러 헤세가 그런 고민을 통해 자신의 내면에서 문학적 재능이라는 "보석"을 발견하고 위대한 작가가 되었던 것처럼 우리 속에 숨겨진 "보화"를 발견한다면 튀빙엔 방문은 정말 값진 경험이 될 것이다.

📍 선생님의 칠판

새는 알을 깨고 나온다 # 이효선 선생님

『데미안』은 헤세의 대표작이다. 『데미안』은 자전소설의 요소도 가지고 있지만 보통은 "성장소설"로 분류된다. 『데미안』을 자세히 살펴보면 헤세가 내면의 갈등을 겪으며 하나님으로부터 멀어져 가는 과정을 짐작해볼 수 있다.

『데미안』을 관통하는 핵심 주제는 "죄의식의 극복"이다. 주인공 에밀 싱클레어는 기독교 신앙

대학 도시 튀빙엔의 골목 구석구석을 걸으며 헤르만 헤세의 고민을 같이 느껴보자.

을 가진 가정에서 자란 평범한 소년이다. 그는 처음에 부모의 그늘을 "빛", 그 밖의 세계를 "어둠"이라고 인식했다. 그런데 가난한 친구 프란츠 크로머에게 거짓말을 했던 것이 트집 잡히면서 극심한 죄책감에 시달린다. 이때 양심의 가책으로 고통스러워하는 싱클레어를 도와준 친구가 바로 데미안이다. 하지만 싱클레어는 데미안과 이야기를 나눌수록 그동안 부모님과 교회에서 배웠던 내용에 대해 혼란을 겪게 된다. 데미안은 가인과 아벨, 십자가 위의 예수님과 강도를 완전히 새로운 시각으로 보는 방법을 제시한다. 데미안은 가인이나 십자가의 강도처럼 죄책감에 사로잡히지 말고 선과 악을 초월하여 내적 자아를 발견하며 자신에게 주어진 운명을 용기 있게 대면하라고 충고한다. 그 이후 싱클레어는 데미안의 영향을 받아 자아를 형성해간다.

『데미안』은 작품이 발표된 당시에는 매우 긍정적인 효과를 불러일으켰다. "운명"을 용기 있게 재설정하고 진정한 자아를 찾으라는 메시지는 포연이 휩쓸고 지나간 유럽의 암흑 시기를 마주한 젊은이들에게 새로운 용기와 희망을 던져주었

성장소설과 책 읽기 포인트 교양소설 혹은 발전소설이라고 불리는 성장소설은 소년이 성인이 되어가면서 겪게 되는 내면적 갈등과 정신적 성장, 그리고 세계의 주체로 세워지는 과정을 담아낸다. "교양소설"은 미성숙한 젊은이가 성숙한 어른으로 발전하는 과정에 주목한 명칭으로서 대개 자서전적인 특징을 띠는 소설들을 일컫는다. 교양소설에 등장하는 젊은 주인공은 예술과 철학을 통해 세계의 본질과 의미를 배우려고 시도한다. 괴테의 『빌헬름 마이스터의 수업시대』로부터 『데미안』으로 이어지는 교양소설은 제1차 세계대전의 패전 후 혼미했던 독일 사회의 특성과 맞물려 발전했다.

특히 『데미안』은 "청년 운동의 바이블"이라고 불릴 정도로 당시 독일 청년들에게 큰 영향을 미쳤다. 1919년에 출간된 『데미안』은 헤세 개인의 어려움이 증폭되던 시기에 쓰인 작품이다. 이 시기에 헤세는 아버지의 죽음, 아내의 정신병 등 가정적인 위기에 직면한 가운데 정신분석을 받으며 자신의 내면에 몰두했다. 그 결과 탄생한 『데미안』은 기존의 가치관으로부터의 탈피를 시도한 작품으로 소년기의 불안정한 심리, 문명 비판, 이상을 찾으려는 태도, 근원적 의미로서의 어머니 등 헤세 문학의 특징이 잘 나타난다.

한국 소설사에서 성장소설은 그리 큰 주목을 받지는 못했다. 성장소설에 나타나는 작가의 체험적 요소가 오히려 작품의 완결성을 저해한다고 여겨졌기 때문이다. 그러나 개인의 성장에 대한 이야기는 필연적으로 그 시대의 여러 양상을 담고 있기에 사

회를 전체적으로 이해하는 데 큰 도움을 준다. 또한 독자들은 성장을 위한 조건들을 이야기하는 성장소설을 통해 자신의 삶을 돌아볼 수도 있다. 한국문학에서 대표적인 성장소설로는 이문열의 『우리들의 일그러진 영웅』, 황순원의 『소나기』, 『별』, 김유정의 『동백꽃』, 박완서의 『엄마의 말뚝』 등이 있다.

성장소설은 특별히 성장기를 거치고 있는 청소년들에게 큰 도움을 준다. 청소년들은 성장소설을 통해 자신의 고통스러운 경험이 혼자만의 어려움이 아니라 다른 사람의 공감을 얻을 수 있는 문제임을 자각하며 성장에 필요한 지혜를 공급받을 수 있다. 성장소설의 주제에서 변하지 않는 원칙은 성장을 위해서는 반드시 크고 작은 고통을 겪어야 한다는 점이다. 바꾸어 말하면 그 누구도 고통 없이는 절대 성장할 수 없다! 좋은 환경에서 아무런 걱정 없이 학창 시절을 보내는 것이 꼭 좋지만은 않다. 지금 고통을 겪고 있는 사람은 자신이 성장하고 있다고 믿어도 좋을 것이다.

기 때문이다. 하지만 안타까운 것은 데미안이 죄책감을 해결하는 방식이다. 죄책감은 우리가 하나님께로 나아가기 위한 디딤돌이 될 수 있다. 그러나 헤세는 니체(Friedrich Wilhelm Nietzsche, 1844-1900)의 가르침―이는 5과에서 자세히 다룰 것이다―에 영향을 받은 탓에 죄책감을 해결하기 위해 누군가를 의존할 필요가 없으며 움츠러들지 말고 스스로 용기를 내어 운명을 극복하라고 주장할 뿐이다. 이는 다음과 같은 『데미안』의 구절에서 잘 드러난다.

새는 알에서 빠져나오기 위해 싸운다.

알은 세계다.

태어나려는 자는 그 세계를 깨뜨리지 않으면 안 된다.

알을 뚫고 나온 새는 신에게로 날아간다.

그 신의 이름은 아프락사스다(『헤르만 헤세 대표 걸작선』에서 인용함).

"아프락사스"란 선과 악을 동시에 가진, 신이면서 악마적인 존재다. 즉 헤세는 『데미안』을 통해 이 세상에 절대 선과 절대 악은 없다고 주장한 것이다. 오히려 그는 선과 악을 갈라서 누군가에게 강요하는 것이 일종의 "폭력"이라고 생각했다. 앞서 제시된 헤세의 편지에서

헤르만 헤세가 젊은 시절 일했던 헤켄하우어 서점. 헤세의 명판이 붙어 있고, 그의 사진도 볼 수 있다.

도 드러나듯이 기독교 가정에서 신앙을 "강요"하는 부모님을 경험한 헤세는 그런 고압적인 자세가 잘못되었음을 간파하고 있었다.

　나 역시 청소년 시절 억지로 교회에 가도록 강요하는 부모님의 요구 때문에 어려움을 겪었었다. 헤세는 그런 부모님의 강요가 싫어서 방황했고, 안타깝게도 니체의 사상을 접하면서 하나님으로부터 등을 돌렸다. 지금도 우리 주변에는 헤세와 비슷한 사람들이 많다. 어릴 때는 부모님의 손을 잡고 교회 학교에 참석하지만 자라서는 교회에 등을 돌리는 사람들 말이다. 그들은 하나님의 선하심을 맛보지 못한 채 데미안이 말하는 아프락사스를 찾아가 버린다.

　그렇다면 우리는 어떻게 해야 할까? 무엇보다 먼저 자신만 옳다고 주장하는 유아독존(唯我獨尊)적 태도―이는 여러 그리스도인에게서 발견된다―를 가지고 누군가에게 그 옳음을 강요하는 자세는 버려야 한다. 성경에서도 하나님은 일방적으로 선행을 강요하지 않으신다. 하나님은 죄를 저지른 아들에게 왜 죄를 저질렀느냐고 혼내기만 하는 경찰관이 아니다. 오히려 그분은 아들의 죄에 대해 책임을 지고 보상금을 지불하여 자유를 주기 위해 노력하는 자애로운 아버지이시다.

우리는 하나님을 편협한 시각으로 바라보지 말아야 한다. 하나님은 인간이 스스로 죄의 문제를 해결할 수 없다는 사실을 잘 알고 계시기에 그리스도를 통한 죄 용서의 길을 열어주셨다. 하나님은 강요가 아니라 "설득"하시는 분으로서 우리가 그리스도를 바라봄으로써 죄의 문제를 해결하고 하나님께 돌아오기를 기다리고 계신다. 다음 성경 구절을 보면서 하나님의 본심을 이해해보자.

> 내가 네 허물을 빽빽한 구름 같이, 네 죄를 안개 같이 없이하였으니 너는 내게로 돌아오라. 내가 너를 구속[구원]하였음이니라(사 44:22).

신앙은 결코 강요나 억압으로 만들어낼 수 없다. 오히려 하나님은 우리에게 충분히 하나님을 이해하고 믿을 수 있는 방법을 알려주신다. 그 방법을 차근차근 배우는 것이 바로 교리 공부다. 독자들이 가진 인생의 문제와 하나님에 대한 질문이 하이델베르크 교리문답을 살펴보는 과정을 통해 해결되기 바란다.

믿음 노트

1. 오늘날 많은 젊은이가 교회에 등을 돌리는 이유는 무엇이라고 생각
   하나요?

2. 자신이 더 성장하기를 바라는 부분에 관해 이야기해봅시다. 그 이
   유는 무엇인가요? 또 그 성장을 위해 지금 내가 할 수 있는 것은 무
   엇인가요?

제5과 　　　　　　완전한 의의 충족과 중보자

니체의 『차라투스트라는 이렇게 말했다』

제 1 2 - 1 5문

그림으로 이해하기 # 퓌게르의 "아들들에게 사형을 선고하는 브루투스"

(슈투트가르트 시립미술관 소장)

재판관과 아버지

우리는 예수님을 어떻게 이해해야 할까? 예수님의 정체성은 기독교 교리에서 핵심적인 주제다. 많은 사람들이 예수님을 석가나 공자, 소크라테스와 같은 위대한 인간으로 이해한다. 과연 예수님은 그런 성인(聖人) 중 한 사람에 불과할까? 퓌게르(Heinrich Friedrich Füger, 1751-1818)의 "아들들에게 사형을 선고하는 브루투스"를 보면 예수님이 누구신지 이해하는 데 도움을 받을 수 있다.

슈투트가르트 시립미술관에 소장된 이 그림의 배경은 기원전 509년의 로마다. 기원전 756년에 건국된 로마는 200년 넘도록 왕정 체제를 유지했다. 하지만 루키우스 브루투스(Lucius Junius Brutus, ?-기원전 509)는 왕정을 끝내고 원로원이 이끄는 공화정 제도를 출범시켰으며 기원전 509년에 첫 집정관이 되었다. 이 당시 집정관의 임기는 1년이었으며 로마의 실권은 원로원이 가져갔기 때문에 기득권층이었던 왕정 옹호자들은 반란을 일으켰다. 이때 브루투스의 두 아들도 반란에 가담했다가 체포되었는데 그 사건의 재판을 담당한 것은 다름 아닌 브루투스 자신이었다.

브루투스는 딜레마에 빠졌다. 만일 두 아들을 용서해준다면 공화정의 기반인 법치주의가 무너지고 집정관으로서의 "권위"가 손상된다. 반대로 아들들을 처형한다면 아버지로서 평생 괴로운 마음을 짊어지고 살 수밖에 없다. 브루투스는 결국 읍참마속(泣斬馬謖)의 심정으로 두 아들에게 사형을 선고하지만 과연 그의 결정이 최선이었는지 확신하기란 쉽지 않다.

이 그림을 보면서 하나님과 예수님 그리고 우리의 관계를 생각해보자. 하나님은 우리를 매우 사랑하신다. 그런데 우리는 죄의 대가를 치러야 하는 죄인들이다. 하나님은 우리를 사랑하시지만 우리의 죄를 눈감아주실 수는 없다. 그렇게 한다면 공의에 기초를 둔 하나님의 "권위"가 사라지기 때문이다. 그러나 하나님은 우리에게 구원을 베풀어주기 위해 놀라운 계획을 세우셨다. 우리가 지은 죄를 해결하기 위해 하나님의 아들인 예수님께 사형을 선고하신 것이다. 그것이 바로 예수님이 십자가에서 죽으신 이유다. 여기서 우리는 하나님이 당신의 아들만큼이나 우리를 사랑하셨다는 사실을 확인할 수 있다.

예수님은 많은 성인 중 한 사람인가? 그렇지 않다. 예수님은 우리가 받아야 할 형벌을 대신 받으신 분이다. 예수님 덕분에 우리에게는 더 이상 죄로 인한 형벌이 없다. 이러한 예수님의 정체성을 제대로 이해하는 것이야말로 예수님을 구세주로 고백하는 기독교 신앙의 핵심이다.

성경 수업

마음 열기

1. 자신이 가장 좋아하는 위인이 누구인지 이야기해봅시다.

2. 자신이 한 일 중에서 가장 선하다고 여겨지는 것은 무엇인가요?

완전한 의의 충족과 중보자에 대하여

아래에 있는 "관련 성구"를 읽어보자. 이 말씀들에 따르면 우리는 스스로 율법을 지키거나 선을 행하거나 죄를 없애지 못하는 연약한 존재다. 그래서 하나님이 "일방적으로" 아들이신 예수님을 우리와 같은 사람의 모양으로 세상에 보내시고 우리 죄를 예수님께 떠넘기셔서 죄에 대한 책임을 지우셨다(롬 8:3). 하나님이 일방적으로 그렇게 하신 것은 우리를 죄의 형벌에서 자유롭게 하고 하나님의 자녀로 만드시려는 하나님의 계획에 따른 것이다.

이 사실을 기억하면서 다음 질문들에 대답해보자. 착한 일을 많이 하는 것이 나 자신의 죄를 없애는 수단이 되는가? 성경은 그렇지 않다고 가르친다. 예수님이 십자가에서 사형을 당하셨다. 왜 그런가? 성경에 따르면 예수님의 죽음은 궁극적으로 나의 죄 때문이다. 만일 예수님이 사형 선고를 받지 않았다면 어떻게 되었을까? 우리가 사형 선고를 받아서 죽어야 했을 것이다. 십자가 위에 내 죄가 포함되어 있음을 당신은 믿는가? 그 사실을 믿는다면 그 믿음의 결과는 구원이다!(롬 10:10) 예수님이 하나님과 당신 사이에서 하신 일은 무엇인가? 성경은 예수님이 우리 죄를 대신 해결해주셔서 우리가 하나님의 자녀가 되어 하나님께로 나아갈 수 있게 해주셨다고 말한다. 그래서 예수님을 중재자 혹은 중보자라고 부르는 것이다.

○ 관련 성구

3 율법이 육신으로 말미암아 연약하여 할 수 없는 그것을 하나님은 하시나니 곧 죄로 말미암아 자기 아들을 죄 있는 육신의 모양으로 보내어 육신에 죄를 정하사 4 육신을 따르지 않고 그 영을 따라 행하는 우리에게 율법의 요구가 이루어지게 하려 하심이니라(롬 8:3-4).

하나님이 죄를 알지도 못하신 이를 우리를 대신하여 죄로 삼으신 것은 우리로 하여금 그 안에서 하나님의 의가 되게 하려 하심이라(고후 5:21).

○○ 하이델베르크 교리문답 살펴보기

제12문 하나님의 공의로우신 심판에 따라 현재와 영원히 징벌을 받게 되다면 어떻게 이 형벌로부터 다시 은총을 입을 수 있습니까?

답 하나님은 자신의 의(義)가 충족되기를 원하시는데, 그것은 스스로든 혹은 다른 누군가에 의해서든 죄에 대한 대가를 치러야 가능한 것입니다.

제13문 우리 스스로 죄의 대가를 지불하는 것이 가능합니까?

답 절대 그럴 수 없습니다. 오히려 날마다 죄를 더 쌓아갈 뿐입니다.

제14문 어떤 한 피조물이 우리의 죄에 대한 대가를 지불할 수 있습니까?

답 없습니다. 하나님은 인간의 범죄를 다른 무고한 피조물에게 전가시키는 것을 원치 않으실 뿐만 아니라, 다른 피조물이 우리 죄를 감당할 수도 없습니다.

제15문 그러면 우리는 어떤 중보자(중재자)나 구원자를 찾아야 합니까?

답 진실 되고, 의로운 인간이면서, 모든 피조물보다 더 강한 존재, 즉 죄가 없는 사람이면서 참 하나님이신 존재만이 중재할 수 있습니다.

교실 밖 수업 # 뢰켄

니체의 발자취를 따라서

뢰켄(Röcken)은 『차라투스트라는 이렇게 말했다』의 저자 니체의 고향이다. 뢰켄은 행정 구역상으로는 뤼첸(Lützen)이라는 지역에 속한 작은 마을로서 사람이 많이 살지 않아 숙박 시설은 물론이고 조그마한 가게도 없다. 자동차로는 라이프치히에서 30분이 채 걸리지 않지만 대중교통을 이용하려면 라이프치히에서 바이센펠스(Weißenfels)까지 기차로 이동한 후 뤼첸행 버스(780번)로 갈아타야한다. 그나마 버스 편수가 많지 않으므로 반드시 돌아오는 버스 시간을 확인해야한다. 뢰켄에 가면 니체의 생가, 모교회, 무덤, 기념관 등을 둘러볼 수 있다.

> **방문지 주소**
>
> **니체 생가**: Teichstraße 8, 06686 Lützen (+49 34444 23540)<www.nietzsche-gedenkstaette.de>

뢰켄에 있는 작은 교회를 찾아가 보자. 그곳 뒷마당에는 니체를 기념하는 흰색 석상들이 세워져 있고, 반대편에는 니체와 여동생 엘리자베트의 무덤이 나란히 있다. 이 교회는 니체의 부친이 목회했던 교회로서 니체는 이 교회에서 유아 세례를 받고 아버지의 설교를 들으면서 자라났다. 그러나 아버지가 죽은 후, 그의 가족은 나움부르크(Naumburg)로 이사했고 니체는 유년기와 청소년기 대부분을 그곳에서 보냈다. 뢰켄의 교회 옆에는 두 개의 건물이 있는데 하나는 니체의 생가이고 다른 하나는 니체와 관련된 물품과 서적들을 전시한 니체 기념관이다.

니체의 어머니는 아들이 신앙심 깊은 사람으로 자라주기를 바랐고 신학을 공부하라고 권면하기까지 했다. 니체는 어머니의 바람대

뢰켄의 니체 생가 교회 앞마당에 있는 기념물. 3명의 니체가 있다. 좌우에는 벌거벗은 니체, 가운데에는 니체와 그의 어머니의 조각상이다.

로 본(Bonn) 대학교에 입학해 신학 공부를 시작했다. 하지만 1년 만에 그만두고 말았는데 이 결정으로 인해 니체의 어머니는 몹시 분노했다고 한다. 니체와 어머니의 이러한 관계가 교회 뒷마당에 있는 석상에 표현되어 있다. 니체와 어머니는 마치 부부처럼 다정하게 서 있는 듯하지만 두 사람의 사이는 칼로 자른 듯 틈이 벌어져 있다. 이것은 신앙을 강요한 어머니와 그것을 거부한 아들 간의 영원한 대립과 갈등을 상징한다. 이 석상은 목사의 아들로 태어나 신앙을 중시한 어머니 밑에서 자랐지만 결국에는 "신은 죽었다"라고 선언한 니체의 삶을 요약해주는 듯하다.

　니체를 표현한 세 개의 조각상 중 나머지 두 개는 벌거벗은 모습이다. 이는 하나님 앞에서 벌거벗은 니체의 자아를 상징한다. 니체는 낡은 기독교 전통을 부수고 선악을 초월한 새로운 가치관을 제시하고자 했다. 하지만 신의 죽음을 선포한 그는 신으로부터 온 모든 것을 상실하고 벌거벗은 채 살아야 했던 것은 아닐까?

🏷️ 선생님의 칠판

| 니체와 철학 　#강오성 선생님

"신은 죽었다"라는 말은 단지 니체가 무신론자이기 때문에 내뱉은 말이 아니었다. 서구 전통에서 "신"이란 철학적 의미를 가지는 개념이기 때문에 그의 말이 무슨 의미인지 이해하기 위해서는 그 이전의 사상에 대해 살펴보아야 한다.

시대		악 or 불완전	선 or 완전
고대	플라톤	현상계	이데아
중세	기독교	현실	천국
근대	칸트	현상 세계	물자체의 세계

고대 그리스의 플라톤(Plato, 기원전 427?-347?)은 우리가 사는 이 세상은 불완전하지만 현상계 너머에는 참되고 완전한 이데아가 있다고 생각했다. 이데아는 완전한 진리의 세계이며 현상계에 나타난 것은 허상에 불과하다는 것이다. 자연히 인간은 이데아를 추구하며 살아가야 하는 존재로 여겨졌다. 중세 유럽 사회를 지배한 기독교의 사상 체계도 플라톤과 다르지 않았다. 중세 가톨릭은 완전한 하나님의 나라인 천국과 악한 이 세상을 분명하게 구분지었다. 그리고 천국이

니체

독실한 개신교 목사의 아들로 독일 뢰켄에서 출생했으나 5세에 부친과 사별했다. 모친의 강요로 본 대학교에서 고전학과 신학을 공부했다. 그는 쇼펜하우어의 철학과 바그너의 음악에 심취했었다.

니체는 플라톤 철학의 이데아, 기독교의 이상 세계를 전통으로 삼아온 유럽 문화에 반기를 들고 내세보다는 현실을 긍정하는 사상을 주창하면서 유럽 사회에 큰 반향을 불러일으켰다. 특히 전통적 가치와 절대적 진리를 부정한 그의 사상은 현대 포스트모더니즘의 씨앗으로 평가된다.

1888년부터 정신이상 증세를 보이며 정신질환에 시달리다가 1900년에 세상을 떠났다.

아닌 이 세상에 연연하는 것을 악이라고 가르쳤다. 근대 철학의 설계도를 완성한 칸트(Immanuel Kant, 1724-1804)의 견해도 비슷했다. 그가 가정한 물자체의 세계는 인식할 수는 없지만 본질적으로 존재하는 세계다. 이런 전통 속에서 기독교 사회는 사람들로 하여금 세상 너머의 것을 보도록 강요했다.

그러나 어떤 이들에게 교회의 그런 요구는 일상의 삶을 억누르고 탄압하는 것에 불과했다. 인간은 "현실"에 존재하며 살아가는 것이 아닌가? 니체가 보기에 현실을 부정하고 내세를 바라보게 하는 가르침은 거짓이었다. 그는 사람들에게 현실에 충실할 것을 권면하며 현실을 "긍정"하는 삶이야말로 우리가 지향해야 할 삶이라고 주장했다. 그리고 이 모든 논의를 종합하는 의미에서 "신은 죽었다"라고 말했다. 즉 이 말은 내세가 없다는 주장을 하는 것이 아니라 현실에 발을 붙이고 현실에 의미를 부여하며 긍정하라는 것에 더 가까웠다. 니체의 철학은 실존주의 철학이 출현하는 데 영향을 끼쳤으며 절대가치를 부정하는 "포스트모더니즘"이 생겨나는 배경을 제공했다.

긍정적으로 보면 니체의 사상은 현실의 중요성을 일깨워주었다는 면이 있다. 하지만 그의 사상은 현실의 삶이 끝나가는 사람들에게는 어떠한 해답도 제공하지 못한다. 과연 우리는 죽음을 직면한 순간에도 오직 현실만을 긍정할 수 있을까? 실제로 우리가 현실을 긍정한다고 해서 그것이 반드시 참된 "행복"과 연결되는 것도 아니다. 그런 까닭에 니체의 철학은 종종 사람들을 "허무주의"로 인도한다. 이에 대해 성경은 세상의 어떤 것도 우리에게 "참된 만족"을 줄 수 없다고 이야기한다. 영원한 세계를 바라보는 것이 결코 현재의 삶을 무의미하게 만들지 않는다. 오히려 하나님은 우리가 이 세상을 살아가는 목적이 무엇인지를 분명하게 보여주는 분이시다.

하지만 니체는 자신의 대표적인 저서인 『차라투스트라는 이렇게 말했다』를 통해 "신은 죽었다"라는 말을 남겼다. 그는 그 책에서 이 세상에 절대적인 "선과 악"은 없으며, 선이란 강자가 약자에게 강요한 것에 불과하다고 주장하기도 했다. 즉 신이 제시한 선과 악의 기준에서 볼 때 인간은 언제나 "죄인"이 될 수밖에 없다는 것이다.

사실 니체 자신이 신의 존재를 완전히 부정한 것은 아니었다. 니체는 하나님이 살아 계시다는 점은 인정할 수밖에 없었다. 단지 그는 우리를 향한 하나님의 "사랑"을 인정하지 않았고 결과적으로 예수님이 "중보자"이신 것도 인정하지 않았을 뿐이다. 어떻게 보면 그는 기독교가 제시하는 기준에 따라 전적으로 무능력한 존재로 살아가는 인간의 운명을 비판한 것이었다.

니체 생가에 가면 그의 무덤을 볼 수 있는데, 니체의 무덤과 여동생 엘리자베트의 무덤이 나란히 있다.

니체가 제시한 대안은 스스로 연민에 빠지거나 누군가의 도움에 기대지 말고 삶을 긍정하며, 자신을 불쌍히 여기는 신을 몰아내자는 것이었다. 또한 자기 자신이 인생의 기준을 설정해서 적극적으로 가치를 추구할 것을 강조했다. "신은 죽었다"는 니체의 선언에는 이런 의미가 모두 담겨 있었다. 결국 니체는 예수님도 중보자가 아니라 우리와 "똑같은", 서로 사랑해야 할 인간에 불과하다고 가르쳤다. 이런 관점에서 그는 예수님을 "의지"하려는 교회를 "예수의 무덤"이라고 표현한다. 『차라투스트라는 이렇게 말했다』의 한 부분을 살펴보자.

죽음을 설교하는 자들이 존경하는 저 히브리 사람은 너무 일찍 죽었다. 그의 때 이른 죽음은 많은 사람의 불운이 되었다. 이 히브리 사람 예수가 알고 있었던 것은 히브리 사람들의 눈물과 비애, 착하고 의로운 자들의 증오뿐이다. 그리하여 죽음에 대한 동경이 그를 엄습했다.

내 말을 믿어라. 형제들이여! 그는 너무 일찍 죽었다. 내 나이만큼만 살았더라도 그는 자신의 가르침을 철회했으리라! 그는 철회할 수 있을 만큼 고귀한 자였다. 그러나 그는 채 성숙하지 못했다. 그 젊은이의 사랑은 미숙했고, 인간과 대지에 대한 그의 증오도 미숙했다. 그의 마음과 정신의 날개는 아직도 묶인 채 무거웠다(『차라투스트라는 이렇게 말했다』[책세상, 2000]에서 인용).

이것이 니체가 이해한 예수님의 정체였다. 니체에게 예수님은 중보자가 아니라 소크라테스, 공자, 석가와 같은 성인 중 한 명일 뿐이다. 이는 성경이 말하는 예수님의 정체성과 너무 다르지 않은가? 사실 하나님은 죽지 않았다. 니체가 하나님을 거부했을 뿐이다. 그렇다면 니체의 사상에는 어떤 한계가 있는지 살펴보자.

니체를 넘어서 # 강오성 선생님

예수님을 어떻게 인식하는가에 따라 그분은 우리에게 중보자
가 될 수도 있고 그저 훌륭한 사람 정도에 머물 수도 있다. 예수님에
대한 인식은 우리 인생의 "목적"과 연동되어 있다. 예수님이 단지 훌
륭한 위인에 불과하다면 우리는 예수님을 존경하거나 본받을 대상으
로만 여기면 된다. 그러나 이 경우는 앞서 살펴보았던 "죄" 문제를 어
떻게 해결할 것인지에 대해서는 답을 찾을 수 없게 된다. 아무리 삶을
긍정하고 자기 자신의 가치관대로 살아간다고 하더라도 죄에 오염된
인간의 본성은 바뀌지 않으며 죄의 결과에 뒤따르는 형벌도 사라지
지 않는다.

니체가 예수님을 바라보는 관점은 헤르만 헤세의 관점과 비슷하
다. 이들에게는 공통점이 있다. 첫째, 두 사람 모두 독실한 기독교 가
정에서 태어났고 어려서부터 교회에 다니면서 성장했다. 그러나 이
들의 부모들은 자녀들이 "성공하는 것"
은 바랐지만 "하나님의 자녀"로서 세상
을 이기는 것에는 그다지 관심을 두지
않았다. 둘째, 헤세와 니체 모두 튀빙엔
학파의 슈트라우스(David Strauss, 1808-
1874)에게 영향을 받았다. 튀빙엔 학파
는 튀빙엔 대학교를 중심으로 세계 신
학의 흐름을 주도하던 학파다. 이 학파

니체가 다녔던 교회의 내부. 니체의 아버지가 사
용했을 강대상과 유아 세례반이 보인다. 니체도
교회에서 유아 세례를 받고 말씀을 들으며 자라
난 아이였다.

에 의해 "역사적 예수"에 대한 연구가 활발하게 진행되었고, "예수는 역사 속에 존재했지만 초자연적인 기적을 행하지는 않았으며 보통 인간으로서 신적 존재가 아닌데 복음서의 기록자들이 예수를 그렇게 만들었다"는 주장이 유행했었다. 이런 잘못된 사상들은 니체나 헤세 뿐 아니라 수많은 사람을 하나님의 사랑에서 멀어지게 만들었다.

그러나 한때 유행했던 "역사적 예수"는 복음서의 신뢰성 문제를 더 깊이 연구한 여러 신학자에 의해 새로운 국면을 맞았고, 지금은 성경의 기록들이 믿을 만한 "증언"이라는 사실이 부각되고 있다. 더 나아가 우리는 세상의 어떤 철학이나 가르침도 우리의 "죄" 문제를 해결하여 구원의 길로 나아가게 할 수 없다는 사실을 기억해야 한다. 우리에게는 하나님의 아들이시고 중보자이신 예수 그리스도가 절대적으로 필요하다!

누가 철학과 헛된 속임수로 너희를 사로잡을까 주의하라. 이것은 사람의 전통과 세상의 초등학문을 따름이요 그리스도를 따름이 아니니라 (골 2:8).

믿음 노트

1. 니체가 생각하는 예수님은 어떤 분인가요? 니체가 그렇게 생각하게 된 이유는 무엇인지 생각해봅시다.

2. 우리는 보이는 것을 바라보는 것이 아니라 보이지 않는 것을 바라봅니다. 보이는 것은 잠깐이지만 보이지 않는 것은 영원하기 때문입니다(새번역 고후 4:18). 보이지 않는 영원한 것을 바라보는 그리스도인은 현실에 대해 어떤 태도를 가져야 할까요?

제6과

중보자: 참 하나님과 참 사람

뉘른베르크 전범 재판

제 16 - 19문

🏷️ **그림으로 이해하기** # 렘브란트의 "이삭을 바치는 아브라함"(뮌헨 알테 피나코테크 소장)

묵묵히 순종하는 아들

성경에서 가장 유명한 장면 중 하나인, 아브라함이 이삭을 모리아 산에서 제물로 드리는 장면을 렘브란트가 화폭에 담았다. 이 그림을 제대로 이해하려면 구약성경의 내용을 먼저 이해해야 한다. 구약성경의 사건들과 하나님의 명령들은 신약성경의 모형과 그림자다(골 3:17). 즉 구약의 여러 사건들은 예수님의 이야기를 담고 있다고 볼 수 있다.

믿음의 조상 아브라함이 100세가 되었을 때 하나님은 그에게 아들 이삭을 허락하셨다. 그러나 어느 날 하나님은 아브라함에게 아들 이삭을 "제물"로 바치라고 명령하셨다. 아브라함은 그 명령에 따라 아들 이삭을 제물로 바치기 위해 산으로 데리고 올라갔고 이삭은 아브라함의 행위에 묵묵히 순종하며 죽을 준비를 했다. 아브라함이 칼을 들어 아들을 죽이려는 순간, 하나님은 천사를 통해 이삭을 죽이지 못하도록 막으셨다. 그리고 이삭 대신 숫양 한 마리를 제물로 드리게 하셨다. 이 사건은 우리에게 무엇을 보여주기 위한 것일까?

하나님은 아브라함이 아들 이삭보다 하나님을 더 사랑하는지 보고 싶으셨을 수도 있다. 그러나 모든 것을 다 아시는 전지전능하신 하나님께 이런 확인 작업이 꼭 필요한 것은 아니었다. 그렇다면 하나님이 이 사건을 통해 우리에게 보여주시려는 것은 무엇일까?

이 사건은 무엇보다 하나님의 아들 예수 그리스도가 십자가에 달리신 사건의 의미를 극명하게 보여준다. 하나님은 스스로 아들을 제물이 되게 하셔서 죽이기로 작정하셨다. 아브라함이 아들을 제물로 바치기 위해 죽이는 과정은 얼마나 고통스러웠을까? 우리는 아들을 죽이러 떠난 아브라함의 발자취를 따라가며 독생자 예수를 이 땅에 보내신 하나님의 사랑을 깨닫게 된다. 또한 이삭이 "묵묵히" 순종하는 모습에서 예수님의 모습을 엿보게 된다. 예수님은 자기 목숨을 많은 사람의 대속물로 주고 죽기 위해 이 세상에 오셨다(막 10:45).

그렇다면 하나님은 왜 하나뿐인 아들을 죽이셨을까? 앞서 살펴보았듯이 그 이유는 하나밖에 없다. 죽음의 형벌을 받아야 하는 것은 죄인인 우리이지만 하나님이 우리 대신 당신의 아들을 죽이셔서 우리를 살리신 것이다!

🏷️ 성경 수업

🚪 마음 열기

1. 연예인이나 프로스포츠 선수들은 수입에 따라 자신의 가치를 평가받고 유명 스타들은 깜짝 놀랄 만큼 많은 돈을 벌기도 합니다. 그러나 당신이 보기에 유명 스타들의 진짜 값어치는 어느 정도 되는 것 같습니까?

2. 10년 후, 당신은 어느 정도의 연봉(몸값)을 받고 싶습니까?

중보자, 참 하나님과 참 사람

성경에서 가장 대표적인 구절을 꼽으라고 할 때 빠지지 않는 구절이 바로 요한복음 3:16이다.

> 하나님이 세상을 이처럼(so much) 사랑하사 독생자를 주셨으니 이는 그를 믿는 자마다 멸망하지 않고 영생을 얻게 하려 하심이라(요 3:16).

지금까지 예수님이 "중보자"이심을 살펴본 내용을 이해한다면 이 구절의 의미가 쉽게 다가올 것이다. 하나님은 우리를 포함한 세상을 얼마나 사랑하셨을까? 도대체 "이처럼"은 얼마만큼일까? 이사야 53:6에 따르면 하나님은 우리가 지은 죄를 "일방적으로" 예수님에게 넘기셨다. 그래서 베드로전서 3:18은 죄가 없으신 의인 예수님이 "누명"을 쓰고 우리의 죄를 대신하기 위해 죽으셨다고 말씀한다. 그 목적은 우리를 하나님 앞으로 "인도"하려

그리스도께서 단번에 죄를 위하여 죽으사 의인으로서 불의한 자를 대신하셨으니 이는 우리를 하나님 앞으로 인도하려 하심이라. 육체로는 죽임을 당하시고 영으로는 살리심을 받으셨으니(벧전 3:18).

우리는 다 양 같아서 그릇 행하여 각기 제 길로 갔거늘 여호와께서는 우리 모두의 죄악을 그에게 담당시키셨도다(사 53:6).

는 것이었다. 다른 사람이나 피조물이 우리 죄를 대신할 수 없는 이유는 예수님 외에 어떤 사람이나 피조물도 죄에서 자유롭지 않기 때문이다. 그래서 예수님은 홀로 하나님과 우리 사이를 중재하는 "중보자"가 되시고 우리는 하나님께 기도할 때도 "예수님의 이름으로" 기도한다.

그렇다면 이제 결론을 내려보자. 하나님이 "이처럼"(so much) 세상을 사랑하신 것은 얼마만큼 사랑하신 것인가? 물물교환의 원리를 생각해보자. 하나님이 우리를 하나님의 자녀로 삼기 위해 하나밖에 없는 독생자를 대가로 지불하셨다. 그렇다면 우리 자신의 가치는 바

로 하나님의 아들, 곧 독생자 예수 그리스도의 가치와 같다고 여겨진 것이다. 세상에 어느 부모가 무엇을 사기 위해 자기 아들을 내놓겠는 가? 그런데 하나님은 독생자 예수 그리스도를 내놓으셨다. 그 이유는 단 하나밖에 없다. "이처럼" 우리를 사랑하시기 때문이다!

○─○ 하이델베르크 교리문답 살펴보기

제16문 왜 중보자는 참 사람으로서 의로운 인간이어야 합니까?

> 답 죄에 대한 대가를 지불해야 우리가 구원받을 수 있는데, 스스로 죄인인 사람이나 피조물이 누군가의 죄를 대신 지불할 수는 없기 때문입니다.

제17문 왜 중보자는 동시에 참 하나님이어야 합니까?

> 답 우리에게 의와 생명을 주시려면 그의 신성(神性)의 능력으로 그의 인성(人性)에 우리 죄의 짐을 전가해야 하기 때문입니다.

제18문 그렇다면 참된 하나님이신 동시에 참되고 의로운 인간은 누구입니까?

> 답 우리 주 예수 그리스도입니다. 그분은 하나님에게서 나와서 우리에게 지혜와 의로움과 거룩함과 구원함이 되신 분입니다 (고전 1:30).

제19문 당신은 그것을 어디서 압니까?

> 답 거룩한 복음에서 알 수 있습니다. 그것은 에덴동산에서, 족장들과 예언자들을 통해, 율법에서, 그리고 독생자를 통해 말씀하셔서 알 수 있습니다.

뉘른베르크 전범 재판

독일 남부 바이에른(Bayern) 주의 유서 깊은 도시 뉘른베르크 (Nürnberg)는 주도 뮌헨에 비해 유명하지는 않다. 하지만 이 도시는 역사적으로 상당히 중요한 위치를 차지한다. 과거에는 뮌헨보다 더 중요한 도시였다고 말해도 과언이 아닐 정도다.

고속철도(ICE)를 타면 프랑크푸르트에서 2시간 남짓, 뮌헨에서 1시간 남짓 거리에 자리한 뉘른베르크는 오랜 제국도시로서 지금도 중세의 건축물들이 많이 남아 있다. 미술가 뒤러(Albrecht Dürer, 1471-1528)와 바로크 음악에 영향을 준 음악가 파헬벨(Johann Pachelbel, 1653-1706)이 뉘른베르크에서 태어났다. 1934년에는 히틀러가 이끄는 나치가 이곳에서 160만 명을 동원한 전당대회를 거행했다. 그리고 제2차 세계대전 후에 연합군에 의한 전범 재판이 열린 장소도 뉘른베르크였다.

뉘른베르크 전범 재판 기념관에 들어서면 1층에는 매표소와 안내대가 있고, 2층에는 뉘른베르크 전범 재판이 열렸던 재판정 600호실이 있다. 시간이 지나면서 내부 구조가 변했지만 바로 그 자리에서 나치의 전범들이 재판을 받았다는 사실이 중요하다. 당시 재판부는 전쟁을 일으킨 죄(1차 재판)와 유대인을 포함한 수많은 민간인을 학살한 죄(2차 재판)를 물어 전범들에게 형을 선고했다. 기념관 3층에 올라가면 제2차 세계대전 및 이후 전범 재판 과정을 생생히 묘사한 전시물들을 볼 수 있다.

방문지 주소

뉘른베르크 전범 재판 기념관: Bärenschanzstraße 72, 90429 Nürnberg<www.memorium-nuremberg.de>

🏷️ 선생님의 칠판

뉘른베르크 전범 재판의 현장을 찾아서　# 정승민 선생님

끔찍했던 세계대전이 끝난 후 유럽인들은 파시즘과 나치 체제를 이끌거나 적극적으로 협력한 사람들이 응분의 대가를 치러야 한다고 마음을 모았다. 나치가 점령했던 여러 나라에서는 나치 동조자를 색출하여 즉결 심판을 행하는 경우도 적지 않았다.

제2차 세계대전에서 승리한 연합국은 히틀러의 측근이었던 전범들을 단죄하기 위해 국제재판소를 설립하고 뉘른베르크 재판을 열었다. 이는 나치의 반(反)인류적 범죄 행위를 고발하고 독일 국민에게 나치 통치의 사악함을 일깨워주려는 목적도 가지고 있었다. 수많은 증거와 전범들의 증언을 통해 나치의 잔악상이 만천하에 폭로되었다. 판결은 자제된 분위기 속에서 내려졌으며 1급 전범 22명 중 12명이 사형 선고를 받았고 3명은 석방되었다.

당시 뉘른베르크 전범 재판을 담당했던 제프리 로렌스(Geoffrey

뉘른베르크 전범 재판 기념관. 이곳을 견학하기 위한 많은 사람의 발길이 끊이지 않는다.

Lawrence, 1880-1971) 대법관은 다음과 같이 말했다.

전범들에 대해 우리가 내릴 수 있는 가능한 판결은 세 가지입니다. 전쟁 과정에 나타난 잔혹한 행위들에 대해 눈을 감거나, 혹은 행정 조치를 취해서 가해자들을 살해하고 처벌하는 방법, 혹은 재판하는 방법이 있습니다. 무엇이 가장 적절할까요? 과연 그런 범죄들에 대해 "용서"라는 이름으로 눈을 감는 것이 가능하겠습니까? 수많은 국민을 잃었던 프랑스, 러시아, 네덜란드, 벨기에, 노르웨이, 체코슬로바키아, 폴란드, 유고슬라비아 같은 국가들이 그것에 대해 동조하겠습니까? 제1차 세계대전이 끝나고 독일 사람들 스스로 전범들을 재판하는 코미디가 있었습니다. 일부는 교수형을 당했지만 대다수는 풀려나고, 그들의 잔혹함은 시간이 지나면서 축소되어 결국에는 사면되었습니다. 그러므로 이번 전범들에 대해서는 철저하고 공정한 재판이 있어야 합니다(후략).

뉘른베르크 전범 재판이 열린 재판정 600호실. 이곳에서 제2차 세계대전의 전범들이 재판을 받고 처형되었다.

제프리 로렌스 대법관의 연설은 죄에 대한 책임과 정의를 생각하게 한다. 수많은 유럽 국가들이 나치에 의해 고통을 받았고 무수한 사람이 죽임을 당했다. 유대인 중 수백만 명은 수용소에서 짐승보다 못한 대우를 받다가 학살당했다. 어떤 이유에서든지 이런 죄에 대해 눈을 감는 것은 "정의"와 거리가 멀다.

우리나라도 비슷한 경험을 했다. 일제 강점기를 거치면서 우리의 수많은 선조가 끔찍한 고통을 당하고 목숨까지 잃었다. 대표적인 예로 꽃다운 나이에 전쟁터에 끌려가서 일본군 성 노예가 되었던 위안부 할머니들을 생각해보자. 그 고통을 초래한 가해자는 응분의 "대가"를 치러야 한다. "용서"란 그다음에 뒤따르는 단계다. 책임 추궁과 처벌, 죄에 대한 규명이 없다면 절대로 참된 용서가 따를 수 없다.

이쯤에서 다시 하나님이 우리에게 독생자를 주신 이유를 생각해보자. 아담의 후예인 인간은 죄로 오염되었다. 그 죄를 "모른 척"한다면 하나님은 거룩하신 하나님이실 수 없다. 그래서 온전한 대가를 치르고 그 죄를 해결하기 위해서 우리가 형벌을 받아야 하는 자리에 자기 아들을 내어주셨다. "누구든지" 예수님이 하신 일의 의미를 바로 알고 예수님을 구주로 믿고 받아들이면 구원을 얻는다(요 3:16). 우리가 구원을 얻기 위해서 한 일은 아무것도 없다. 그것이 바로 하나님이 베푸신 구원의 "은혜"다.

독일 총리의 용기 # 정승민 선생님

제2차 세계대전이 끝난 후 나치의 범죄에 앞장섰던 사람들은 뉘른베르크 전범 재판을 통해 사형 혹은 징역형을 선고받았다. 국제

경찰과 각국의 조사기관들은 재판을 피해 도주한 자들을 수십 년이 지난 후에도 끝까지 추적해서 잘못에 대한 책임을 지게 했다. 독일인들은 이런 과정을 지켜보며 자신들의 역사를 재평가하고 어떤 사회를 이루어가야 하는지에 대한 교훈을 얻을 수 있었다. 그 결과 현재 독일에는 신나치 운동을 벌이는 극우 세력도 소수 존재하지만 대다수 국민은 이에 전혀 동조하거나 동요하지 않는다. 독일 국민의 성숙한 시민의식은 역사에 대한 반성과 성찰 위에서 꽃을 틔운 것이다.

제2차 세계대전에 대한 독일인의 반성은 전범 재판에만 머무르지 않았다. 서독일의 총리였던 빌리 브란트(Willy Brandt, 1913-1992)는 1970년에 폴란드 바르샤바를 방문했다. 당시 그는 독일이 폴란드를 침공한 것과 그로 인해 수많은 사람이 목숨을 잃은 것에 대해 사죄하면서 무릎을 꿇었다. 또한 독일 의회는 과거 나치에 의해 강제 징용된 150만 명의 희생자들에게 무려 100억 마르크라는 배상금을 지급하기로 결의했다.

무릎을 꿇은 빌리 브란트

나치의 그늘에서 4년간 고통당한 프랑스 역시 내부적으로 친나치 행각을 벌인 자들을 처벌하여 역사적인 잘못을 청산하기 위해 노력했다. 샤를 드골(Charles de Gaulle, 1890-1970) 전 프랑스 대통령은 "과거를 제대로 평가하지 않고서는 미래가 없다"라고 말하며 국가적인 차원에서 역사를 바로잡기 위해 여러 가지 노력을 기울였다. 우리는 평화와 화해가 과거를 그냥 덮는다고 생기는 것이 아니라는 사실을 기억해야 한다.

프랑스를 무력으로 점령한 나치 치하 4년과 한반도를 강점한 일제의 식민 통치 36년은 여러 면에서 다르다. 일제는 식민통치를 시작하기 이전부터 국가의 외교권을 강탈하고 내정에 간섭하기 시작했다. 한일합병 이후에는 국민의 저항은 무력으로 진압하고 사회 지도층은 회유하면서 일본식 성명을 강요(창씨개명)하는 등 우리의 문화 자체를 말살하려고 치밀하게 노력했다. 이런 상황에서 프랑스식으로 과거를 청산하게 된다면 안 걸려들 사람은 극소수에 불과할 것이다.

그러나 프랑스처럼까지는 아니더라도 친일 잔재 청산은 우리의 역사에서 매우 중요한 일이다. 무엇보다 과거에 대한 역사적 평가는 정확히 해야 한다. "독립운동을 하면 3대가 망한다"거나 "친일을 하면 3대가 흥한다"는 웃지 못할 유행어야말로 우리의 역사 인식과 평가의 현주소를 잘 말해준다. 우리가 역사를 올바로 세우려면 옳은 일을 한 사람들을 칭찬하고, 잘못을 저지른 자들을 꾸짖는 것부터 시작해야 할 것이다.

위안부 할머니들은 일제가 남긴 상처 때문에 평생 고통을 겪었지만 제대로 된 사죄와 배상을 받지 못한 채 살아왔고 그나마 생존자도 얼마 남지 않은 상황이다. 게다가 최근에는 "위안부", "성 노예"라는 표현이 자극적이라는 이유로 국정 교과서에서 삭제하겠다는 주장이 제기되었다. 이미 초등학생들에게도 성교육을 시키는 상황에서 오히려 국가의 정신적 지주인 역사 교육은 퇴보하는 것이다.

평화의 소녀상

과연 우리의 역사 평가는 제대로 이루어지고 있는가? 권력 앞에 엎드려 정직하고 정의로운 소리를 내지 못하는 언론과 종교가 우리 사회에 만연하다면 다시 한 번 드골의 말을 되새겨볼 필요가 있을 것이다.

언론과 종교는 사회의 도덕적 상징이므로 관대하게 용납해서는 안 된다. 어제의 범죄를 간과하는 것은 내일의 범죄에 용기를 주는 어리석은 짓이다.

✒️ 믿음 노트

1. 젊은 시절 일제에 의해 강제로 끌려가 고통을 당한 위안부 할머니들에게 "과거의 모든 것을 덮고 일본을 용서해주자"라고 말하는 것은 왜 잘못된 것인지 생각해봅시다.

2. 요한복음 3:16을 묵상하며 독생자가 왜 당신을 위해 죽으셔야 했는지 기록해봅시다.

제7과

참된 믿음에 대하여

암브로시우스와 사도신경

제20-23문

🏷️ **그림으로 이해하기** # 오우바테르의 "나사로의 부활"(베를린 국립회화

관 소장)

부활을 마주한 사람들

베를린 국립회화관에서 볼 수 있는 오우바테르(Albert van Ouwater, 1410?-1475)의 그림은 오늘을 살아가는 다양한 사람들의 표정을 보여주는 듯하다. 이 그림의 중심에는 방금 되살아난 나사로와 무언가를 설명하듯 손짓하는 베드로가 있다. 이 둘을 중심으로 좌측의 예수님과 반대편의 종교인들이 보여주는 모습은 대조적이다. 예수님의 발아래에서 붉은 옷을 입고 기도하는 인물은 마리아이고 왼쪽 끝에는 마르다가 서 있다.

이 그림에서 특이한 점은 죽은 나사로가 바닥에 있는 관에서 나오는 모습이다. 이는 무덤이 교회 바닥에 자리하고 있던 15세기의 정황을 보여준다. 즉 화가는 그가 살아가던 "당시" 사람들의 모습을 빌려 부활에 대한 사람들의 반응을 표현한 것이다.

요한복음 11장을 보면 나사로는 예수님이 도착하기 나흘 전에 죽었다. 그러나 예수님은 그의 무덤에 찾아가셔서 그를 다시 살려주셨다. 이와 마찬가지로 죽음이 확정된 우리에게 예수님의 십자가가 소개될 때 우리는 비로소 새 생명을 얻을 수 있다.

이 그림이 묘사하는 종교인들은 당시 중세 성직자들의 모습을 하고 있다. 그들은 화려한 옷으로 치장했지만 죽은 나사로를 향해 코를 틀어막을 뿐이다. 즉 그들은 예수님이 어떤 분이신지에 대해 전혀 관심이 없으며 주변에서 죽어가는 자들을 보면서도 자기 체면을 차리기에 급급한 사람들이다.

가운데에 자리한 베드로는 당시 수도승의 옷차림을 하고 있다. 그는 좌측과 우측 사람들 사이에서 갈등하는 것처럼 보이기도 한다. 베드로 바로 뒤의 창밖으로는 이 사건을 멀리서 "그냥" 지켜보는 사람들이 보인다.

당신은 예수님이 어떤 분이시라고 믿는가? 어떤 사람은 그림의 성직자들처럼 예수님을 불편한 존재라고 생각할 수 있다. 또 다른 사람들은 단지 구경꾼들처럼 예수님이 하시는 일을 관람하기만 한다. 그들의 눈에는 예수님이 단지 성인 중 하나로 비칠 뿐이다. 그러나 어떤 이에게 예수님은 부활의 주요, 하나님과 우리 사이의 유일한 중보자이시다. 이번 과를 통해 예수님에 대한 자기 입장은 어떤 것인지 점검해보자. 나의 마음은 누구와 비슷한가?

성경은 예수님이 어떤 분이신지 분명하게 증언한다. 그리고 우리가 교회에서 매주 고백하는 사도신경은 성경의 내용을 일목요연하게 요약해서 알려준다. 사도신경을 통해 우리가 믿는 예수님이 어떤 분이신지 확인할 수 있다.

 성경 수업

🚪 마음 열기

1. 자신이 암기나 암송을 잘하는 편인지 이야기해봅시다.

2. 사도신경을 암송해보고 특별히 마음에 드는 부분, 이해가 잘 안 되는 부분은 무엇인지 이야기해봅시다.

참된 믿음에 대하여

예수님을 바로 알고 바로 믿는 것은 인간의 구원에 직결되는 매우 중요한 문제다. 헤르만 헤세나 니체의 삶과 사상을 다시 한 번 떠올려보라. 예수님을 어떻게 인식하느냐에 따라 하나님의 사랑을 받아들이는지 거절하는지가 결정된다는 사실을 알 수 있다.

신앙고백이란 그리스도인이 무엇을 어떻게 믿는지를 정해진 틀에 따라 언어로 표현하는 것이다. 신앙고백에는 보통 삼위일체이신 성부, 성자, 성령 하나님에 대한 내용과 교회에 대한 내용이 포함되며 죄 용서와 재림에 대한 내용도 포함된다.

사도신경은 신앙고백의 대표격으로서 초기 교회가 사도들의 가르침에 따라 다양한 형식으로 고백해온 내용을 후대의 교부들이 정리한 것이다. 황제를 신으로 숭배하는 로마 제국의 통치 아래 있었던 초기 교회의 그리스도인들은 예수님을 구주로 "시인"하여 자신이 구원받았음을 증명했다 (롬 10:10). 즉 오늘날 우리가 사용하는 신앙고백은 사도들과 신앙의 선배들이 오랜 시간 진리를 지키기 위해 피를 흘리며 전해준 것이다.

놀랍지 않은가? 수천 년 전 고대인들이 믿고 고백한 내용을 현대를 살아가는 우리가 똑같이 믿고 고백한다는 것은 기적에 가깝다. 동서양을 막론하고 고대의 가르침들은 모두 시간이 지나면서 퇴색하거나 재해석된다. 후대의 사람들은 그것을 곧이곧대로 받아들이지 않는다. 그러나 기독교의 신앙고백은 변함이 없다. 지금 우리가 고대의 선조들과 같은 내용을 믿고 고백하며 삶의 "변화"를 경험한다는 사실은 예전이나 지금이나 살아계셔서 역사를 주관하시는 하나님의 능력이 드러나는 것이라고밖에 할 수 없다. 또한 그 사실은 우리가 믿고 고백하는 내용이 명확한 진리임을 확증해주는 증거이기도 하다.

믿음의 선조들이 전해준 신앙고백에 부합하게 예수님을 성경대로 믿는 것은 곧 우리의 구원과 영원한 생명에 직결되는 문제다(요 20:31). 더 나아가 예수님은 우리가 믿는 바를 주변 사람들에게 알리기를 분부하셨다(마 28:20).

○○ 하이델베르크 교리문답 살펴보기

제20문 모든 사람이 아담으로 인해 멸망을 받았다면 모든 사람이 그리스도에 의해 다시 구원을 얻을 수 있습니까?

답 아닙니다. 오직 참된 믿음으로 그리스도에게 연결되고 그의 모든 은혜를 받아들이는 사람들만 구원을 얻습니다.

제21문 참된 믿음은 무엇입니까?

답 참된 믿음이란 하나님이 우리에게 성경으로 말씀하신 것을 확실한 진리로 여기고, 성령이 그것을 내 마음속에 믿어지게 하시는 확고한 신뢰입니다. 하나님이 죄를 용서해주시고 영원한 의로움과 구원, 은혜를 다른 사람은 물론 나에게도 주셨다는 것을 믿는 것입니다.

제22문 그렇다면 그리스도인이 반드시 믿어야 하는 것은 무엇입니까?

답 복음에서 약속한 모든 것을 믿어야 합니다. 그것은 보편적이고 확실한 기독교 믿음의 항목들을 말하는 것인데 바로 사도신경에서 요약한 것입니다.

제23문 사도신경의 각 항목들은 무엇입니까?

답 나는 전능하신 아버지 하나님, 천지의 창조주를 믿습니다. 나는 그의 유일하신 아들, 우리 주 예수 그리스도를 믿습니다. 그는 성령으로 잉태되어 동정녀 마리아에게서 나시고, 본디오 빌라도에게 고난을 받아 십자가에 못 박혀 죽으시고, 장사된 지 사흘 만에 죽은 자 가운데서 다시 살아나셨으며, 하늘에 오르시어 전능하신 아버지 하나님 우편에 앉아계시다가, 거기로부터 살아 있는 자와 죽은 자를 심판하러 오십니다. 나는 성령을 믿으며, 거룩한 공교회와 성도의 교제와 죄를 용서받는 것과 몸의 부활과 영생을 믿습니다. 아멘.

🏷 교실 밖 수업 # 트리어

│ 암브로시우스, 올레비아누스, 마르크스

│ 트리어(Trier)는 룩셈부르크(Luxembourg)와 인접한 고장으로서 모젤 강변을 따라 포도밭이 펼쳐진 전형적인 농촌이다. 하지만 고대 로마 제국의 흔적이 남아 있기에 웅장하고 고풍스러운 아름다움과 평화로운 분위기가 어우러지는 곳이다. 읍내에서 자동차로 조금만 나가도 볼 수 있는 강변의 포도밭은 아름다운 독일 농촌의 풍경을 잘 보여준다.

대중교통을 이용해 트리어에 가기는 쉽지 않다. 프랑크푸르트나 다른 곳에서 가려면 반드시 자르브뤼켄(Saarbrücken)을 거쳐서 가야 한다. 그리고 사실 트리어에는 관람할 만한 곳이 마르크스 생가 외에는 마땅치 않다. 암브로시우스 기념교회, 올레비아누스 생가 등은 일반인에게 개방하지 않거나 흔적만 남았을 뿐이다. 그러나 트리어와 관련된 인물들과 역사적인 사건들을 미리 공부하고 방문한다면 고난 속에서도 신앙을 지킨 믿음의 선조들로부터 이어지는 장대한 신앙의 조류를 확인할 수 있을 것이다.

기독교가 처음 전파된 기원후 1세기의 로마 제국은 그리스-로마 신화에 등장하는 신들을 실제로 섬기고 있었고 황제 또한 신으로 추앙하는 분위기였다. 그 때문에 초기 교회는 엄청난 박해를 받을 수밖에 없었고 그 박해는 300년간이나 이어졌다.

하지만 313년, 콘스탄티누스 대제(Constantinus I, 272-337)가 기독교 박해를 금지하는 "밀라노 칙령"을 발표함으로써 기독교는 황제가 인정한 종교가 되었다. 콘스탄티누스 대제는 교회 내에 잘못된 가르침도 많다는 사실을 간파하고 기독교 사상의 통일을 꾀했다. 그 결과 325년에 열린 니케아 공의회는 예수님이 "한 명의 인간일 뿐"이라고 가르친 아리우스파를 정죄하고 정통 기독교 교리를 확립했다. 그런데도 아리우스파의 세력은 쉽게 누그러지지 않았다. 이때 혜성처럼 나타나 이단 사상으로부터 정통 교리를 수호하고 교회를 든든하게 세운 인물이 바로 트리어 태생인 암브로시우스(Ambrosius, 340?-397)였다.

우리가 믿는 "진리"는 이단 사상에 대항하면서 확립되어왔다. 그래서 부패한 가톨릭에 대항하여 종교개혁을 일으킨 루터도 교회 내에서 정통 교리를 대변하는 "사도신경"을 가르쳐야 한다고 제안했다. 흥미로운 것은 암브로시우스가 태어난 트리어에서 하이델베르크 교리문답을 작성한 올레비아누스도 태어났다는 점이다. 그러나 아이러니하게도 지금은 트리어에 방문하면 교회를 무너뜨리는 데 일조한 "유물론"

의 창시자 마르크스(Karl Marx, 1818-1883)의 생가에 마련된 박물관을 관람할 수 있을 뿐, 다른 신앙 유적은 잘 관리되지 않는 실정이다.

앞으로 이어지는 "선생님의 칠판"에서는 암브로시우스의 업적과 마르크스가 교회에 미친 영향에 대해 살펴볼 텐데, 트리어에 방문하면 마르크스뿐만 아니라 암브로시우스 및 올레비아누스의 업적도 반드시 기억하자.

🏷️ 선생님의 칠판

암브로시우스와 신앙고백의 형성 # 정승민 선생님

아우구스티누스(Aurelius Augustinus, 354-430)를 회심시키는데 결정적인 역할을 한 것으로 널리 알려진 암브로시우스는 기원후 340년경 아우구스타트레베로룸(트리어)에서 갈리아 총독의 둘째 아들로 태어났다. 하지만 부친이 얼마 지나지 않아 세상을 떠나는 바람에 로마로 옮겨 왔는데, 이때 가족들이 성직자들과 함께 생활하게 될 정도로 모친의 신앙은 독실했다.

그는 부친을 이어 행정관이 되기 위한 과정을 밟아 로마 제국 서부 지역의 집정관이 되었다. 하지만 뜻하지 않게 아리우스파와 정통 교회 간의 갈등이 심화하던 밀라노(Milano)의 주교가 되었다. 그는 법률, 종교학, 신학에 조예가 깊었으며 주교로 임명된 이후에 가난한 사람들을 돕고 사회 개혁에

암브로시우스 기념교회 마당에 있는 석상

암브로시우스 앞에서 참회하는 황제의 모습. 기념 교회 벽에 새겨져 있다.

앞장섰기 때문에 언제나 수많은 사람이 그의 설교를 듣기 위해 몰려들었다. 암브로시우스가 교회에 미친 영향을 정리해보자.

① 아리우스파의 이단 사상으로부터 로마 교회를 지켰다. 아리우스파는 예수님이 하나님인 동시에 하나님의 아들이라는 사실을 부인하고 예수님의 인성(人性)만을 강조했다. 그들의 가르침에 따르면 예수는 "중보자"가 아닌 성인(聖人)이나 윤리 교사에 불과하다. 암브로시우스는 아리우스파와 그들을 지지하는 황제들에 맞서서 끝까지 로마 교회를 지켜내는 역할을 감당했다.

② 암브로시우스는 테오도시우스 황제(Theodosius I, 347-395)가 데살로니가 주민을 학살한 것에 대해 반발하여 공식적인 참회를 요구했다. 이에 따라 황제가 참회한 사건은 유명하다. 또 다른 황제들이 이교 신앙을 박해하면서 유대인들을 학살했을 때도 잔혹 행위에 반대하며 관용 정책을 주장했다.

③ "사도신경"이라는 명칭은 390년에 암브로시우스가 황제에게 보낸 편지에 최초로 등장한다. 암브로시우스가 사도신경을 직접 작성했는지는 정확하지 않다. 하지만 그에 의해 건전한 신앙고백이 널리 보급되어 교회의 기초를 든든하게 했다는 사실만은 확실하다.

마르크스 생가 박물관

유물론, 이단, 그리고 교회 # 정승민 선생님

근대 유럽에서는 빠른 속도로 산업화가 진전하고 자본주의가 발달해갔다. 생산 수단의 기계화는 대량 생산의 길을 열었지만 실업, 자본가와 노동자의 대립, 환경문제와 같은 여러 사회문제도 초래했다. 빈부 격차는 날이 갈수록 극심해졌고 노동자 중에는 최소한의 인간적인 대우도 보장받지 못하는 사람들이 급격하게 증가했다.

이에 많은 지식인이 노동자들의 불행은 자유 경쟁 체제에 기초를 둔 자본주의 때문이라고 주장했다. 그중 초기 사회주의자들은 협동과 공동체를 강조하며 자본가와 노동자의 타협과 협동을 통해 이상 사회를 건설할 수 있다고 믿었다. 반면 마르크스는 초기 사회주의의 비현실성을 지적하면서 자본가에 대한 노동자의 "계급 투쟁"을 강조했다. 그는 역사를 계급 투쟁의 전개라는 틀에서 보았으며 필연적으로 자본주의는 종말을 고하고 사유 재산이나 계급이 없는, 착취와 빈곤이 없는 이상 사회가 올 것이라고 믿었다.

특히 마르크스는 『자본론』(1867)에서 유물사관을 기초로 자본주의의 구조와 한계를 날카롭게 분석했다. 더 나아가 그는 자본주의 사회가 붕괴하고 노동자들이 생산의 주인이 되는 사회주의 사회가 도래한다고 역설했다. 그의 이런 신념은 엥겔스와 함께 저술한 『공산당 선언』(1848)이라는 소책자에 잘 정리되어 소개되었다. 그들은 사회주의 사회를 향한 변화는 폭력을 동반한 혁명을 통해서만 이루어질 수 있다고 보았기 때문에 그의 영향을 받은 나라들에서는 노동조합이 설립되고 노동 운동이 활발해졌다. 국제적인 노동 운동도 전개되어 국제노동자협회(제1인터내셔널)가 결성되었고 소련을 위시한 공산주의 국가들이 출현하였으며 유럽과 미국을 비롯한 전 세계에 사회주의 정당이 출현하기 시작했다.

해가 진 뒤 서울 시내의 야경을 내려다보면 마치 공동묘지처럼 십자가 불빛이 사방에서 빛난다. 성경에 대해 이야기하고 교회에 다니면 다 같은 그리스도인일까? 그렇지 않다. 우리 주변에는 여전히 교회를 위협하는 여러 이단이 있지만 전 세계를 휩쓸고 있는 신자유주의적 물질만능주의 사상과 그와 근본을 같이하는 유물론적 사상도 교회를 위협한다. 이런 시기에 온전한 신앙을 유지하고 교회를 지켜내기란 여간해서 쉽지 않다.

하지만 언제나 답은 있다. 암브로시우스, 올레비아누스 같은 신앙의 선조들은 우리에게 교회를 지킬 방법을 가르쳐주었다. 그것은 사도신경과 하이델베르크 교리문답이 제시하는 신앙의 본질을 잘 배우고 익혀서 거짓된 사상에 속아 넘어가지 않는 데서 시작한다. 앞서 살펴본 것처럼 암브로시우스는 아리우스파의 사상을 배격했다. 사도신경을 교회 내에서 충실히 가르칠 것을 주장했던 루터는 그 신앙고백의 내용에 따라 종교개혁을 일으켰고 오직 예수님을 믿음으로써 구원을 받는다는 사실을 강조했다. 올레비아누스는 1563년에 하이델베르크 교리문답을 작성하면서 칼뱅파의 사상을 체계적으로 집대성했다. 그러나 1818년에 트리어에서 태어난 마르크스는 유물론을 창시하였고 세상의 모든 것이 물질에 의해 좌우된다고 주장했다. 그의 사상은 사회주의 사상의 모태가 되었는데, 이 사상이 역사적으로 인류에게 얼마나 큰 손해를 끼쳤는지 우리는 잘 알고 있다.

오늘날 교회도 여전히 이런 잘못된 사상에 영향을 받고 있다. 사람들이 사용하는 다음과 같은 표현들은 잘못된 사상이 드러나는 것이므로 주의해야 한다.

구분	표현들
아리우스파의 가르침	• 예수님은 성인 중 하나일 뿐이다. • 예수님은 신이 아니라 사랑을 실천한 사람이다.
루터가 맞섰던 로마 가톨릭의 가르침	• 예배 출석을 잘하면 천국에 갈 수 있다. • 헌금을 많이 하면 복을 받는다.
올레비아누스가 직면했던 잘못된 사상	• 목사는 "성직자"이기 때문에 하나님이 더 많은 복을 주신다. • 목사가 기도하면 더 잘 응답된다.
유물론적 표현	• 큰 교회가 하나님이 기뻐하는 교회다. • 큰 교회 목사가 좋은 목사다.

이런 표현들은 우리 주변에서 얼마든지 들을 수 있다. 어쩌면 우리 자신도 그와 비슷한 말들을 무심결에 입으로 내뱉을지 모른다. 그

러나 이는 교회의 순전함을 지키기 위해 믿음의 선조들이 맞서 싸웠
던 내용임을 기억해야 한다. 여기서 사도신경은 우리의 위치를 확인
시켜주는 기준점이 되어준다. 사도신경을 예배 시간마다 별생각 없이
앵무새처럼 반복하고 있지는 않은가? 사도신경의 본래 뜻을 생각하
지 않은 채 되풀이하고만 있다면 우리도 언제든지 잘못된 사상에 빠
질 수 있다. 우리는 늘 경계하는 마음으로 올바른 가르침을 배우고 익
혀야 한다.

많은 사람이 잘못된 가르침과 사상 앞에서 저항할 힘과 의지를
잃어버리는 이유는 신앙의 본질과 방향을 제대로 알지 못하기 때문
이다. 지금 갈림길 앞에 선 사람들은 모두 같은 위치에 있다. 하지만
어떤 길을 선택하느냐에 따라 나중 결과는 완전히 달라진다. 신앙의
방향이 조금 뒤틀리는 일은 처음에 대수롭지 않게 느껴질 수 있다.
그러나 잘못된 방향으로 계속 걸어가면 걸어간 만큼 진리로부터 멀

트리어에는 올레비아누스와 그의 어머니 안나의 이름을 딴 거리가 있다.

어질 수밖에 없다. 이것이 곧 방향이 매우 중요한 이유다. 사도신경을 통해 올바른 신앙의 방향을 확인하기 바란다. 또한 신앙의 방향을 제대로 설정하는 데 이 책이 도움이 되기를 바란다.

 믿음 노트

1. 오늘날 교회 내에서 우리가 접하는 잘못된 사상과 표현들은 무엇인 가요? 그것이 언제 교회를 위협했던 가르침인지 적어보고 그에 맞서는 바른 가르침은 무엇인지 생각해봅시다.

2. 평소에 사도신경을 어떻게 사용해왔는지 점검해보고 앞으로 어떻게 대할 것인지 기록해봅시다.

제8과

성부, 성자, 성령에 대한 고백
과학으로 본 삼위일체 하나님

제24-25문

🏷 그림으로 이해하기 # 렘브란트의 "그리스도의 승천"(뮌헨 알테 피나코테크 소장)

빛 속에서 승천하시는 예수님

"빛의 마술사"라고 불리는 렘브란트가 그린 "그리스도의 승천"을 살펴보자. 렘브란트는 이 그림에서 예수님의 어떤 점을 강조하려고 했을까?

빛 속에서 승천하시는 예수님의 밝은 모습은 승천을 지켜보는 주변 사람들의 어두운 색조와 대비되면서 선명하게 두드러진다. 이 빛은 하나님에게서 나왔으며 성령은 그 빛 속에서 비둘기처럼 예수님과 함께 계시는 모습으로 표현된다. 즉 이 그림은 빛으로 존재하시고, 빛 속에 계시며 삼위일체를 이루시는 성부, 성자, 성령의 속성을 그려내고 있다. 또한 하나님의 속성이 피조물의 속성과 근본적으로 다르다는 점을 설명하기 위해 빛 주변에 천사를 배치하고 인간은 그 아래 어두운 부분에 배치했다.

우리는 하이델베르크 교리문답의 순서에 따라 이번 과부터 사도신경의 내용을 자세히 살펴볼 것이다. 사도신경의 첫 부분에는 하나님에 대한 신앙고백이 담겨 있다. 그런데 영원하고 무한하신 하나님을 언어로 표현하는 것에는 분명한 한계가 있다. 사실 "삼위일체"의 신비를 몇 마디 언어로 표현한다는 것은 불가능에 가깝다. 우리는 늘 우리가 사용하는 언어의 한계를 염두에 두어야 한다. 이는 강아지의 언어로 인간 세계를 모두 설명할 수 없는 것과 마찬가지다.

이런 언어의 한계에도 불구하고 성경이 하나님을 묘사하는 방법 중 하나가 바로 "빛"의 특성을 활용하는 것이다. 빛은 인간이 하나님을 이해하는 데 가장 유용한 개념이라고 할 수도 있다. 이번 과에서는 특별히 과학의 관점에서 빛의 특성을 살펴보고 그 특성을 통해 하나님을 이해하는 시간을 가져보자.

🏷️ 성경 수업

🚪 마음 열기

1. 당신이 가장 좋아하는 빛은 무슨 빛입니까?

2. 삼위일체에 대해 들어본 적이 있나요? 삼위일체가 무엇인지 아는
   대로 설명해봅시다.

성부, 성자, 성령에 대하여

사도신경에서 가장 중요한 내용은 삼위 하나님에 대한 고백이다. 성부, 성자, 성령 하나님은 각자 다른 역할을 감당하신다. 단적으로 말해 성부 하나님은 천지 만물을 창조하신 창조주이시며, 성자 예수님은 우리를 구원하신 구세주이시다. 성령 하나님은 우리가 하나님을 닮아 거룩해지는 과정인 성화(聖化)를 담당하신다. 그러나 이는 대표적인 역할의 구분일 뿐, 예수님도 천지를 창조할 때 계셨고(요 1:1) 구원 여정 가운데서도 우리와 함께하신다(마 28:20).

따라서 삼위일체란 성부, 성자, 성령 하나님께서는 다른 세 인격으로 계시지만 한

🔵 관련 성구

16예수께서 세례를 받으시고 곧 물에서 올라오실새 하늘이 열리고 하나님의 성령이 비둘기 같이 내려 자기 위에 임하심을 보시더니 17하늘로부터 소리가 있어 말씀하시되 "이는 내 사랑하는 아들이요, 내 기뻐하는 자라" 하시니라(마 3:16-17).

나는 알파와 오메가요, 처음과 마지막이요, 시작과 마침이라(계 22:13).

사랑하는 자들아! 주께는 하루가 천 년 같고 천 년이 하루 같다는 이 한 가지를 잊지 말라(벧후 3:8).

분 하나님이시라는 것이다. 삼위

사도신경에 나타난 하나님의 역할		
성부 하나님	성자 하나님	성령 하나님
창조	구속	성화

하나님의 개념과 역할을 제대로
이해할수록 우리는 하나님의 성
품을 잘 알고 그 속에서 더 많은
감사와 은혜를 누릴 수 있다. 삼위일체 하나님의 개념은 복잡한 면이
있지만 은혜와 복의 통로로서 잘 알아두어야 한다.

○○ 하이델베르크 교리문답 살펴보기

제24문 이러한 신앙고백은 어떻게 구성되어 있습니까?

답 세 부분으로 구성됩니다. 첫째, 성부 하나님과 우리의 창조,
둘째, 성자 하나님과 우리의 구원(구속), 셋째, 성령 하나님과
우리의 거룩(성화)입니다.

제25문 오직 하나님 한 분만 계신다면 왜 당신은 삼위, 즉 성부, 성자,
성령을 말합니까?

답 왜냐하면 성경에서 하나님이 자신을 그렇게 나타내셨기 때문
입니다. 세 가지 인격으로 계시는 이 삼위는 영원하고 진실하
신 한 하나님이십니다.

🏷️ **교실 밖 수업** #울름

빛이신 하나님에 대한 과학적 이해

아인슈타인(Albert Einstein, 1879-1955)은 독일 남부 울름(Ulm)

아인슈타인의 생가 자리를 기념한 울름 시내의 조형물

에서 태어났다. 그러나 그의 가족은 그 이듬해 뮌헨으로 이사했기에 울름에는 아인슈타인과 관련된 흔적들이 많지는 않다. 그의 생가 역시 제2차 세계대전 중 폭격으로 사라져버렸다. 다만 아인슈타인의 생가가 있던 지점인 반호프 거리(Bahnhofstraße) 중심부에는 기념물이 남아 있고, 거기서 약간 떨어진 제우가우스 거리(Zeughausgasse)와 병기고(Zeughaus) 앞에는 우스꽝스러운 아인슈타인의 얼굴이 새겨진 작은 분수가 있다.

유대인이었던 아인슈타인은 나치를 피해 망명 생활을 하다가 미국에 정착했기 때문에 독일 내에서 그의 흔적을 찾기란 쉽지 않다. 그나마 아인슈타인의 모교인 베를린의 훔볼트 대학교와 길 건너 맞은편 베벨 광장, 그 사이를 가로지르는 운터 덴 린덴(Unter den Linden) 거리로 가면 아인슈타인과 관련된 사건들을 마주할 수 있다.

아인슈타인은 훔볼트 대학교에서 공부했으나 나치가 집권하자 스위스로 망명했고 전쟁이 터졌을 때는 거처를 미국으로 옮겨야 했다. 훔볼트 대학교와 베벨 광장은 베를린 중심을 동서로 가로지르는 운터 덴 린덴 거리를 사이에 두고 붙어 있다. 앞서 제1과에서 살펴보았던 것처럼 나치는 베벨 광장에서 "불온서적"을 불태웠는데, 여기에는 유대인인 아인슈타인의 저서들도 포함되어 있었다. 아인슈타인은 시대적인 광기에 떠밀려 험난한 삶을 살아야 했지만, 자신의 분야에서 최선을 다하며 연구에 매진했다. 그가 발표한 상대성 이론은 세상을 바꾼 위대한 이론으로서 현대 과학은 아인슈타인을 빼놓고 이야기할 수 없을 정도다.

🏷️ 선생님의 칠판

빛과 하나님 # 이현래 선생님

고대 그리스 사람들은 대부분 "만물"이 영원 전부터 존재해왔고, 만물의 혼돈 이후 하늘의 신과 땅의 신이 생겨났다고 믿었다. 그리고 그 후손인 올림푸스 12신이 세상을 주관한다고 생각하는 것이

운터 덴 린덴 거리 옆의 훔볼트 대학교는 아인슈타인의 모교다.

보통이었다.

그런데 밀레토스 지역의 철학자들은 세상의 기원에 대해 끊임없이 질문을 던졌다. 그들은 신들이 세상을 주관하는 것은 인정하면서도 신이 등장하기 전에 "만물"은 도대체 어떻게 생겨난 것인지 답을 찾고 싶어 했다. 그들에게 이 질문은 알아도 되고 몰라도 되는 그런 사안이 아니었다. 그들이 볼 때 세상의 모든 것이 변하고 심지어 신들도 변하는데 반해 "변하지 않는" 그 무엇이 존재하는 것이 분명했기 때문이다. 그들은 변하지 않는 그것이 바로 진리이고, 그 진리를 위해서는 인생을 걸 수도 있다고 믿었다.

밀레토스의 철학자 탈레스(Thales, 기원전 640?-546)는 "만물의 근원은 물"이라고 주장했다. 비슷한 시기의 또 다른 철학자는 만물이 "원자"로 이루어진다고 생각했다. 별다른 관찰 도구가 없던 그 옛날에 다양한 현상과 상태에 현혹되지 않고 물이나 원자의 본질적인 특성이 변하지 않는다는 점을 간파했다는 점이 참 놀랍다. 하지만 과학이 발전하면서 물은 수소와 산소의 조합(H_2O)이며, 원자 역시 원자핵 변환에 의해 새롭게 만들어지거나 다른 물질로 바뀔 수 있음이 밝혀졌다. 현대인들은 이제 물이나 원자가 불변하는 절대적인 것이 아니라는 사실을 누구나 잘 알고 있다.

기원후 16-17세기 서구에서는 갈릴레이(Galileo Galilei, 1564-1642)와 뉴턴 등에 의해 고전역학이 체계화되었다. 고전역학에서의 공간은 물체의 운동과 힘에 영향을 받지 않는 절대적인 공간이며 시간 역시 과거, 현재, 미래로 이어지는 연장 선상에서 절대적으로 불변하는 것으로 여겨졌다. 질량 보존의 법칙이나 운동의 법칙, 에너지 보존의 법칙 등은 우리가 사는 지구 환경에서는 절대적인 것처럼 보이며 여러 가지 증거들을 통해 증명될 수도 있다.

그러나 우주로 눈을 돌리면 진리처럼 보이던 고전역학에도 한계가 있음이 드러난다. 아인슈타인은 상대성 이론을 통해 공간과 시간이 중력에 의해 영향을 받는다고 주장했다. 물론 중력에 의한 공간과 시간의 왜곡은 우리의 일상생활 속에서는 감지할 수 없을 정도로 미미하다. 다만 거대한 천체를 관찰하거나 빛의 움직임을 살펴보면 아인슈타인의 주장이 사실임을 확인할 수 있다. 또한 실생활에서 예를 들어보면, 자동차 내비게이션에 신호를 보내주는 인공위성의 경우 거기에 달린 원자시계는 정기적으로 시간을 바로잡아주어야 하는데 지구 표면과는 다른 중력으로 인해 오차가 발생하기 때문이다.

아인슈타인

고대 그리스 철학자들이나 고전역학을 확립한 근대 물리학자들이 "절대적"이라고 생각했던 것들은 현대물리학을 통해 절대적이 아닌 것으로 "증명"되었다. 현대물리학이 인정한 유일하게 절대적인 것은 "빛"이다. 오직 빛만이 시간과 속도와 물체의 영향을 받지 않고 동일하다. 과학의 영역에서는 "빛"만이 절대 기준이며 불변하는 것이다. 인간의 기술이 아무리 발달한다 하더라도 빛의 속도에는 도달할 수 없을 것이다. 즉 빛은 인간의 한계이며 다가갈 수 없는 영역이다.

과학에서 빛을 절대 기준으로 삼았다는 사실은 우리가 성경을 더욱 풍성하게 해석할 수 있는 근거가 된다. 성경은 성부 하나님이 "가까이 가지 못할 빛에 거하신다"(딤전 6:16)고 표현한다. 또한 예수님은

시간의 상대적 원리 고전역학에서 절대적이라고 생각했던 시간의 개념도 현대물리학에서는 절대적이지 않다는 것이 드러났다. 시간은 중력에 의해 영향을 받는다. 즉 중력이 큰 별에서는 중력이 작은 별에서보다 시간이 천천히 흐른다. 가령 63빌딩에서 1층은 63층보다 중력이 강하므로 시간이 더 천천히 흐른다. 물론 이때의 중력 차이는 매우 미미하기에 우리가 시간의 차이를 감지할 수는 없다. 하지만 중력이 매우 크게 차이 나는 경우에는 시간의 차이를 감지할 수 있을 것이다.

스스로를 빛이라고 선언하셨다(요 8:12). 더 나아가 성경은 성령이 우리의 마음에 감동을 주시는 작용을 "빛을 받는다"라고 표현한다(히 6:4). 사도 바울은 그가 예수님을 만난 사건을 묘사할 때 빛이 그를 둘러 비추었다고 기록했다(행 9:3; 22:6, 9).

하나님이 빛이시라는 성경 말씀은 물리 교사인 나에게 특별히 의미 있게 다가온다. 만물의 근원이 물, 불, 원소, 수학 등이라고 생각하던 시기에 성경은 현대물리학에 와서야 진가를 밝혀내게 된 절대적인 기준으로서의 빛을 예시로 사용했다. 하나님이 절대적인 존재라는 선언을 인간의 수준에 맞게 말씀하시기에 이보다 더 적당한 소재가 있을까?

우리 인간은 인지 능력과 인지 범위의 제한에 따른 인식의 한계 문제를 안고 있다. 예를 들어 면만 인식할 수 있는 2차원적인 생물은 동그라미, 세모, 네모 등은 인식할 수 있지만, 3차원 구조로 된 원기둥이나 피라미드 등의 입체 형상은 제대로 인식할 수 없다. 2차원적인 개미들이 피라미드(사각뿔)를 보았다고 하자. 어떤 개미들은 피라미드가 세모라고 주장하고, 어떤 개미들은 네모라고 주장할 것이다. 다들 직접 보았으니 눈곱만큼도 의심하지 않고 확신에 찬 주장을 펼칠 것이다. 하지만 3차원을 인식할 수 있는 인간은 그런 개미들의 모습을 보면서 그들이 처한 모순의 전모를 파악할 수 있다. 만약 2차원적이지만 매우 지혜로운 개미가 있다면 피라미드는 세모로 보이기도 하고 네모로 보이기도 하는 특이한 물체라고 결론 내릴 것이다. 이 지혜로운 개미는 피라미드를 보지 못한 개미들에게 피라미드를 설명하기 위해 2차원 세계에서 그와 가장 비슷한 예를 찾아서 피라미드의 독특함을 설명할 것이다.

상대성 이론에 의하면 광속으로 움직이는 빛 자체에서는 시간이 흐르지 않고 정지해버린다. 현대물리학에 의하면 시간, 공간, 물질, 법칙 등의 모든 것이 상대적이며 변할 수 있다. 따라서 과거, 현재, 미래에 언제나 동일하며 변하지 않는 빛만이 절대적인 기준이 된다. 그와 마찬가지로 하나님은 언제나 동일하고 신실하신 분으로서 모든 것의 기준이 되시는 절대자이시다. 이런 의미에서 피조물 중 하나님의 본성을 설명하기에 가장 좋은 예가 바로 빛임을 알 수 있다.

완벽하지는 않겠지만 빛의 삼원색이라는 특성을 사용해 삼위일체이신 하나님을 설명해볼 수도 있다. 빛의 삼원색인 빨강, 초록, 파랑빛은 다른 색의 빛들을 합성하여 만들 수 없다. 그 대신 이 세 가지 색의 빛을 다양한 농도로 합성하면 수없이 많은 색의 빛을 만들어낼 수 있다. 그 이유는 인간의 눈이 이 세 가지 빛을 인식하는 시각 세포의 협동 작업으로 색을 인식하기 때문이다.

삼원색 빛을 같은 농도로 합성하면 백색의 투명한 빛이 된다. 이때 발생하는 투명한 빛은 세 가지 색 각각이 온전히 존재하면서도 하나의 빛이 된다. 이와 비슷하게 성부, 성자, 성령 하나님은 각각의 인격을 가지셨고 다른 역할을 감당하시지만 한 분 하나님이시다. 삼위일체이신 하나님이 우리 눈과 빛을 그와 같은 구조와 특징을 갖도록 창조하신 것도 놀랍지 않은가!

믿음 노트

1. "하나님은 빛이시라"(요일 1:5)는 말씀에 대해 새롭게 알게 된 내용을 정리해봅시다.

2. 삼위일체 하나님에 대한 사도신경의 고백이 우리 신앙에 어떤 의미가 있는지 적어봅시다.

제9과

하나님 아버지에 대한 고백

요하네스 케플러

제26문

🏷️ **그림으로 이해하기**   # 페티의 "사모스의 아리스타르코스"(드레스덴 구

거장미술관 소장)

그래도 지구는 돈다

1620년에 도메니코 페티가 그린 "사모스의 아리스타르코스"다. 아리스타르코스(Aristarchos of Samos, 기원전 310?-230)는 기원전 280년경 알렉산드리아 도서관의 관장을 맡았다. 그 당시 알렉산드리아 도서관은 세계 최대의 장서를 소장한 곳으로서 인류 지식의 총화가 축적된 곳이었다고 할 수 있다.

알렉산드리아에서 활동한 또 다른 천문학자 프톨레마이오스(Claudius Ptolemaeos, 100?-170?)는 여러 학자의 연구를 종합해 천동설(天動說)을 확립했다. 그는 천동설에 제기되는 몇 가지 문제들을 해결하면서 지구는 움직이지 않는다는 명제를 확고하게 만들었다. 사실 고대인들은 대개 지구를 우주의 중심으로 보았기에 천동설에 이의를 제기하는 사람이 많지 않았다. 하지만 아리스타르코스는 천동설이 주류 사상인 세상 속에서 자신의 연구 결과를 바탕으로 지동설(地動說)을 확신한 사람이었다. 그는 월식 때 달에 비친 지구의 그림자를 관찰한 결과를 바탕으로 지구는 둥글고 태양이 지구보다 훨씬 크다고 주장했는데 이로 말미암아 신성 모독자라는 비판을 받아야 했다. 그는 당시 세상의 관점에서 볼 때 이치에 맞지도, 과학적이지도 않은 사람이었던 것이다.

그렇다면 1620년, 페티는 왜 아리스타르코스의 그림을 그렸을까? 당시는 코페르니쿠스(Nicolaus Copernicus, 1473-1543)가 재정립한 지동설이 여러 가지 과학적·철학적 논제들과 함께 종교계의 뜨거운 감자로 떠올랐던 시기다. 갈릴레이는 1633년에 강압적인 종교 재판에 회부되어 학자로서의 양심을 꺾고 지동설을 부인할 수밖에 없었다. 이런 상황에서 페티는 "천동설"이 주류였던 학계의 한복판에서 지동설을 주장한 아리스타르코스를 그림으로써 종교계의 부당함에 항의했던 것이다.

　페티의 그림을 자세히 살펴보자. 아리스타르코스는 종이를 펼쳐 놓고 태양과 지구와 달의 크기 및 거리를 계산하고 있다. 그의 오른편에는 "둥근" 지구 모형이 놓여 있는데 이로써 페티는 코페르니쿠스와 갈릴레이에 대한 지지를 표명했다. 오늘날에도 교회의 권위주의가 사람들의 이성적 판단을 가로막고 있지는 않은가? 인간의 지식과 확신은 어느 순간 아무리 확실하게 느껴지더라도 시간이 지나면 보잘것없게 될 가능성이 크다. 역사를 주관하시는 하나님을 그런 지식으로 재단하는 것이 과연 올바를까?

🏷 성경 수업

📖 마음 열기

1. 당신은 창조론과 진화론 중 어떤 것이 더 그럴듯하다고 생각합니까?

2. "만약" 우리 인간이 물질로부터 진화되었고 죽은 이후에도 물질로 돌아갈 뿐이라면 그 사실은 인간의 삶에 어떤 영향을 줄까요?

하나님 아버지에 대한 고백
이 세상은 처음에 어떻게 시작되었을까? 수천 년 전 활동한 철학자들부터 오늘날의 과학자들까지 수많은 사람이 이 문제의 답을 찾고자 노력해왔다. 즉 이 질문은 인류의 역사와 함께했다. 이 세계는 물질에서 시작되었을까? 아니면 창조주가 모든 만물을 설계하고 만들었을까?

그 누구도 창조나 진화를 직접 경험해본 사람은 없다. 심지어 같은 현상과 증거를 가지고서 관점에 따라 전혀 다른 해석이 나오기도 한다. 즉 과학적인 관점에서 창조나 진화는 모두 이론과 가설로서 특정한 증거들을 토대로 판단하고 "믿는 것"이지 완벽하게 증명할 수 있는 사항은 아니라는 것이다.

그러나 우리가 이 둘 중 어떤 것을 "믿기로" 선택하느냐에 따라 우리의 삶은 전혀 다른 양상으로 전개된다. 세계가 물질에서 시작되어 "우연"에 의해 진화되어왔고, 지금도 진화하고 있다고 믿는 사람이 있다고 가정해보자. 그 사람의 삶은 "우연"에 토대를 둘 수밖에 없다. 궁극적인 의미에서 그에게는 영혼, 소망, 양심, 마음 등이 아무 소용이 없다. 즉 그는 현재의 즐거움 외에 어떤 것도 의미 없다고 생각하게 된다. 반면 우주가 특별한 목적에 따라 "설계"되었고, 누군가 세상을 창조했다고 생각하는 사람이 있다고 치자. 그는 자신의 삶이 창조자의 의도에 부합해야 한다고 생각하면서 인생의 의미와 목적을 고민하며 살아갈 것이다.

"케플러의 법칙"은 무질서하게 움직이는 것 같은 무수한 천체가 제각기 명확한 법칙과 질서에 따라 움직이고 있다는 사실을 우리에게 알려준다. 행성들이 궤도를 이탈하거나 천체의 움직임에 약간의 오차만 발생한다고 해도 지구의 환경에는 치명적인 변화가 생겨 모든 생명체가 멸망할 수 있다. 또 해와 달이 지구에 미치는 인력이 조

너희는 눈을 높이 들어 누가 이 모든 것을 창조하였나 보라. 주께서는 수효대로 만상을 이끌어내시고, 그들의 모든 이름을 부르시나니 그의 권세가 크고 그의 능력이 강하므로 하나도 빠짐이 없느니라(사 40:26).

천지가 주의 규례(법칙)들대로 오늘까지 있음은 만물이 주의 종이 된 까닭이니이다(시 119:91).

금만 달랐어도 인간은 지구에서 살지 못했을 것이다. 이런 사실들을 깨닫게 해주는 케플러의 법칙은 우리가 살아가는 세계가 누군가에 의해 "설계"되었음을 분명하게 보여준다.

성경은 성부 하나님이 모든 만물을 주관하신다고 말씀한다. 케플러는 자신의 연구를 통해 바로 그 사실을 우리에게 알려주는 듯하다. 케플러의 법칙이 갖는 의미를 되새기면서 이사야 40:26과 시편 119:91을 읽어보자. 또 하이델베르크 교리문답이 창조주 하나님에 대해 가르치는 내용을 자세히 살펴보자.

○○ 하이델베르크 교리문답 살펴보기

제26문 만일 "나는 전능하신 아버지 하나님, 천지의 창조주를 믿습니다"라고 말한다면, 실제로 당신이 믿는 것은 무엇입니까?

답 우리 주 예수 그리스도의 영원하신 아버지는 무(無)로부터 천지와 그 속에 있는 모든 것들을 창조하셨고, 하나님의 영원한 계획과 섭리로 그것들을 붙드시고 다스리시며, 그의 아들 예수 그리스도로 인하여 나의 하나님과 나의 아버지가 되심을 믿는다는 것입니다.

조금도 의심 없이 그분을 온전히 신뢰하기 때문에 내 몸과 영혼의 모든 필요한 것들을 제공하시고, 눈물 나는 고통스러운 삶 속에서 경험하는 모든 역경을 선으로 바꾸어주심을 믿습니다.

🏷️ 교실 밖 수업 # 바일 데어 슈타트

세상을 변화시킨 과학자

케플러가 태어난 바일 데어 슈타트(Weil der Stadt)는 슈투트가르트 남서쪽 30km 지점에 자리한 매우 작은 도시로서 현재 거주 인구는 약 1만 8,000명 정도다. 슈투트가르트에서 기차를 타고 가면 어렵지 않게 찾아갈 수 있다. 이곳에는 케플러의 생가를 개조한 케플러 박물관이 있고 도시 중심에 자리한 케플러의 동상도 있다. 바일 데어 슈타트를 거닐며 케플러의 생애와 업적, 신앙을 곱씹어보자. 미리 시간을 내 케플러의 생애를 조사하고, 그가 과학 발전에 어떤 이바지를 했는지 숙지하면 교실 밖 수업이 훨씬 즐거울 것이다. 여력이 되면 "케플러의 법칙"에 대해서도 자세히 알아보자.

마을 광장 모퉁이에 자리한 케플러 박물관

바일 데어 슈타트는 세상을 변화시킨 과학자가 이곳에서 태어났다는 사실이 잘 믿기지 않을 정도로 작고 아담하다. 기차역에서 마을 중심을 향해 조금만 걸어가면 중앙 광장에서 케플러의 동상을 볼 수 있다. 케플러 동상을 정면에서 바라본

> **방문지 주소**
> **케플러 박물관**: Keplergasse 2, 71263 Weil der Stadt

상태에서 오른편으로 가면 케플러 거리(Keplergasse)가 나오고 이 골목 2번지가 바로 케플러 박물관이다. 케플러 박물관은 목요일부터 주

바일 데어 슈타트의 케플러 동상

말까지밖에 열지 않는 데다 낮에만 짧게 개방하므로 방문 시간에 주의해야 한다(목, 금요일: 10-12, 14-16시; 토요일 11-12, 14-16시; 일요일 11-12, 14-17시).

　　케플러 박물관은 2층 규모의 아주 작은 공간이다. 이곳에 방문하면 케플러의 생애를 한눈에 볼 수 있고 그가 고안한 이론들과 저술한 책들도 접할 수 있다. 이제부터 케플러가 어떤 삶을 살았고 어떤 발견을 했는지 자세히 알아보자.

🏷️ 선생님의 칠판

케플러 법칙 # 이현래 선생님

방대하고 정확한 천체 관측 자료를 바탕으로 당대에 이름을 떨치던 티코 브라헤(Tycho Brahe, 1546-1601)는 우주의 중심은 지구이고, 모든 행성은 완벽한 원운동을 한다고 믿었다. 케플러는 행성의 운동과 수학적 천문학을 연구하던 중 브라헤의 조수가 되어 화성의 궤도를 계산하는 일에 참여했다(1600년). 브라헤는 얼마 지나지 않아 죽었지만 그가 남긴 관측 자료는 케플러가 행성의 공전 궤도를 연구하는 데 결정적인 도움을 주었다.

케플러는 화성의 공전 궤도를 원으로 가정하면 관측 자료와 8초의 오차가 발생한다는 사실을 발견했다. 사실 화성처럼 지구에서 관측하기 쉬운 행성의 궤도들은 원과 아주 유사한 궤도를 그리므로 그 차이를 인식하기란 매우 어려웠다. 하지만 그는 브라헤가 남긴 정확한 관측 자료를 신이 주신 선물로 생각하며 신이 보여주는 것을 선입견 없이 발견한다는 자세로 천문학 연구에 매진했다. 그 결과 그는 행성의 궤도가 원이라는 기존의 가정을 포기하고 관측 자료가 보여주는 대로 행성의 공전 궤도는 타원이며 공전 속도 역시 일정하지 않다는 사실을 받아들였다. 그리고 연구 결과를 정리해 『새로운 천문학』(1609)에서 "타원 궤도 법칙"과 "면적 속도 일정 법칙"을, 『우주의 조화』(1619)에서 "조화의 법칙"을 발표했다. 후대에는 이 법칙 세 가지를 통틀어 "케플러 법칙"이라고 부르게 되었다. 케플러 법칙에 대해서 자세히 알아보자.

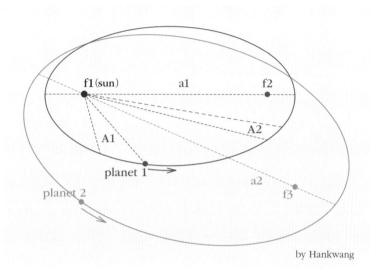

케플러 법칙을 설명할 때 쓰이는 도표

① 케플러 제1법칙(타원 궤도 법칙): 행성은 태양을 한 초점으로 하는 타원 궤도를 따라 운동한다.

② 케플러 제2법칙(면적 속도 일정 법칙): 행성이 타원 궤도를 돌 때 태양으로부터 가까운 곳에서는 속력이 빠르고 먼 곳에서는 속력이 느리다. 태양과 행성을 잇는 선은 같은 시간 동안 같은 면적을 휩쓸고 지나간다. 즉 위의 그림에서 두 부채꼴의 면적 "A1"과 "A2"는 같다.

③ 케플러 제3법칙(조화의 법칙): 행성의 공전 주기의 제곱은 행성 궤도의 긴 반지름의 세제곱에 비례한다.

케플러 법칙은 이제 상식처럼 알려졌지만 처음부터 사람들의 인정을 받았던 것은 아니었다. 케플러 당시의 로마 가톨릭 교회는 지동설을 "이단"으로 간주하고 "천동설"을 정설로 인정했다. 하나님이 특별히 창조하신 지구가 우주의 중심이 되어야 한다는 단순한 논리는 모든 천체가 완벽한 원운동을 하고 있어야 한다는 주장까지 합리화했다. 신앙의 용어로 모든 것이 정의되던 중세 사회에서 이런 선입관을 떨쳐버린 사람들은 많지 않았다.

그러나 케플러는 사람들의 주장과 선입관이 아니라 창조주가 보여주시는 현상과 질서에 초점을 맞추었다. 그는 관찰 결과에 자기 생각을 굴복시키겠다는 "소명자적 자세"를 가지고 연구에 임했다. 관측 자료를 분석하고 성경 말씀을 깊이 묵상하며 귀를 기울였다. 그리고 마침내 확신 속에서 천체의 운동에 대한 법칙을 정립할 수 있었다.

케플러의 신앙 이야기 # 이현래 선생님

물리 교사로서 그리스도인 과학자들을 연구하다 보면 신앙에 도전을 주는 인물들을 만나게 된다. 그들의 생애와 연구 결과는 마치 감동적인 "설교"처럼 다가오기도 한다. 케플러도 그런 사람 중 하나다.

케플러는 가난한 가정에서 태어난 탓에 안정적인 성직자가 되기를 원하는 부모님의 바람대로 튀빙엔 대학교에 입학해서 신학을 공부했다. 하지만 신학보다 천문학과 수학에 탁월한 재능을 보인 케플러는 천문학에 매료되었고, 수학적 재능을 인정받아 오스트리아 그라츠(Graz)에서 수학 교사로 일하게 되었다. 그런데 뛰어난 학자였던 케플러에게 교사로서의 재능은 없었던 것 같다. 웅얼거리는 듯한 말투와 지루한 강의 분위기 때문인지 케플러의 수업에 수강 신청을 하는 학생은 아무도 없었다. 케플러는 수업에 대한 부담이 줄어든 틈을 타 천문학 연구를 할 수 있었다. (만일 케플러가 유능한 교사였다면 케플러 법칙은 세상에 나오지 못했을 것이다!)

케플러는 이 연구 활동을 통해 당대 사람들이 이단시하던 코페르니쿠스의 지동설이 옳다고 확신하게 되어 이를 증명할 책을 출판하려고 했다. 그러나 당시 케플러가 머물던 그라츠는 개신교와 로마 가톨릭 세력 간의 갈등이 심해져서 개신교 신자였던 케플러는 출판은커녕 개종을 강요받는 처지가 되었다. 이때 프라하에서 활동하던 브라헤가 케플러를 초청했고 그는 이 초청을 거부할 수 없었다. (만일 케플러가 개종을 강요받지 않았다면 "케플러 법칙"을 수립하는 데 결정적인 도움을 준 브라헤를 만나지 못했을 것이다!)

가난한 개신교인 과학자 케플러는 추방자 신세로 당대 최고의 천문학자였던 브라헤의 연구실을 찾아갔다. 그런데 이 만남은 케플러에게 엄청난 유익을 안겨주었다. 브라헤가 공을 들여 수십 년 동안 수집한 방대하고 정밀한 천체 관측 자료들을 사용할 수 있었기 때문이다. 케플러는 천문학에 대한 소명적 자세를 견지하며 브라헤가 남겨준 자료를 수학적으로 분석하고 물리학적으로 사고하는 과정을 거쳐 마침내 케플러 법칙을 정립하게 되었다. (만일 케플러가 가난하고 절망적인 상황이 아니었다면 브라헤의 천체 관측 자료를 접하지 못했을 것이다!)

어떻게 보면 케플러의 생애는 반전의 연속이었다. 형편없는 교수 실력, 추방자 신세, 가난한 상황이 위대한 법칙을 발견한 원동력이 되었다. 우리의 삶도 마찬가지다. 자신이 원치 않는 어려운 상황을 경험하는 사람이 있다면 자신만의 "케플러 법칙"을 발견하는 과정에 있는 것인지도 모른다. 그러므로 우리는 절대 절망해서는 안 된다. 이 책의 독자들이 케플러를 기억하면서 하나님을 바라고 묵묵히 자신에게 주어진 환경을 충실히 감당할 수 있기를 기도한다.

코페르니쿠스가 주장한 지동설은 당대에는 사람들의 인정을 받지 못했다. 지동설을 주장하거나 동조하는 사람들은 종교적인 박해를 받기도 했다. 앞서 살펴보았듯이 갈릴레이 역시 박해를 받았고 종교 재판에 회부되어 자신의 주장을 철회해야만 했다. 그가 재판소에서 나올 때 중얼거렸다는 "그래도 지구는 돈다"라는 말은 너무도 유명하다. 이런 시대적 상황에서 케플러는 케플러 법칙을 증명해냄으로써 지동설을 합리적으로 입증할 수 있었다. 따라서 지동설은 코페르니쿠스에 의해 주장되었지만 케플러에 의해 "정설"로 인정받게 되었다고 평가할 수 있다.

다음은 지동설에 대한 지지 표명으로 겪게 될 어려움을 두려워하던 갈릴레이가 케플러에게 보낸 편지와 그에 대한 케플러의 답장 내용이다.

➤➤〉———— 케플러에게

저도 당신처럼 코페르니쿠스를 지지하고 있으며 최근의 연구로 더 이상 의심의 여지가 없는 많은 증거를 발견해냈습니다. 저는 이 연구에 대해 업적과 평판을 쌓았지만 코페르니쿠스 선생님의 사례를 보면서 감히 출판할 엄두를 내지 못하고 있습니다. 그분은 불멸의 업적을 이루신 분이지만 세상의 무지한 사람들로 인해 불명예를 당하고 계십니다. 그래서 저는 케플러 씨 당신 같은 분들이 더 많아지면 출판할까 합니다. 아직은 많지 않은 것 같아 출판을 하지 않으려고 합니다.

_ 갈릴레오 갈릴레이 드림

»)———— 갈릴레이에게

대중의 무시와 학자들의 맹공 때문에 잠시 우리 주장을 철회하자는 말씀에 대해서 선생님처럼 탁월하신 분께서 좀 다르게 생각해보셨으면 좋겠습니다. 이미 코페르니쿠스 선생님의 엄청난 연구가 있었고, 더 많은 연구자가 지동설을 입증하는 논문을 발표해서 그것이 "정설"로 인정받을 때가 되어서 우리의 연구를 출판한다면 무슨 의미가 있겠습니까? 현명하게 진리를 외쳐야 합니다. 선생님이 지동설의 목소리를 내셔야 부당하게 재판을 받고 있는 우리 동료들이 힘을 내고 보호받지 않겠습니까? 이렇게 생각하는 사람들은 이탈리아뿐 아니라 우리 독일에도 많이 있습니다. 우리는 힘을 합쳐 이 어려움에 맞서야 합니다.

만일 이탈리아에서 출판하기 어렵다면 독일에서 출판할 수도 있습니다. 갈릴레오 선생님, 용기를 내서 출판하십시오. 제가 확신컨대 우리와 힘을 합칠 학자들이 많이 생길 것입니다. 진실의 힘은 위대하니까요.

_요하네스 케플러 드림

독실한 신자였던 케플러는 하나님이 건축가처럼 모든 우주를 법칙과 질서에 따라 창조하셨다고 확신했다. 그리고 자신이 관심을 기울였던 천문학을 통해 하나님의 위대하심을 발견하고 드러내기를 원했다. 그는 살아가면서 어려운 상황도 경험했지만 그럴 때마다 "저는 그리스도인입니다"라고 말하며 항상 당당하고 거룩한 자세를 유지했다. 또 위대한 천문학적 업적을 남길 때도 "오직 하나님의 이름이 높아지고 영광 받으시며, 제 이름은 쇠하게 하소서"라고 기도했던 겸손한 과학자였다.

또한 그는 인생의 말년에 "나는 신학자가 되려고 했습니다. 그러나 '하늘이 하나님의 영광을 선포'(시 19:1)하는 것을 보면서 천문학을 통해서도 하나님께 영광을 돌릴 수 있다는 것을 알았습니다"라고 말했다. 이 얼마나 위대한 고백인가? 우리도 우리의 다양한 관심사와 치열한 삶을 통해 하나님을 높이는 그리스도인들이 되기를 소망한다.

 믿음 노트

1. 케플러는 성직자가 아니라 천문학자로서 하나님께 영광을 돌렸습니다. 나의 삶을 통해 하나님께 영광을 돌릴 수 있는 방법은 무엇일까요?

2. 우리가 창조주를 알 수 있는 방법은 무엇입니까? 또 창조주 하나님께 영광을 돌릴 수 있는 방법은 무엇일까요?

제10과 하나님의 섭리
하나님의 창조와 섭리의 증거들

제27-28문

🏷️ 그림으로 이해하기 베히터의 "욥의 일생"(슈투트가르트 시립미술관 소장)

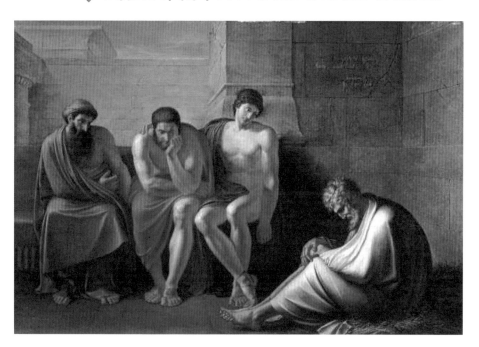

고통받는 욥

슈투트가르트 시립미술관에 소장된 베히터(Eberhard Wächter, 1762-1852)의 그림은 욥의 일생 중 한 장면을 표현한다. 모든 것을 잃고 병이 든 욥은 낙망한 채로 주저앉아 있고 그를 찾아온 3명의 친구는 왼쪽 걸상에 앉아 있다. 각기 다른 표정을 한 친구들의 모습은 사뭇 흥미롭다. 한 친구는 욥과 함께 괴로워하며 고민에 빠졌지만 한 친구는 욥을 물끄러미 바라볼 뿐이고 마지막 한 친구의 표정은 냉소적이기까지 하다.

세 친구는 고통받는 욥을 찾아와 각자의 입장에서 자기 소견대로 충고를 해주었을 것이다. 하지만 그들은 왜 욥에게 그런 고통이 찾아왔는지에 대해서는 근본적인 설명을 내놓을 수 없었다. 욥은 결국 전능하신 하나님의 위엄을 경험하고 그 하나님이 자신의 인생을 이끄시는 분임을 확인한 후에야 비로소 하나님을 찬양하게 된다.

창조주이신 성부 하나님을 제대로 알아야 우리의 불평과 원망은 비로소 찬양의 고백으로 바뀔 수 있다. 창조주이신 하나님이 자신의 계획대로 피조물들을 이끌어가시는 것을 일컬어 하나님의 "섭리"(攝理)라고 한다. 혹시 욥처럼 어려운 환경과 상황 앞에 낙담하고 있는가? 그렇다면 더더욱 창조주이신 하나님을 의지해야 한다. 하나님의 섭리를 깨달을 때 비로소 우리의 입에서도 찬양의 고백이 나올 수 있기 때문이다.

🏷️ 성경 수업

> 📖 마음 열기
>
> 1. 세상에서 가장 불행한 사람은 어떤 사람이라고 생각하는지 이야기
>   해봅시다.
>
> 2. 인간의 "운명"(숙명)은 존재할까요? 운명에 대한 자기 생각을 나누
>   어봅시다.

하나님의 창조와 섭리

창조주 하나님이 천지와 모든 피조물을 선하게 창조하셨다면 하나님의 계획대로 창조세계를 이끌어가시는 것도 당연하다. 예를 들어보자. 집을 설계하고 건축한 사람은 그 건물의 목적과 쓰임새를 누구보다 잘 알고 있을 것이다. 자동차를 설계하고 제작한 사람이라면 그 자동차 구석구석에 있는 부품들의 기능이 어떤 "의도"에서 만들어졌는지 분명히 알고 있을 것이다. 마찬가지로 세상을 "창조"하신 하나님은 창조세계에 대해 누구보다 분명한 "계획"(의도)을 가지고 계시다.

사도행전 17:25-26은 하나님이 인간을 창조하시고 이 세상에 살게 하시되 시간과 공간을 한정하셨다고 말한다. 우리는 이 말

○ 관련 성구

25또 무엇이 부족한 것처럼 사람의 손으로 섬김을 받으시는 것이 아니니 이는 만민에게 생명과 호흡과 만물을 친히 주시는 이심이니라. 26인류의 모든 족속을 한 혈통으로 만드사 온 땅에 살게 하시고 그들의 연대를 정하시며 거주의 경계를 한정하셨으니(행 17:25-26).

이르되 "내가 모태에서 알몸으로 나왔사온즉 또한 알몸이 그리로 돌아가올지라. 주신 이도 여호와시요, 거두신 이도 여호와시오니 여호와의 이름이 찬송을 받으실지니이다" 하고(욥 1:21).

씀을 통해서 하나님의 계획과 의도가 분명히 존재한다는 사실을 확인할 수 있다. 창조주 하나님의 놀라운 계획과 다스리심을 인정한 욥은 자신의 인생이 태어나면서부터 죽을 때까지 하나님의 계획대로 진행되므로 하나님께 찬송을 드리는 것이 자신의 목적임을 고백할 수밖에 없었다(욥 1:21).

앞서 말했듯이 "섭리"(攝理, Providence)란 하나님이 창조세계를 당신의 계획대로 이끌어가시는 것을 일컫는 말이다. 그렇다면 섭리를 믿는 사람과 "운명론자"(숙명론자)는 어떻게 다를까? 운명론자는 모든 것이 미리 정해져 있기에 자신의 의지와는 상관없이 모든 일이 예정된 방향으로 흘러간다고 믿는다. 그들에게 고통이나 슬픔, 기쁨이나 행복은 그 자체로 무게를 가질 뿐이다.

표면적으로 보면 섭리를 믿는 사람도 모든 일이 예정된 방향으로 흘러간다고 믿는 것처럼 보인다. 하지만 섭리를 믿는 사람은 자신의 삶을 운명에 맡긴 채 수수방관하지 않는다. 오히려 모든 일이 하나님의 계획대로 진행된다는 사실에 관심을 두고 그 안에서 어떤 태도를 취할지 결정한다. 섭리를 믿는 사람들에게 "고통"이란 현상 이면에서 하나님의 계획과 의도에 따라 그분의 궁극적인 목적이 이루어질 때 발생하는 하나의 과정이다. 그러므로 어떠한 고통 속에서도 하나님의 사랑과 개입하심을 바라며 "찬송"의 고백을 할 수 있다.

동일한 사건이라도 보는 관점에 따라 의미가 달라진다. 똑같은 상황이라도 현실을 어떻게 인식하느냐에 따라 반응은 천차만별일 수 있다. 믿음의 눈으로 하나님의 섭리를 바라보는 사람은 이 세상에서 남다른 삶을 살아갈 수밖에 없다.

제27문 당신은 하나님의 섭리를 어떻게 이해하고 있습니까?

답 섭리란 하나님의 손으로 천지와 모든 창조물을 붙드시고 다스리시는 전능하신 능력으로서, 세상에서 발생하는 모든 환경, 즉 비와 가뭄, 풍년과 흉년, 질병과 건강, 가난과 부 등의 모든 환경이 우연히 발생하는 것이 아니라 하나님의 손길이 다스리고 있는 것임을 말합니다.

제28문 하나님의 창조와 섭리를 안다는 것은 우리에게 어떤 유익을 줍니까?

답 어떠한 상황에 직면하든지, 즉 그것이 고통이나 형통이라도 하나님을 신뢰할 수 있으며 미래에 대해서도 하나님을 확실히 믿을 수 있습니다. 어떤 환경도 우리를 하나님의 사랑으로부터 갈라놓을 수 없음을 믿습니다.

🏷️ 교실 밖 수업 # 베를린

❙ 훔볼트와 베게너

훔볼트(Alexander von Humboldt, 1769-1859)와 베게너(Alfred Lothar Wegener, 1880-1930)의 과학적 업적을 살펴보면 자연스레 하나님의 창조와 섭리에 대해 생각하게 된다. 훔볼트나 베게너와 관련된 박물관이나 생가도 있지만 모두 베를린에서 멀어 접근하기가 쉽지 않다. 그래서 이번 "교실 밖 수

방문지 주소

훔볼트 대학교: Unter den Linden 6, 10099 Berlin

베게너의 모교 자리: Wallstraße 42, 10179 Berlin

업"은 아쉬운 대로 베를린 시내의 방문지를 중심으로 진행하려고 한다.

1769년 베를린에서 태어난 훔볼트는 베를린에 자리한 훔볼트 대학교의 설립자로서 학교 입구에는 그의 동상이 세워져 있다. 앞서 살펴보았듯이 훔볼트 대학교는 베를린의 중심 지역에 위치하며 베벨 광장과 길 하나를 사이에 두고 마주 보고 있다. 훔볼트는 다양한 분야에서 탁월한 재능을 보인 학자였는데 "19세기에 가장 유명한 사람은 나폴레옹이었고, 그다음은 훔볼트였다"라는 말이 있을 정도로 훔볼트가 유럽 사회에 끼친 영향은 엄청났다. 오늘날 우리가 접하는 지질학, 지리학, 생태학 등의 토대를 쌓은 사람이 훔볼트라고 해도 과언이 아니다.

베게너는 1880년에 베를린에서 목사의 아들로 태어났다. 그는 본래 기상학자로서 기구를 타고 대기를 관찰하는 고층 기상 관측 분야의 선구자였다. 하지만 그는 남미와 아프리카의 해안선이 비슷하다는 점에 착안해 대륙이동설을 주장해 지질학 분야에도 이바지했다. 비록 그

훔볼트 대학교 입구에
세워진 훔볼트의 좌상

베를린의 발 거리(Wallstraße)와 인젤 거리(Inselstraße)가 만나는 길모퉁이에 세워진 이 건물이 바로 베게너가 공부한 학교였다. 오른편 검은색 명판은 베게너를 기념하고 있다.

는 생전에 대륙이동설을 증명하지 못하고 그린란드를 탐험하다가 조난을 당해서 죽었지만, 그의 사후에 대륙이동설은 재평가를 받아 정설로 받아들여졌다. 그가 다녔던 베를린의 학교 자리에는 그를 기념하는 명판이 설치되었다.

🏷️ 선생님의 칠판

성경과 과학 # 이현래 선생님

우리가 오늘날 상식처럼 알고 있는 과학적 사실들의 상당 부분은 19세기 이후에 발견된 것들이다. 베게너가 20세기 초에 대륙이동설을 주장했을 때도 사람들은 대부분 터무니없는 소리로 치부해버렸다. 하지만 시간이 지나고 지구 내부와 해저에 대한 연구가 진행되면서 대륙이동설과 판 이론은 정설로 받아들여지게 되었다. 훔볼트가 연구한 지질학, 식물학, 기후학 분야의 소중한 자료들도 그 이전에는 체계적으로 조명되거나 정리된 적이 없는 것들이었다.

하지만 천지를 창조하신 하나님은 몇천 년 전에 기록된 성경에 19, 20세기에 들어서 발견된 내용들을 기록해놓으셨다. 이것은 우리에게 어떤 의미가 있을까? 우리는 하나님이 과거에 천지를 창조하셨다면 우리가 인정하든 인정하지 않든 지금도 하나님이 그분의 계획대로 세상을 이끌어가신다는 사실을 기억해야 한다. 욥이 경이로운 창조주의 권위 앞에서 하나님의 섭리를 인정하고 찬양했던 것처럼 우리도 창조의 신비 앞에서 겸손하게 하나님을 인정해야 할 것이다. 창조주의 섭리를 이야기하는 성경 구절과 그와 관련한 설명을 다음 표에서 자세히 살펴보자.

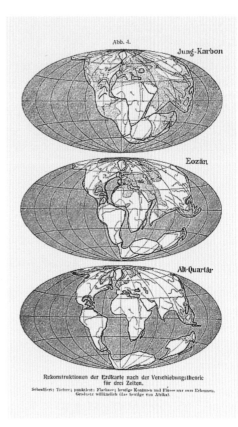

베게너의 『대륙과 해양의 기원』(1929)에 실린 삽화

성경 구절	선생님의 어시스트 # 이현래 선생님
에벨은 두 아들을 낳고 하나의 이름을 벨렉이라 하였으니 그때에 세상이 나뉘었음이요(창 10:25).	창세기 10장은 벨렉이 태어났을 때 "세상이 나뉘었다"라고 말씀한다. 이에 대해 땅이 나뉜 것인지 국경이 나뉜 것인지에 대한 의견이 분분하다. 하지만 이는 민족들이 나뉘었다는 것이 아니라 땅이 나뉘었다는 표현에 가깝다. 더 나아가 성경은 하나님이 땅의 기초를 흔드셔서 땅이 움직이며(욥 9:6), 땅이 진동하여 갈라지고 흔들린다고 기록한다(시 60:2). 이런 표현들이 단순히 문학적 표현이라고 생각하는 사람이 많았지만 베게너가 주장한 대륙이동설이 정설로 인정되면서 성경의 표현이 지리적 현상을 반영한다는 사실을 알게 되었다. 특히 성경은 판 이론의 핵심인 "지판"의 움직임을 분명하게 묘사한다.
그가 땅을 그 자리에서 움직이시니 그 기둥들이 흔들리도다(욥 9:6).	
주께서 땅을 진동시키사 갈라지게 하셨사오니 그 틈을 기우소서. 땅이 흔들림이니이다(시 60:2).	
공중의 새와 바다의 물고기와 바닷길에 다니는 것이니이다(시 8:8).	미국의 독실한 기독교 가문에서 자라 성경을 문자 그대로 믿은 모리(Matthew Fontaine Maury, 1806-1873)는, 시편 8:8과 107:23-25을 읽으며 남다른 관심을 가지고 바람과 해류를 연구함으로써 수로학의 개척자이자 해양학 분야를 설립한 사람 중 하나가 되었다. 훔볼트도 해류의 존재를 입증함으로써 해양학 설립에 이바지했기 때문에 태평양에는 그의 이름을 딴 "훔볼트 해류"가 있다.
23배들을 바다에 띄우며 큰 물에서 일을 하는 자는 24여호와께서 행하신 일들과 그의 기이한 일들을 깊은 바다에서 보나니 25여호와께서 명령하신즉 광풍이 일어나 바다 물결을 일으키는도다(시 107:23-25).	
음식은 땅으로부터 나오나 그 밑은 불처럼 변하였도다(욥 28:5).	훔볼트는 지질학 분야에도 관심을 기울여 지구의 구조를 밝혀내는 데 힘을 쏟았다. 욥기 28:5에는 지표 아래에 불이 있다는 내용이 나오지만 마그마의 존재는 최근에야 증명되었다. 또한 욥기 26:7에는 "아무것도 없는 곳에 지구를 매달았다"는 표현이 나온다. 욥기가 기록될 당시의 사람들이 지구의 전체 모습을 어떻게 그렇게 생각할 수 있었을까? "수면에 경계를 그으신다"는 말씀에서도 "그으신다"는 표현은 "원을 긋다"(horizon)라는 의미다. 이미 성경은 지구가 둥글다는 사실을 전제하고 있다. 이 모든 성경 구절은 성경의 원 저자인 하나님이 세상을 창조하셨음을 보여주는 기록임이 분명하다.
그는 북쪽을 허공에 펴시며, 땅을 아무것도 없는 곳에 매다시며(욥 26:7).	
수면에 경계를 그으시니 빛과 어둠이 함께 끝나는 곳이니라(욥 26:10).	
그가 바닷물을 모아 무더기 같이 쌓으시며 깊은 물을 곳간에 두시도다(시 33:7).	해저(海底)에 대한 연구가 진행되면서 해연, 해구 등의 존재도 드러나게 되었다. 하지만 시편은 이미 하나님이 엄청난 바닷물을 무더기 같이 쌓으셨고 바다에 곳간 같은 공간이 있다고 이야기한다. 엄청난 양의 바닷물이 응집된 극지방의 빙산(氷山)과 에베레스트 산 높이보다 더 깊은 바다 밑의 해구(海溝)를 "곳간"이라고 표현한 것도 신기할 따름이다.

성경 구절	선생님의 어시스트 # 이현래 선생님
물을 빽빽한 구름에 싸시나 그 밑의 구름이 찢어지지 아니하느니라(욥 26:8).	베게너는 기상학 연구를 위해 기구를 타고 대기를 살폈다. 우리는 기상학을 통해 강우량이 구름과 관련이 있다는 것도 알게 되었다. 하지만 욥기 26:8은 이미 하나님이 구름 속에 물을 빽빽하게 포장하셨다고 이야기한다. 심지어 욥기 38:28-29에 묘사된 기상 현상과 물의 상태 변화는 너무도 과학적이기까지 하다. 욥기 36:27-28은 물의 증발과 응결 및 강우 현상에 대한 기상 현상을 섬세하게 설명한다. 욥 37:6은 눈과 비가 같은 원리에 의해 내린다고 말하는데 이는 근대에 들어서야 알게 된 과학적 사실이다.
28 비에게 아비가 있느냐? 이슬방울은 누가 낳았느냐? 29 얼음은 누구의 태에서 났느냐? 공중의 서리는 누가 낳았느냐?(욥 38:28-29)	
27 그가 물방울을 가늘게 하시며 빗방울이 증발하여 안개가 되게 하시도다. 28 그것이 구름에서 내려 많은 사람에게 쏟아지느니라(욥 36:27-28).	이처럼 하나님이 기상 현상에 대해서 묘사하는 욥기의 기록들은 신화(神話)가 만연했던 당시의 기록이라고 믿기 힘들 만큼 과학적이다. 그런 관점에서 욥기를 보면 놀라움의 연속이 아닐 수 없다.
눈(雪)을 명하여 "땅에 내리라" 하시며 적은 비와 큰비도 그같이 내리게 하시느니라(욥 37:6).	
또한 그는 구름에 습기를 실으시고 그의 번개로 구름을 흩어지게 하시느니라(욥 37:11).	
25 바람의 무게를 정하시며 물의 분량을 정하시며 26 비 내리는 법칙을 정하시고 비구름의 길과 우레의 법칙을 만드셨음이라(욥 28:25-26).	17세기 이탈리아의 수학자이자 물리학자인 토리첼리(Evangelista Torricelli, 1608-1647)는 갈릴레이의 제자로서 기압, 즉 공기의 무게를 증명해낸 사람이다. 그런데 욥기에는 이미 공기에 무게가 있다는 기록이 나온다(욥 28:25). 　그 외에도 욥기 28:26은 비와 천둥 번개의 법칙을 이야기하는데, 이는 당시의 사람들이 신들의 활동이라고 생각한 자연 현상이 "과학적"으로 설명할 수 있는 것임을 말하는 것이다. 이런 기록들은 근대 과학의 발견보다 훨씬 이전의 것으로서 하나님이 천지를 창조하지 않으셨다면 결코 알 수 없는 내용을 다루고 있다.
그는 햇빛을 받고 [푸르러서] 물이 올라 그 가지가 동산에 뻗으며(욥 8:16).	지금 우리는 "광합성"을 상식처럼 알고 있지만 1779년에 식물의 호흡에 빛이 절대적이라는 사실을 발견한 사람은 네덜란드 의사인 얀 잉엔하우스(Jan Ingenhousz, 1730-1799)였다. 하지만 성경은 이미 수천 년 전에 이 사실을 기록해놓았다.

오늘날 우리는 눈부신 과학 발전을 통해 과거 인류가 이해하지 못했던 수많은 현상을 "상식"처럼 여기며 살아간다. 앞으로도 훔볼트와 베게너 같은 과학자들의 연구를 통해 더 많은 "신비"가 실체를 드러낼 것이다. 그런데 과학 문명이 발전할수록 성경은 마치 시대에 뒤처진 책처럼 여기는 사람이 늘어나는 것 같다. 성경이 실제로 허무맹랑한 이야기로 가득 차 있는, 말도 안 되는 책이라면 성경을 근거로 한 하이델베르크 교리문답을 공부하는 것도 시간 낭비가 아니겠는가? 이 책을 읽는 사람들도 한심한 사람들이 되고 말 것이다!

하지만 성경은 수천 년 전부터 지금까지 신적 계시의 원천으로서 예술가, 정치가, 과학자 등 수많은 사람에게 영감을 주는 근원이었다. 아무리 과학이 발달한다고 해도 뉴턴의 표현처럼 과학은 성경의 진리와 신비를 풀어주는 도구일 뿐, 성경 위에 군림하여 평가하는 것은 아니다.

바다 밑에 엄청난 깊이의 해구가 있다. 이는 대륙판의 이동과 연관이 있다. 성경은 우리가 과학의 발달로 불과 1, 2세기 이내에 알게 된 이런 개념들을 이미 전제하고 있다. 아래 그림은 세계에서 가장 깊은 마리아나 해구의 구조를 설명하고 있다.

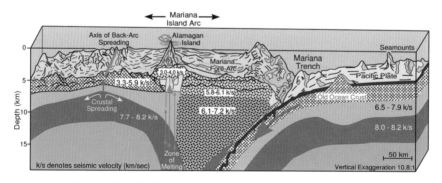

하나님이 천지를 창조하셨다면 누구보다 지구에 대해 잘 알고 계실 것이다. 물론 성경은 우리가 사용하는 현대의 과학적 용어로 세상의 모든 현상을 정리한 책은 아니다. 하지만 성경의 기록들을 자세히 살펴보면 성경의 원 저자이신 하나님이 세상을 창조하고 인간을 만드신 분이라는 사실을 깨닫게 된다. 그리고 지금 이 순간에도 우리를 주관하시는 "하나님의 섭리" 역시 믿을 수 있을 것이다. 이와 관련해 앞서 소개한 해양학의 창시자 모리의 고백을 마지막으로 살펴보자.

저는 미국과 영국의 과학자들로부터 과학 이론의 근거를 성경에서 찾는다는 이유로 심한 비난을 들어야 했습니다. 그들이 말하기를 성경은 과학책이 아니기에 과학에 대해 어떠한 권위도 갖지 못한다고 했습니다. 천만에요! 성경은 모든 분야에 권위를 갖습니다. 성경이 역사책이 아니기에 성경에 나온 모든 역사를 부인하는 역사가가 있다면 어떻게 생각하시겠습니까? 성경은 사실입니다. 물론 과학도 사실입니다.

믿음 노트 ───────────────────

1. 이번 과를 공부하면서 성경에 대해 새롭게 알게 된 것이 있다면 무
   엇입니까?

2. 하나님의 "섭리"를 믿는 것이 우리의 삶에 어떤 도움을 줄지 구체
   적으로 기록해봅시다.

하나님의 아들 예수, 구세주

네안데르탈인 이야기

제29-30문

🏷️ 그림으로 이해하기 #카라바조의 "의심 많은 도마"(포츠담 궁전미술관 소장)

믿음의 근거

평소에 의심이 많던 예수님의 제자 도마가 부활하신 예수님을 만난 장면을 묘사하는 이 그림은 "믿음"이 무엇인지에 대해 생각하게 한다. 그림의 가장 중앙에는 도마가 있고 그 뒤에는 다른 두 제자의 모습이 보인다. 제자들은 예수님이 십자가에서 죽는 모습을 직접 목격했다. 하지만 죽은 줄로만 알았던 예수님이 실제로 눈앞에 나타나자 놀랄 수밖에 없었다. 도마는 예수님이 되살아나셨다는 동료 제자들의 말을 믿지 못하고 자신의 손가락을 못 자국에 넣고 손을 옆구리에 넣어보아야겠다고 말했다. 이후 도마를 찾아오신 예수님은 "네 손가락을 이리 내밀어 내 손을 보고 네 손을 내밀어 내 옆구리에 넣어보라. 그리하여 믿음 없는 자가 되지 말고 믿는 자가 되라"고 말씀하셨다(요 20:27). 도마는 그때 "비로소" 예수님이 자신들의 죄를 위해 이 땅에 오셔서 죽으시고 살아나신 하나님의 아들임을 확신하게 되었다.

이제 예수님의 모습으로 시선을 옮겨보자. 예수님은 의심하는 제자들을 나무라거나 책망하지 않으신다. 그 대신 오른손으로 자신의 구멍 난 옆구리를 보여주시면서 왼손으로 도마의 손목을 잡아 상처를 확인하도록 이끌어주신다. 도마는 예수님을 향해 "나의 주님이시요, 나의 하나님이시니이다"(요 20:28)라고 대답할 수밖에 없었다.

예수님은 도마가 증거를 확인하고서라도 믿기를 바라는 마음이셨을 것이다. 하지만 예수님은 도마에게 "보지 못하고 믿는 자들은 복되도다"(요 20:29)라고 말씀하셨다. 믿음은 하나님의 선물이다(엡 2:8). 믿음이란 마치 체력을 단련하듯 억지로 쟁취할 수 있는 것이 아니라 믿을 만한 근거를 통해 자연스럽게 얻어지는 것이다. 우리가 하이델베르크 교리문답을 공부하는 이유도 우리의 믿음을 다져나가기 위해서

다. 믿음은 우리를 구원에 이르게 하는 능력이다(롬 1:16; 10:10).

🏷 성경 수업

📖 마음 열기

1. 자신의 이름에는 어떤 뜻이 있는지 나누어봅시다.

2. 네안데르탈인에 대해 알고 있는 바를 이야기해보세요.

하나님의 아들 예수, 구세주에 대하여

앞서 우리는 성부 하나님이 창조하시고 섭리하시는 분임을 살펴보았다. 그렇다면 성자이신 예수님은 어떤 분이실까?

"예수"라는 이름에는 "구원"이라는 의미가 담겨 있다(마 1:21). 그 이름이 알려주듯이 성자 하나님은 구원을 주시기 위해 이 세상에 오신 분이다. 구원이란 일차적으로 죄가 없어진 상태를 일컫는다. 우리는 죄로 오염되었지만 십자가에서 우리 "대신" 형벌을 받고 죽으신 예수님 덕분에

○ 관련 성구

"아들을 낳으리니 이름을 예수라 하라. 이는 그가 자기 백성을 그들의 죄에서 구원할 자이심이라" 하니라(마 1:21).

그리스도께서 어찌 나뉘었느냐? 바울이 너희를 위하여 십자가에 못 박혔으며, 바울의 이름으로 너희가 세례를 받았느냐?(고전 1:13)

율법 안에서 의롭다 함을 얻으려 하는 너희는 그리스도에게서 끊어지고 은혜에서 떨어진 자로다(갈 5:4).

죄에서 놓임을 받았다. 이 사실을 근거로 우리는 예수님을 믿는다. 따라서 "믿음"은 단순히 교회에 출석하거나 착하게 살기 위해 "예수님을 본받는" 행위를 뜻하는 말로 사용될 수 없다.

여기서 한 가지 질문에 답해보자. 위대한 사람이나 성인을 통해서 구원을 받는 것이 가능할까? 바울처럼 위대한 사도를 통해서라면 구원의 길이 열리지 않을까? 이 질문에 대해서 바울은 스스로 "바울이 십자가에 못 박혔는가?"(고전 1:13)라고 반문한다. 아무리 위대한 성인도 우리를 위해 대신 죽을 수는 없다. 그 자신이 그렇게 주장한다 하더라도 모든 사람은 자기 자신의 죄가 있기 때문에 다른 사람의 죄까지 해결하는 것은 불가능하다.

그러므로 예수님의 십자가를 믿지 않고 교회에 다니거나 착하게 사는 것으로 구원을 받으려는 시도는 실패한다(갈 5:4). 성인(聖人)이나 다른 방편으로 구원받을 길은 전혀 없다.

"다른 이로써는 구원을 받을 수 없나니 천하 사람 중에 구원을 받을 만한 다른 이름을 우리에게 주신 일이 없음이라" 하였더라(행 4:12).

○─○ 하이델베르크 교리문답 살펴보기

제29문 왜 하나님의 아들 예수님을 구주라고 부릅니까?

답 그가 우리를 모든 죄에서 구원하셨기 때문이며, 그런 까닭에 그분이 아닌 다른 누구에게서도 구원을 얻을 수 없습니다.

제30문 성인(聖人)이나 자신, 혹은 다른 사람을 통해 구원을 얻으려고 하는 사람들은 예수님을 유일한 구주로 믿는다고 말할 수 있습니까?

답 아닙니다. 그들은 예수님이 유일한 구주라고 입으로는 자랑할
수 있을지 모르지만 실제로는 부인하는 사람들입니다. 예수님
을 입으로만 고백하든지, 아니면 실제로 예수님을 유일하고 진
정한 구세주로 영접하든지 둘 중 하나만 사실입니다.

🏷 교실 밖 수업

뒤셀도르프 외곽에 자리한 네안데르탈 박물관

│ 네안데르탈 박물관을 찾아서

│ 우리에게 익숙한 "네안데르탈인"(Homo neanderthalensis)이라
는 용어는 독일 뒤셀도르프(Düsseldorf) 근처의 숲 이름에서 유래했
다. 네안더 계곡의 동굴에서 발견된 뼈를 연구한 결과 현생 인류와 비

숫한 뇌 크기를 가지고 있던 화석 인류의 존재가 세상에 알려졌던 것이다. 전통적으로 네안데르탈인은 현생 인류와는 다른 종이었을 것이라고 믿어져 왔으나 지금은 여러 가지 연구를 통해 네안데르탈인이 현생 인류와 같은 종이었다는 사실이 확인되었다.

이번 과에서는 인류의 기원이 창조냐 진화냐의 문제를 다루기보다는 네안데르탈인을 화두로 삼아 인류가 가진 근원적인 물음에 답해보고자 한다. 네안데르탈인의 흔적을 만날 수 있는 네안데르탈 박물관을 찾아가 보자.

뒤셀도르프 중앙역에서 슈타트발트 (Stadtwald)행 열차를 타고 네안데르탈 역에서 하차하면 도보로 네안데르탈 박물관에 방문할 수 있다. 박물관은 사방이 나무로 둘러싸였는데 이곳은 1856년에 네안데르탈인의 두개골이 처음 발견된 장소이기도 하다. 때마침 다윈은 1859년에 『종의 기원』을 발표했고 이런 분위기 속에서 1864년 영국의 해부학

방문지 주소

네안데르탈 박물관: Talstraße 300, 40822 Mettmann
<www.neanderthalmuseum.info>

박물관에 전시된 네안데르탈인의 두개골과 화석

자들이 이 두개골을 원시 인류의 유골로 분류함으로써 "네안데르탈인"이라는 명칭이 생겨났다.

처음에 학계는 네안데르탈인이 현생 인류와는 다른 종이라고 판단했다. 하지만 네안데르탈인이 인류의 직계 조상인지 아닌지에 대해서는 격렬한 논쟁이 있었고 최근의 DNA 조사 결과는 현생 인류에 네안데르탈인의 유전자가 포함되었다는 사실을 밝혀주었다. 즉 네안데르탈인이 현생 인류와 같은 종이었음이 드러난 것이다. 이런 사

실들이 드러나기까지 네안데르탈인에 대한 반응은 극과 극으로 치달았다. 네안데르탈인의 두개골이 "조작"되었다는 주장이 있었는가 하면, 어떤 교수는 네안데르탈인의 DNA를 추출해서 복제 인간을 만들겠다는 계획을 세우기도 했다. 네안데르탈인에 대한 연구는 아직도 진행 중이라고 할 수 있으므로 이번 과에서는 좀 더 근본적인 질문을 던져보기로 하자.

🏷️ 선생님의 칠판

네안데르탈인과 관련된 논쟁을 넘어서　# 이현래 선생님

네안데르탈인의 정체와 관련된 논쟁을 살펴보면 과학의 영역이 100% 확실한 정보만을 알려주는 것은 아니라는 사실을 새삼스레 깨닫게 된다. 표본이 한정적인 고시대 화석을 연구하는 과정은 크게 "자료 분석"과 "해석"으로 이루어지며 여기서 연구자의 주관이 끼치는 영향은 무시할 수 없다. 연구자의 의도와 기대에 따라 연구의 방향이나 결과가 크게 달라질 수도 있다는 말이다.

고인류학자들은 네안데르탈인의 화석을 연구하면서 다양한 "해석"을 내놓았다. 그리고 대체로 신장이 대략 160cm 정도이고 목이 짧으며 두개골이 넓적한 이 화석 인류가 현생 인류와는 비슷하지만 다른 종이었고 현생 인류와의 경쟁에서 도태되었다고 보았다. 그리고는 인류의 "진화" 단계가 직선적이라고 가정해 네안데르탈인을 현생 인류 이전 단계로 소개하면서 "보편화"하는 작업을 해왔다. 우리에게 익숙한 다음의 유명한 그림도 그런 보편화 작업의 결과다. 하지만 이런 해석과 예측, 보편화된 개념은 새로운 연구 결과에 따라 끊임없이 수정되어왔다. 우리가 과학적인 연구 결과라고 해서 100% 최종적인 진리라고 생각해서는 안 되는 이유다.

네안데르탈 박물관은 2006년에 실시된 네안데르탈인 게놈 프로젝트를 바탕으로 현 인류와 네안데르탈인의 DNA가 상당 부분 일치한다는 사실을 게시해놓았다. 그리고 네안데르탈인은 약 3만 년 전까지 살았다고 "추정"하는 설명도 놓치지 않았다. 그런데 문제는 이런 자료들을 제시하면서 "성경은 불과 몇 천 년의 역사만을 기록하고 있으므로 비과학적이다"라는 메시지를 전달한다는 것이다. 박물관 한쪽 코너에 구약성경과 나란히 놓인 『종의 기원』은 기독교 신앙을 조롱하는 듯하다.

널리 알려진 진화의 과정

구약성경과 다윈의 『종의 기원』을 나란히 펴놓았다.

그러나 나는 그리스도인 과학 교사로서 이런 조롱에 대해 두 가지 근거로 반박하고 싶다. 첫째, 성경이 1만 년이 넘는 지구의 오랜 역사와 진화의 과정을 부정한다는 것은 일종의 해석일 뿐이다. 반대로 창세기 1, 2장의 창조 기사를 "성경적으로" 해석해도 지구의 나이를 특정하기 어렵다고 결론 내릴 수 있다. 고시대의 수많은 사건과 마찬가지로 성경에 기록된 사건들도 고고학적 자료들의 도움을 받아 오래지 않은 기록으로부터 거슬러 올라가면서 발생 시기를 추정하고 의미를 해석해야 한다.

둘째, 진화론과 『종의 기원』도 엄격한 과학의 잣대를 들이대면 모순과 한계를 드러낸다. 근거 자료가 제한되어 있거나 부족할 경우 자료를 해석하는 과정에서 연구자의 주관이 작용하는 것을 배제하기 어렵다. 과연 진화론을 추종하는 과학자들은 이런 한계를 기꺼이 인정하고 있을까? 네안데르탈인의 인류학적 위치에 대한 논쟁 과정이 보여주듯이 과학자들도 얼마든지 틀릴 수 있다. 오히려 과학적인 주장이라고만 볼 수 없는 성경의 기록이 다양한 해석과 적용을 수용하며 모순과 한계를 극복하기 쉽다.

네안데르탈 박물관에서 고시대 인류의 생활상을 살펴보면 우리가 성경으로 돌아가야 하는 "명확한" 이유를 알게 된다. 이 박물관의 전시물은 고시대 인류조차 벽화를 그리고 "내세"를 염원하며 장례를 치렀다는 사실을 보여주기 때문이다. 즉 네안데르탈인이든 후대 사람들이든 간에 "인류"의 범위에 포함된 모든 존재는 "영적"이다!

이는 네안데르탈인이 어떤 도구를 사용했는지, 지능이 얼마나 높았는지, 현생 인류와 어떤 관계가 있는지의 문제보다 더 근본적으로 생각해야 할 주제다. "종교적 본능"은 영혼을 가진 존재에게만 가능하기 때문이다. 인간이 다른 모든 생물과 구별되는 가장 중요한 특징은 영혼을 가지고 있다는 것이다. 짐승들에게는 영혼이 존재하지 않으며 양심이 없기 때문에 죄의식이나 거룩함에 대한 열망을 느끼지 않는다. 하지만 우리 인간은 영혼을 가진 영적 존재들이다. 이에 대해 전도서 기자는 다음과 같이 말한다.

하나님이 모든 것을 지으시되 때를 따라 아름답게 하셨고 또 사람들에게는 영원을 사모하는 마음을 주셨느니라(전 3:11).

그런 까닭에 인간은 양심이 작동해 죄를 분별할 수 있으며 자신이 스스로 죄에 오염되었다는 것도 깨달을 수 있다. 성경은 인간을 당신의 형상대로 지으신 하나님이 그런 죄에 빠진 인간과 창조세계를 구원하기 위해 예수님을 이 땅에 보내셨다고 말씀한다. 물론 이는 현대의 과학적인 잣대를 들이대서 증명하거나 폐기할 수 있는 범주의 이야기는 아니다. 오직 하나님의 영에 의해 설득된 영혼을 가진 사람들만이 십자가에서 죽으신 예수님을 "구주"로 믿게 될 뿐이다.

네안데르탈 박물관 관람을 마치면 마지막 부분에 놓인 칸트의 경구를 확인할 수 있다. 인간의 이성과 양심에 매료되었던 그의 말을 음미하면서 우리도 인간의 의미에 대해 생각해보자. 인간은 어떤 존재인가? 인간이 하나님의 피조물이라면 우리가 가져야 할 자세와 소망은 무엇일까?

인간이란 무엇인가?
나는 무엇을 해야 하는가?
나는 무엇을 알 수 있는가?
나는 무엇을 소망해야 하는가?

WAS IST DER MENSCH ?
WAS SOLL ICH TUN ?
WAS KANN ICH WISSEN ?
WAS DARF ICH HOFFEN ?

Immanuel KANT

믿음 노트

1. 모든 인간은 종교적 존재로서 영원을 사모하는 본능이 있다는 사실
   이 어떤 의미로 다가옵니까?

2. 자신에게 예수님은 누구신지 솔직하게 적어봅시다.

제12과   예수 그리스도와 그리스도인
1529년 슈파이어 의회와 프로테스탄트

제31-32문

🏷️ **그림으로 이해하기**   # 홀바인의 "바돌로매의 순교"(드레스덴 구거장미술관 소장)

위로받는 순교자

　하나님은 성부, 성자, 성령의 삼위일체로 존재하신다. 삼위일체는 단순히 하나님의 "존재 방식"을 설명하기 위한 개념에서 머물지 않는다. 삼위일체의 개념 속에는 그분을 믿는 그리스도인들에게 "능력"을 전해주는 신비로움이 존재한다. 왜 그럴까?

　예수님이 우리 죄를 대신 짊어지고 죗값을 갚아주셨다. 그 사실을 믿음으로 받아들일 때 우리는 "법적"으로 무죄 선언을 받는다. 다시 말해 우리에게 소유권을 행사하는 소유주는 더 이상 죄와 사망이 아니라 "법적"으로 하나님이시다. 하나님은 독생자의 "가치"를 지불하시고 우리를 "구입"하셨다. 이제 그리스도인은 혼자가 아니다. 예수님이 중보자가 되시고, 하나님이 우리의 소유주가 되시기 때문이다. 그렇기에 하나님이 우리를 무조건 책임지신다는 "의미"가 "삼위일체" 속에 담겨 있다. 이 사실을 깨달았던 사도들은 하나님의 은혜에 감사하며 자신의 삶을 제물로 드렸다. 그들은 기독교에 대한 극심한 박해가 있을 때도 예수님을 부인하지 않고 자신의 생명을 기꺼이 하나님께 바쳤다.

　앞의 그림은 홀바인(Sigmund Holbein, 1470?-1540)이 그린 "바돌로매의 순교"다. 초기 교회의 전승에 따르면 바돌로매는 가죽이 벗겨져 순교를 당했다고 한다. 그림을 보면 바돌로매의 죽음을 지켜보는 주변 사람들은 태연하다. 심지어 바돌로매의 가슴과 왼팔의 가죽을 벗기는 사람도 무덤덤해 보인다.

　그러나 이 그림이 강조하는 것은 고통을 당하는 그의 백성을 하나님이 외면치 않으신다는 사실이다. 이는 하늘에서 내려와 바돌로매에게 비취는 가느다란 빛으로 표현된다. 비록 그리스도인들이 악인들의 악랄한 괴롭힘에 고난을 당하여 이 세상에서 순교자적인 삶을 살아가게 되더라도 하나님은 우리를 보고 계시며 성령으로 함께하신다. 삼위 하나님이 함께 연합하시는 것은 그의 소유된 그리스도인들과도 함께 연합하시겠다는 약속의 증표이며 분명한 의지의 표현이다.

🏷️ 성경 수업

🚪 마음 열기

1. "그리스도인" 하면 어떤 느낌이 떠오르나요?

2. 어떤 사람이 진정한 그리스도인이라고 할 수 있는지 이야기해봅시다.

중보자, 참 하나님과 참 사람

예수님이 삼위일체 안에 존재하는 방식을 설명하자면 예수님은 하나님 안에 거하시고(요 14:10), 성령의 기름 부으심(인치심)이 예수님과 함께하신다. "기름 부으심"이란 그 대상자가 하나님께로부터 나왔음을 상징하는 표현이다. 구약 시대에 왕, 예언자, 제사장을 세울 때는 기름을 부어 직분을 맡겼는데 하나님이 임명의 주체이심을 나타내기 위해서였다. 예수님은 자신이 하나님께로부터 나왔음을 강조하셨다(요 16:27-28). 예수님이 세례를 받으셨을 때 성령이 비둘기처럼 예수님 위에 임하신 것은 하나님의 기름 부으심을 증명하는 사건이었다.

"예수"라는 이름에 "구원"이라는 뜻이 있다면 "그리스도"는 "기름 부으심을 받은 자"라는 뜻이다. 그러므로 "예수 그리스도"라는 호칭에는 그분이 하나님이 세우셔서 세상을 구원하신 만왕의 왕이요 통치자이시고, 하나님의 구원을 우리에게 나타내시는 예언자이시며, 자신을 하나님께 제물로 드리신 대제사장이라는 의미가 담겨 있다.

하지만 성경은 놀랍게도 우리의 존재가 예수 그리스도와 같은 지위에 있게 되었다고 선포한다. 예수님은 그 이름을 믿는 모든 자에게 "기름 부으심", 즉 하나님의 통치권을 허락하기 위해 하나님 우편으로 가셨으며 우리에게 보혜사 성령을 보내주셨다(요 15:26). 그분은 지금도 하나님 우편에서 우리를 위해 기도하며 돕고 계신다(롬 8:34). 예수 그리스도를 믿는 자들을 "그리스도인"이라고 부르는데(행 11:26) 기름 부으심이 그리스도인에게도 있다는 것은 놀라운 특권이다. 그리스도인의 신분도 하나님께로부터 나왔으며 성령님은 그리스도인과 항상 동행하신다. 그래서 우리도 그리스도 안에서 왕과 예언자와 제사장 같은 지위를 누린다(벧전 2:9). 하나님이 그의 아들을 영접하는 자들에게 하나님의 자녀가 되는 "권세"를 주셨기 때문이다!

우리는 하나님께 나아갈 때 더 이상 성직자나 사제를 거치지 않아도 된다. 우리는 왕, 예언자, 제사장으로서 당당히 하나님께 나아갈 수 있는 특권을 가졌다는 사실을 분명히 기억해야 한다(히 10:19).

○○ 하이델베르크 교리문답 살펴보기

제31문 왜 예수님을 그리스도, 즉 기름 부으심을 받은 자라고 부르게 되었습니까?

답 예수님은 성부 하나님으로부터 임명을 받고 성령으로 기름 부음을 받으셨기 때문에 "기름 부음을 받은 자"라는 뜻으로 그리스도라 부르게 되었습니다. 구약 시대에 기름 부음을 받고 세워진 직분은 대제사장, 예언자, 왕이었는데 기름 부음을 받으신 예수님은 우리에게 유일한 대제사장이 되셔서 자신을 제물로 드려 우리를 구원하시고, 예언자로서 구원을 알려주시며, 영원한 왕으로서 우리를 보호하고 통치하실 것입니다.

제32문 당신은 왜 "그리스도인"이라 불리게 되었습니까?

답 내가 믿음으로 그리스도의 가족(지체)이 되어 그의 기름 부음에 함께 동참하고 있기 때문입니다. 나는 예언자로서 그의 이름을 고백하며, 제사장으로서 감사하면서 나 자신을 살아 있는 제물로 드리고, 왕으로서 죄와 마귀에 대항하여 싸우며 결국에는 그분과 함께 영원토록 모든 만물을 다스릴 것입니다.

슈파이어를 찾아서

하이델베르크와 가까운 슈파이어(Speyer)는 기차를 타고 가면 편리하다. 마인츠(Mainz)에서는 슈파이어로 한 번에 가는 열차가 있고 프랑크푸르트나 하이델베르크에서 가려면 만하임에서 열차를 갈아타야 한다. 라인 강에 연접한 슈파이어에는 항구도 있으며 예로부터 문화, 역사, 산업의 중심지 역할을 했기 때문에 신성 로마 제국의 의회가 여러 차례 슈파이어에서 개최되었다.

그중 1529년에 열린 슈파이어 제국 의회는 개신교의 역사에서도 매우 중요한 의미를 가진다. 당시 황제였던 카를 5세(Karl V, 1500-1558)가 반루터파 정책을 강행하려 하자 루터파 군주들이 강력하게 항의하였고, 거기서 개신교인들이 "저항"이라는 뜻이 담긴 "프로테스탄트"라는 이름을 얻었기 때문이다.

이런 역사적인 상황을 생각하면서 제국 의회가 열렸던 슈파이어 대성당을 방문한 후 막시밀리안 거리(Maximilianstraße)를 통과해서 "저항기념교회"(Gedächtniskirche)까지 걸어보자. 저항기념교회는 루터파의 저항을 기념하여 후대에 세워진 교회다.

독일 로마네스크 건축의 대표격인 슈파이어 대성당은 "황제의 성

슈파이어는 근처 보름스에서 기차를 타면 1시간도 채 걸리지 않는다. 보름스 제국 의회와 슈파이어 제국 의회를 함께 생각하면서 교실 밖 수업을 하면 더 생생한 공부가 될 것이다.

마인츠에서도 기차가 한 번에 슈파이어로 연결된다. 프랑크푸르트나 하이델베르크에서 오려면 만하임에서 기차를 갈아타고 와야 한다. 방문지의 위치를 고려하여 효과적인 일정을 짜보자.

방문지 주소

슈파이어 대성당: Domplatz, 67346 Speyer

저항기념교회: Bartholomäus-Weltz-Platz 5, 67346 Speyer

당"이라는 별칭이 붙을 만큼 권위 있는 성당으로 유명하다. 이 성당의 지하에는 황제들의 시신 여덟 구가 안치되어 있기에 그 주변에는 황제들을 기리는 조각이나 기념물들이 있으며 대성당 입구에도 황제들의 조각상이 세워져 있다. 이런 것들은 차치하고서라도 건물 자체가 압도적인 규모와 웅장함을 자랑한다. 그 안에 들어가면 저절로 고개를 숙이게 되는 이런 분위기 속에서 황제 주도로 제국 의회가 열렸다고 상상해보자.

슈파이어 대성당을 등지고 거리를 따라 걸어가다 보면 짙은 색 동상을 볼 수 있다. 모자를 쓰고 긴 막대기를 들고 가는 이 사람은 순례자 야콥이다. 그는 유럽 각지에서 스페인의 산티아고 데 콤포스텔라(Santiago de Compostela)로 찾아가는 순례자들을 상징한다. 산티아고

막시밀리안 거리의 순례자 야콥 동상

데 콤포스텔라는 슈파이어에서 직선으로 2,100km나 떨어진 스페인의 도시로서 직선으로 밤낮없이 하루에 24시간을 걸어간다고 해도 보름이나 걸리는 곳이다.

하지만 이곳은 예루살렘, 로마에 이어 유럽의 3대 순례지가 될 정도로 중세의 많은 사람이 이곳을 방문하기 위해 먼 여행길에 올랐다. 그 이유는 무엇이었을까? 도시의 이름이 말해주듯이―산티아고는 "성 야고보"의 갈리아식 표현이다―그곳에서 순교한 사도

야고보의 시체가 발견되었다고 알려졌기 때문이었다. 중세의 가톨릭 신자들은 이런 성상(聖像)을 보기 위해 순례의 길에 오르면 지옥에서 고통받는 시간을 수백 시간 단축할 수 있다고 믿었다. 이런 잘못된 신앙으로 인해 수천 킬로미터를 걸어야 하는 이 순례자의 앞길이 깜깜해 보인다. 이 동상은 유일한 구원의 길이신 예수 그리스도를 무시한 채 자신의 행위로 구원을 획득하려는 사람의 운명을 보여주는 것 같다.

저항기념교회와 입구의 기념비

동상을 지나 막시밀리안 거리를 따라 10-15분 정도를 더 걸어가면 슈파이어 제국 의회에서 황제에게 저항한 사건을 기념하기 위해 세워진 교회에 도착할 수 있다. 사실 이 교회는 제국 의회에서 실제로 저항한 사람들과는 직접적인 관련이 없다. 하지만 후대 사람들이 세운 이 교회의 입구에 세워진 루터의 조각상과 기념비를 보면 당대 저항자들이 무엇에 근거를 두었는지 엿볼 수 있다. 기념비 앞의 명판에는 "주의 말씀은 세세토록 있도다"(벧전 1:25)라는 말씀과 함께 1529년의 저항 사건이 소개되어 있다. 또 교회 안에 들어가면 당시 황제에게 저항한 제후들이 서명한 문서의 사본과 다양한 역사 전시물도 볼 수 있다.

🏷️ 선생님의 칠판

"프로테스탄트"의 후예들 　# 정승민 선생님

"그리스도인"(Christian)이라는 호칭은 로마 시대에 생겨났다. 로마 시대 역사가 수에토니우스(Suetonius, 69-122)는 클라우디우스 황제(Claudius, 41-54 재위) 시절에 소요를 일으키는 무리들을 지칭하면서 이 호칭을 처음 사용했다. 타키투스(Tacitus, 56-120) 같은 다른 역사가들도 네로(Nero, 54-68 재위) 황제 시절 지탄의 대상이 되었던, 예수님을 믿는 무리를 가리켜 그리스도인이라고 불렀다. 즉 "그리스도인"이라는 말은 "그리스도를 추종하는 사람"이라는 뜻이면서도 사실은 "예수쟁이"처럼 경멸적인 의미가 담겨 있었던 것이다. 그러나 참된 신앙을 가진 자들에게 그 이름은 언제나 영광스러운 이름이었다.

1529년에 처음 등장한 "프로테스탄트"라는 명칭 역시 처음에는 경멸의 목적으로 사용되었다. 황제의 명령을 우습게 만들고 국가에 분란을 일으키는 자들이 바로 프로테스탄트였다. 하지만 로마 가톨릭의 문제점을 간파하고 종교개혁 정신에 동의한 그들은 그런 비난에 흔들리지 않았다. 그리고 곧이어 프로테스탄트는 가톨릭으로부터 개혁해서 나온 무리를 지칭하는 의미로 인식되기 시작했다.

그리스도인, 프로테스탄트. 이런 명칭의 유래에서 알 수 있듯이 세상은 때로 참된 기독교 신앙을 추구하는 신자들을 백안시한다. 그러나 세상이 우리를 멸하지 못하는 이유는 삼위일체 하나님이 우리를 위하시기 때문이다. 예수님이 우리를 위해 중보하시고 하나님의 기름 부으심이 우리에게 있으며 성령님이 우리와 함께하시는 한 우리는 언제나 당당히 세상에 맞서는 프로테스탄트로 살아갈 수 있다.

프로테스탄트인 우리가 세상의 멸시와 공격에도 흔들리지 않고 당당해야 하는 이유는 분명하다. 사실 "프로테스탄트"의 생성 자체가 로마 가톨릭의 부도덕성과 부패에 기인했기 때문이다. 종교개혁이 시작되기 오래전부터 십자군 운동이 실패하고, 아비뇽 유수(1309-1377)와 교회 대분열(1378-1417)을 겪으며 가톨릭 교회의 권위는 실추되었다. 또한 오랫동안 해결되지 않은 성직자의 타락과 부패는 사회적 불신을 가중시켰다. 결정적으로 교황 레오 10세(Leo X, 1513-1521 재위)는 로마의 성 베드로 대성당 수축(修築)을 위한 헌금 운동을 벌이면서 성직 매매를 방관했다. 이러한 상황에서 "저항"하지 않는 것이 올바른 태도일까?

그뿐 아니라 프로테스탄트의 등장에는 절대 권력에 대항해 개인의 자유가 확대되어온 인류 역사의 흐름이 드러난다. 당시 신성 로마 제국의 황제인 카를 5세는 로마 가톨릭을 지지하며 루터와 그의 지지자들에게서 기본권을 빼앗으려고 했다. 루터를 지지하는 지방의 제후들은 이런 결정을 따를 수 없다고 항의하며 황제의 간섭에서 벗어나고자 했다. 갈등과 분쟁을 두려워하지

슈파이어 제국 의회 관련 역사 흐름 정리

1517년 루터가 종교개혁을 일으켰다. 교황청은 1518, 1519년에 논쟁을 통해 루터를 파문하려 했으나 오히려 루터의 대중적 지지는 늘어났다.

1521년 황제는 보름스 제국 의회에서 루터를 이단으로 단정하고 처형하려 했지만 프리드리히 선제후가 그를 숨겨주었다.

1524년 루터의 영향을 받아 독일 농민운동이 발생했으나 루터는 농민들로부터 등을 돌렸고 결국 농민운동은 실패로 끝났다.

1526년 황제는 다시 루터를 처벌하기 위해 슈파이어 제국 의회를 개최하지만 제후들은 자신의 지역에서 종교를 선택할 수 있게 해달라는 요구를 관철했다.

1529년 슈파이어에서 다시 열린 회의에서 황제는 보름스 제국 의회의 결정 사항을 시행하려고 시도했다. 이에 제후들은 1526년에 결정된 사항에 대한 위반이라며 강하게 항의했다. 이때 루터를 지지하는 제후들이 "항의하는 사람"이라고 불리면서 "프로테스탄트"라는 명칭이 생겨났다.

저항기념교회에 전시된 저항자들의 서명 사본

않고 옳은 것을 주장했던 그들 덕분에 종교개혁의 불씨가 꺼지지 않았으며 이후에는 더 많은 사람이 자기 자신의 신앙에 따라 살아갈 수 있는 권리를 얻을 수 있었다.

신앙에 따라 올바른 삶을 살아가려는 사람들을 짓누르는 압박은 오늘날에도 존재한다. 생존에 대한 두려움, 물질에 대한 탐욕, 대중의 관심과 유행, 가족이기주의와 개인주의는 오늘날 수많은 그리스도인을 옴짝달싹 못 하게 사로잡는다. 하지만 우리는 프로테스탄트의 후예들이다. 무엇이 참된 신앙의 길인지, 무엇이 하나님이 기뻐하시는 결정인지 주의하면서 용기 있게 세상에 맞서자.

믿음 노트

1. "프로테스탄트"라는 명칭의 유래가 우리에게 주는 교훈은 무엇입니까?

2. 그리스도인이라는 명칭에 부합한 삶을 살기 위해 당신이 노력해야 할 부분은 어떤 것입니까?

제13과

하나님의 독생자, 그리스도, 주
1936년 베를린 올림픽과 손기정

제33-34문

🏷️ **그림으로 이해하기** # 헤치의 "그라쿠스의 어머니 코르넬리아"(슈투트가르트 시립미술관 소장)

진짜 보석은 무엇일까?

허름한 옷차림의 코르넬리아를 방문한 이웃집 여인은 보석 목걸이를 자랑한다. 하지만 코르넬리아는 어린 두 아들을 품에 안으려 할 뿐이다. 코르넬리아는 포에니 전쟁에서 한니발(Hannibal, 기원전 247-183?) 장군을 무찌른 스키피오(Publius Cornelius Scipio, ?-기원전 211)의 딸이지만 남편을 일찍 여의고 홀로 두 아들을 키웠다. 이 아이들은 그라쿠스 형제로서 장성한 후 빈민들을 구제하고 부당한 토지법을 개혁하여 부패한 로마 사회를 혁신하려고 노력한 인물들이다. 비록 보수 귀족들의 반대에 막혀 그들의 개혁은 실패했지만 역사는 그들을 "로마의 양심"으로 기억하고 있다.

헤치(Philipp Friedrich von Hetsch, 1758-1839)는 그라쿠스 형제를 품은 코르넬리아가 보석을 자랑하는 여인 앞에서 위축되지 않는 모습을 통해 메시지를 전한다. 누군가는 목걸이 같은 귀금속을 보석으로 여기며 살아간다. 하지만 무엇이 진짜 보석인가?

이 그림은 우리 그리스도인에게도 영감을 준다. 하나님이 "보석"처럼 여기시는 것은 무엇일까? 화려한 예배당일까? 헌금을 많이 바칠 수 있는 부자일까? 혹은 최고의 권력을 가진 사람일까? 우주를 주관하시는 하나님께 이런 것들이 무슨 의미가 있겠는가! 하나님은 당신의 자녀인 "우리"를 보석과 같이 귀하게 여기신다. 그리고 우리가 세상의 빛이 되고 "시대의 양심"이 되는 것을 무엇보다 기뻐하고 자랑스러워하실 것이다. 우리가 그리스도의 이름으로 그리스도인답게 거룩한 양심을 가지고 어두운 세상을 비추는 것은 그만큼 중요한 의미를 가진다.

🏷️ 성경 수업

📖 마음 열기

1. 자신이 가장 소중히 여기는 보물은 무엇입니까?

2. 자신이 누군가에게 기쁨이 되었던 기억이 있다면 무엇입니까?

우리를 부르신 목적

앞서도 살펴보았듯이 하나님은 죄로 오염된 우리를 건지기 위해 "독생자"를 희생시키셨다. 하나님의 구원 역사를 표현하는 "구속"(救贖)이라는 단어는 "시장에서 값을 지불하다"라는 원어적 의미가 있다. 즉 하나님이 우리를 구입하기 위해 그에 상응하는 대가를 지불하셨는데 그 대가가 자신의 독생자라는 말이다. 우리는 그런 가치를 지닌 존재다! 놀랍지 않은가?

그러므로 성경은 예수님이 원래 하나님으로부터 난 아들이라면 우리는 그 아들을 희생시키고 얻은 양아들(양자)이라고 말한다. 본 아들과 양아들은 그 시작이 다르지만 일단 하나님의 아들이 되면 "상속권"을 같이 누리게 된다. 이제 우리는 하나님의 영원한 세계를 이어받은 "상속자"로서 하나님을 "아빠"라고 부르는 특권을 가진 자들이 되었다(롬 8:15-17).

○ 관련 성구

15 너희는 다시 무서워하는 종의 영을 받지 아니하고 양자의 영을 받았으므로 우리가 아빠 아버지라 부르짖느니라. 16 성령이 친히 우리의 영과 더불어 우리가 하나님의 자녀인 것을 증언하시나니 17 자녀이면 또한 상속자, 곧 하나님의 상속자요 그리스도와 함께한 상속자니 우리가 그와 함께 영광을 받기 위하여 고난도 함께 받아야 할 것이니라(롬 8:15-17).

이처럼 하나님이 우리를 자신의 독생자의 핏값으로 사셨기 때문에 우리는 더 이상 우리 자신의 것이 아니다. 우리는 이제 우리 자신의 욕망을 채우기 위해 마음대로 살아서는 안 된다. 우리는 하나님의 소유다(고전 6:20; 7:23). 하나님이 우리를 하나님의 자녀로 부르신 목적은 무엇일까? 성경은 하나님이 우리를 다음과 같은 목적으로 입양하셨다고 선언한다.

○ 관련 성구

값으로 산 것이 되었으니 그런즉 너희 몸으로 하나님께 영광을 돌리라(고전 6:20).

너희는 값으로 사신 것이니 사람들의 종이 되지 말라(고전 7:23).

> 5그 기쁘신 뜻대로 우리를 예정하사 예수 그리스도로 말미암아 자기의 아들들이 되게 하셨으니 6이는 그가 사랑하시는 자 안에서 우리에게 거저 주시는 바 그의 은혜의 영광을 찬송하게 하려는 것이라(엡 1:5-6).

당신은 예수 그리스도의 십자가를 통해 죄 용서받은 것을 믿는 그리스도인인가? 그렇다면 당신은 무엇을 위해 살고 있는가? 당신의 인생은 어떤 목적을 향해 움직이는가? 바꾸어 말해 우리는 자신이 누구를 "대표"하며 살아가는지 생각해보아야 한다. 수많은 믿음의 선조가 신앙을 위해 목숨을 버린 이유는 자신들이 그리스도를 대표한다고 믿기 때문이었다.

다시 한 번 생각해보자. 당신의 주변 사람들은 당신이 "그리스도인"이라는 것을 인식하는가? 당신은 그리스도를 대표하여 살아가는가? 혹시 말로는 예수님을 위해 살아간다고 하지만 실제 삶은 마치 마귀를 대표하는 것처럼 탐욕을 추구하며 우상을 숭배하지는 않는가?

제33문 우리도 하나님의 자녀들인데 왜 그(예수님)를 하나님의 독생
자라고 부릅니까?

답 오직 그리스도만 본질적으로 하나님의 영원한 아들이시며, 우
리는 그리스도의 은혜를 통해 입양된 자녀들이기 때문입니다.

제34문 왜 당신은 그(예수님)를 우리 주님이라고 부릅니까?

답 그분이 우리의 죗값을 금이나 은이 아니라 그분의 피를 통해
대신 갚아주셔서 우리를 구원하셨고, 우리를 마귀의 소유에서
하나님의 소유로 삼아주셨기 때문에 그분을 우리의 주님이라
고 부르는 것입니다.

🏷 교실 밖 수업 # 베를린

│ 베를린 올림픽 경기장을 찾아서

1936년 제11회 올림픽은 베를린에서 열렸다. 제1차 세계대전
의 패전국인 독일은 막대한 전쟁 배상금으로 인해 경제적 어려움을
겪었지만 히틀러는 이런 문제를 극복하고 한 가구당 폭스바겐 자동
차를 한 대씩 지급하면서 대중의 열렬한 지지를 얻고 있었다. 제2차
세계대전(1939-1945) 직전에 열린 베를린 올림픽은 스포츠를 통해 화
합과 평화를 추구하려는 목적이 아니라 아리아인(독일인)의 우월성을
드러내고 제국 이데올로기를 과시할 목적으로 개최되었다.

그런데 올림픽의 하이라이트인 마라톤에서 가장 먼저 경기장에

베를린 올림픽 경기장

나타난 선수는 독일인이 아니라 작고 볼품없는 아시아인이었다. 그 선수의 이름은 "손기테이"였는데 우승을 차지한 그의 표정에서는 가슴 벅찬 환희와 뜨거운 기쁨을 찾아볼 수 없었다. 도대체 이 선수에게는 어떤 사연이 있었던 것일까? 베를린 올림픽 경기장에 찾아가서 그의 이야기에 귀를 기울여보자.

베를린 올림픽 경기장은 시내에서 지하철로 쉽게 갈 수 있다. 올림피아스타디온(Olympiastadion) 역에서 하차해서 조금 더 걸어가면 된다. 입구의 매표소에서 표를 끊고 안으로 들어가면 다양한 사진과 전시물들을 볼 수 있다. 겉에서 볼 때는 잘 모르지만 막상 경기장 안으로 들어가면 위압감과 함께 1936년 베를린 올림픽의 분위기에 젖어들게 된다. 1936

방문지 주소

베를린 올림픽 경기장: Olympischer
Platz 3, 14053 Berlin
<www.olympiastadion-berlin.de>

OLYMPISCHE SIEGER

LEICHTATHLETIK MÄNNER
100m LAUF OWENS U.S.A.
200m LAUF OWENS U.S.A.
400m LAUF WILLIAMS U.S.A.
800m LAUF WOODRUFF U.S.A.
1500m LAUF LOVELOCK NEUSEELAND
5000m LAUF HÖCKERT FINNLAND
10000m LAUF SALMINEN FINNLAND
MARATHONLAUF 42 195m SON JAPAN
3000m HINDERNISLAUF ISO HOLLO FINNLAND
110m HÜRDENLAUF TOWNS U.S.A.
400m HÜRDENLAUF HARDIN U.S.A.
50000m GEHEN WH. TLOCK GROSS BRITANNIEN
4×100m STAFFELLAUF U.S.A.
4×400m STAFFELLAUF GROSSBRITANNIEN
HOCHSPRUNG JOHNSON U.S.A.
WEITSPRUNG OWENS U.S.A.
DREISPRUNG TAJIMA JAPAN
STABHOCHSPRUNG MEADOWS U.S.A.
SPEERWERFEN STÖCK DEUTSCHLAND

베를린 올림픽 육상 종목 우승자 명단

년에 이곳에 모인 수많은 군중, 한곳에서 경기를 지켜보는 히틀러, 일장기를 달고 달리는 손기정 선수—손기테이가 바로 그였다—가 상상속에서 살아 움직인다.

입구 반대편으로 돌아가면 성화대가 있고 그 아래 벽면에서 베를린 올림픽의 육상 종목 우승자들의 이름을 확인할 수 있다. 마라톤 우승자의 이름은 "SON"으로 표기되었는데 국적은 일본이다. 그런데 흥미로운 것은 일본 국적이 새겨진 뒤 벽면이 약간 하얗다. 그 이유는 뭘까?

1970년 8월 15일, 독일에 방문한 신민당 국회의원 박영록은 한밤중에 정과 망치를 들고 가서 "JAPAN"이라는 글자를 파내고는 다른곳에서 가져온 알파벳으로 "KOREA"라고 고쳐놓았다. 그의 "기물파손"은 곧 경찰에게 발각되었지만 다행히 그는 체포되지 않았다. 그 후 일본의 항의로 인해 명판은 원상 복구되었지만 마라톤 우승자의 국적 표기 부분은 다른 부분과는 달리 흔적이 남게 되었다. 이 사건이 계기가 되었는지는 몰라도 1986년 8월 15일, 우리나라는 손기정 선수의 우승 기념물을 되찾을 수 있었다.

🏷 선생님의 칠판

우승자의 슬픔 # 정승민 선생님

히틀러는 나치의 우월성을 세계에 자랑하기 위해 베를린 올림픽 준비에 심혈을 기울였다. 그 결과 독일은 49개의 참가국 중에서 가장 많은 금메달―33개―을 차지할 수 있었다. 1936년 베를린 올림픽 당시 우리나라는 올림픽에 참가할 수 없었다. 우리가 "대표해야 할" 나라를 1910년에 일제에 빼앗겼기 때문이었다.

하지만 일본은 마라톤 대표 선수를 선발할 때 압도적인 실력을 보이는 손기정, 남승룡 선수를 선발할 수밖에 없었다. 일본인들을 제치고 일본 대표로 출전한 손기정 선수는 "올림픽의 꽃"인 마라톤에서 당시 세계신기록인 2시간 29분 19초로 1위를 차지했다. 남승룡 선수도 3위를 차지하며 기염을 토했다. 이때 두 선수의 가슴에는 일장기가 붙어 있었으나 두 선수의 선전은 우리 민족의 혼을 다시 일깨우기에 충분한 계기가 되었다. 손기정의 금메달과 우승 상장 및 월계

e-영상역사관 자료

손기정 선수의 마라톤 우승 기념물인 그리스 투구

관은 현재 손기정 기념관에 전시 중이고, 부상으로 받은 그리스 청동 투구는 국립중앙박물관 기증실에 전시되어 있다.

히틀러가 베를린 올림픽을 아리아인들의 우월성을 선전하기 위한 수단으로 삼았다는 사실을 감안한다면 나라를 잃은 두 동양인 선수는 참 왜소하게 보였을 것이다. 그러나 42.195km의 레이스가 끝난 후 가장 먼저 경기장에 나타난 사람은 바로 그 볼품없는 동양 선수 중 한 명이었다. 그 선수의 국적은 분명히 "일본"이었지만 당시 장내 아나운서는 이렇게 방송했다.

"한국(koreanischer) 학생이 세계의 건각들을 가볍게 물리쳤습니다. 그 한국인(der Koreaner)은 아시아의 힘과 에너지로 뛰었습니다.…그가 이제 트랙의 마지막 직선 주로를 달리고 있습니다. 우승자 '손'(SON)이 막 결승선을 통과하고 있습니다!"(독일 역사박물관 독일 방송기록보관실 자료에서)

나라를 잃은 서러움, 조선 출신 선수들을 탈락시키기 위한 여러 가지 비열한 수가 난무했던 대표 선발전의 기억, 일장기를 달아야 했던 아픔, 일본식 이름인 "손기테이"로 불려야 했던 고통 때문이었을까? 시상대에 오른 손기정 선수의 표정은 어두웠다. 조국을 대표하고 싶은데 나라를 빼앗은 일본을 대표할 수밖에 없던 손기정은 화환으로 가슴의 일장기를 가렸다.

시상대에 오른 손기정과 남승룡

손기정 선수의 마라톤 우승 소식은 온 나라에 큰 화제가 되었다. 당시 동아일보는 일장기를 없앤 손기정의 시상식 사진과 경기 내용을 호외로 보도함으로써 일제로부터 정간을 당하는 수모를 겪었다. 이것이 "동아일보 일장기 말소 사건"이다. 이는 1920년에 창간된 이래로 동아일보가 네 번째로 당한 무기정간이었다. 그러나 동아일보의 정간은 우리 민족의 저항 정신이 드러난 사건이었다.

동아일보에 게재된 손기정 선수의 사진

당시 친일(親日) 언론들의 왜곡된 보도 속에서 동아일보가 보여준 용기는 언론이 국민에게 어떤 존재여야 하는지를 보여주는 사례다. 동아일보는 1974년에도 유신헌법에 반대하는 글을 게재했다. 이에 정부는 기업들이 동아일보에 광고를 의뢰하지 못하도록 압력을 넣었다. 일명 "광고 탄압" 속에서도 동아일보는 "백지 광고"를 7개월간 내보내며 언론의 자유를 위해 싸웠는데 이는 민주화 투쟁을 확산시킨 결과로 나타났다. 시대의 풍랑에 맞섰던 "동아일보 정신"이 다시 우리 사회의 언론 속에서 부활하기를 희망해본다.

손기정 선수가 금메달을 딴 후 쓴 엽서에는 단 세 글자만 적혀 있다. "슬프다!?"

"슬프다!?"

이는 손기정 선수가 마라톤에서 우승한 직후에 엽서에 쓴 유일한 단어다. 슬프다. 우리나라를 대표해야 할 선수가 나라를 빼앗은 일본을 대표해서 좋은 성적을 거둔 상황은 참 비극적이다. 이는 선수 개인에게도, 나라를 빼앗긴 국민에게도 울분을 일으키는 상황이 아닐 수 없다.

우리의 상황도 마찬가지일 수 있다. 그리스도인인 우리는 하나님의 자녀이며 하나님 나라의 백성이다. 그런 우리의 삶은 하나님 나라를 드러내고 하나님의 이름을 높이는 것이어야 한다. 그리스도를 대표하는 선수로서 그리스도를 영화롭게 해야 하는 것이 우리의 의무다. 그런데 말로는 자신이 그리스도인이자 하나님의 자녀라고 하면서도 실제로는 일상생활에서 사탄의 일을 하고 있다면 어떨까? 그리스도의 향기를 발하는 삶이 아니라 탐욕, 음란, 비방, 분노를 표출하는 삶을 살고 있다면 과연 우리는 지금 누구를 대표하는 것일까? 하나님의 백성인 우리가 하나님과 전혀 관계없는 모습으로 살아갈 때 하나님은 이런 마음이 들지 않으실까? "슬프다!"

믿음 노트

1. 자신이 1936년에 살아 있었다면 손기정 선수의 금메달 소식을
   접하면서 어떤 마음이 들었을까요? 그 이유는 무엇인가요?

2. 우리는 그리스도인입니다. 자신이 정말 "그리스도"를 대표하는
   삶을 살기 위해서 속히 개선해야 할 부분이 있다면 무엇인가요?

제14과   예수 그리스도의 동정녀 탄생
                     페르가몬 박물관

제35-36문

🏷 그림으로 이해하기 # 렘브란트의 "요셉의 꿈" (베를린 국립회화관 소장)

꿈을 꾼 요셉

렘브란트가 1645년에 그린 "요셉의 꿈"은 작은 액자에 담겨서 베를린 국립회화관에 소장되어 있다. 이 그림은 베들레헴 말구유에 아기 예수를 눕혀놓고 잠든 마리아와 요셉에게 천사가 찾아온 장면을 묘사한다. 천사는 요셉에게 아기를 찾아 죽이려고 하는 헤롯 대왕을 피해 애굽으로 가라는 메시지를 전해준다.

이 그림에서 렘브란트가 빛과 어둠을 통해 드러내고자 하는 메시지를 살펴보자. 밝은 빛은 천사와 마리아에게 비치고 있다. 세상의 통치자 헤롯 대왕은 곧 그 지역의 갓난아이를 모두 죽일 것이다. 이 두려운 소식을 들은 요셉은 어둡게 묘사되지만 하나님의 은혜 속에 보호하심을 받는 마리아와 아기 예수는 빛 속에 있다. 렘브란트는 빛과 그림자를 통해 우리가 살아가는 현실이 슬픔과 고통일지라도 하나님의 계획과 인도하심은 언제나 그분의 은혜 속에 펼쳐지고 있다는 사실을 드러내 준다.

우리의 상황도 마찬가지다. 하나님은 우리에게 영원한 보호와 인도를 약속해주셨다. 하나님은 그 약속을 지키기 위해 천사들을 동원하셔서 우리를 도우며 함께하신다. 비록 우리는 두렵고 고통스러운 현실 속에서 아무도 주목하지 않는 음지에 있는 것 같이 느낄 때도 있지만 하나님이 우리를 이끄신다는 약속과 계획은 언제나 밝은 빛을 비춰준다. 그것이 우리의 진정한 "현실"이 아닐까? 이 그림은 지금 이 순간에도 하나님의 천사가 우리와 함께함을 표현한 듯하다.

> 모든 천사들은 섬기는 영으로서 구원받을 상속자들을 위하여 섬기라고 보내심이 아니냐?(히 1:14)

🏷 성경 수업

🚪 마음 열기

1. 자신이 태어날 때 있었던 특이한 사건이 있다면 나누어봅시다.

2. 예수님의 탄생 이야기에 대해 알고 있는 것을 모두 이야기해봅시다.

참된 믿음에 대하여

2,000년 전 유대인들의 입장에서 생각해보자. 어느 시골 마을 목수 집안의 청년이 갑자기 사람들에게 "내가 예언자다. 내가 신이다. 나를 따르면 영원히 살 것이다!"라고 외치기 시작했다. 당신이라면 모든 것을 내려놓고 그 젊은이를 따라갈 수 있겠는가? 그를 믿지 않으면 멸망을 받는다는 것은 근거 없는 협박이 아닌가? 오늘날 많은 사람이 예수님의 삶과 존재를 이런 식으로 단순화시키면서 기독교 신앙이 사이비 신앙과 다를 바 없다고 공격한다.

하지만 예수님은 어느 한순간에 뚝 떨어지거나 실속 없이 허무맹랑한 주장만 내

관련 성구

그러므로 주께서 친히 징조를 너희에게 주실 것이라. 보라! 처녀가 잉태하여 아들을 낳을 것이요 그의 이름을 임마누엘이라 하리라(사 7:14).

이러므로 대제사장은 우리에게 합당하니 거룩하고 악이 없고 더러움이 없고 죄인에게서 떠나 계시고 하늘보다 높이 되신 이라(히 7:26).

16 이는 확실히 천사들을 붙들어주려 하심이 아니요, 오직 아브라함의 자손을 붙들어주려 하심이라. 17 그러므로 그가 범사에 형제들과 같이 되심이 마땅하도다. 이는 하나님의 일에 자비하고 신실한 대제사장이 되어 백성의 죄를 속량하려 하심이라(히 2:16-17).

세운 것이 아니었다. 복음서에 등장하는 제자들과 수많은 무리는 예수님의 성경 해석에 매료되었으며 그분의 삶과 베푸시는 기적을 보고 기꺼운 마음으로 예수님을 따라나섰다. 예수님이 십자가에 죽으신 사건은 그들에게 좌절감을 안겨주었으나 부활하신 예수님을 직접 만나본 그들은 비로소 구약의 수많은 예언이 바로 예수님에게 전적으로 해당한다는 사실을 깨닫게 되었다. 즉 예수님의 탄생과 삶, 죽음과 부활, 승천은 모두 구약의 예언과 일치하는 것이었다. 누구든지 구약의 예언에 귀를 기울인다면 예수님이 약속된 메시아이며 하나님과 동등한 분이심을 깨닫게 된다. 예수님과 관련된 구약의 예언 중에 대표적인 몇 가지를 살펴보자.

구분	구약의 예언
여자의 후손	여자의 후손은 네 머리를 상하게 할 것이요, 너는 그의 발꿈치를 상하게 할 것이니라(창 3:15).
가죽옷(죄를 가리심)	여호와 하나님이 아담과 그의 아내를 위하여 가죽옷을 지어 입히시니라(창 3:21). → 하나님은 짐승을 죽여 인간의 죄를 가려주셨다. 예수님은 이 짐승처럼 인간 대신 죽어 죄를 해결해주셨다.
예비자 세례 요한	외치는 자의 소리여! 이르되 "너희는 광야에서 여호와의 길을 예비하라. 사막에서 우리 하나님의 대로를 평탄하게 하라"(사 40:3). → 예수님이 활동하시기 전에 회개 운동을 일으키며 광야에서 활동한 세례 요한은 예수님의 길을 예비한 존재였다.
죄를 대신 지심	우리는 다 양 같아서 그릇 행하여 각기 제 길로 갔거늘 여호와께서는 우리 모두의 죄악을 그에게 담당시키셨도다(사 53:6).
베들레헴에서 태어나심	베들레헴 에브라다야! 너는 유다 족속 중에 작을지라도 이스라엘을 다스릴 자가 네게서 내게로 나올 것이라(미 5:2).
십자가의 대속	그가 찔림은 우리의 허물 때문이요, 그가 상함은 우리의 죄악 때문이라. 그가 징계를 받으므로 우리는 평화를 누리고 그가 채찍에 맞으므로 우리는 나음을 받았도다(사 53:5).

◯◯ 하이델베르크 교리문답 살펴보기

제35문 "그는 성령으로 잉태되어 동정녀 마리아에게서 나시고"라는 것은 무엇을 뜻합니까?

답 진실하고 영원한 하나님이신 성자가 성령으로 잉태되어 동정녀 마리아에게 나신 것은 참된 인성을 취하셨으나 죄가 없으신 분임을 의미합니다.

제36문 그리스도께서 성령으로 잉태되신 것과 동정녀 탄생은 당신에게 어떤 유익이 됩니까?

답 그는 우리의 중보자(중재자)가 되십니다. 죄가 없으시고 거룩하신 그분은 내가 태어나면서 지닌 모든 죄를 하나님 앞에서 덮어주십니다.

🏷️ **교실 밖 수업** # 베를린

페르가몬 박물관을 찾아서

고대 유적을 주로 전시하는 페르가몬 박물관은 슈프레 강의 "박물관 섬"에 밀집한 박물관 중 하나다. 고대 그리스 신전의 양식을 본뜬 외양부터 예사롭지 않은 이 박물관은 독일의 모든 박물관 중에서 단연 최고라 할 수 있다. 앞서 소개한 훔볼트 대학교에서 걸어서 갈 수 있을 정도로 접근하기 좋고 주변의 여러 박물관과 함께 탁월한 유물들을 전시하기에 이곳을 찾는 사람들의 발길이 끊이지 않는다. 3일 자유 입장권을 끊으면 비교적 저렴한 가격에 여러 박물관을 마음껏 관람할 수 있을 것이다.

"페르가몬"(Pergamon)은 원래 소아
시아의 도시 이름이다. 요한계시록에
등장하는 일곱 교회 중 한 교회가 바로

방문지 주소
페르가몬 박물관: Pergamon Museum,
10178 Berlin

페르가몬 교회다. 하지만 개신교에서 주로 사용하는 성경들이 이를
"버가모 교회"로 번역했기에 이 도시는 우리에게 "버가모"라는 이름
으로 더 친숙하다. 여하튼 페르가몬은 유서 깊은 헬레니즘 문화의 중
심지였다. 페르가몬 박물관의 이름은 페르가몬에 있던 제우스 신전을
그대로 옮겨온 압도적인 전시물을 기념하는 의미로 붙여졌다. 제우스
신전 외에도 밀레토스의 광장 문, 바벨론의 성벽과 성문 등이 페르가
몬 박물관의 대표적인 전시물이다. 이번 교실 밖 수업은 페르가몬 박
물관에서 가장 유명한 전시물들을 관람하며 진행해보자.

입장권을 끊고 3층으로 올라가면 가장 안쪽에 있는 밀레토스 광
장 문을 볼 수 있다. 밀레토스는 오늘날 터키 서부 해안에 자리한 도

박물관 섬에 있는 박물관 중 압도적인 유물들을 전시하고 있는 페르가몬 박물관

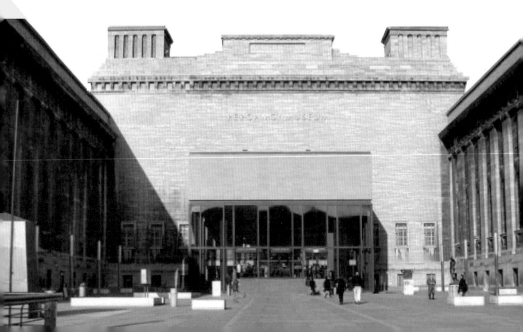

시로서 성경에 등장하는 에베소와 아주 가깝다. 밀레토스는 서구 철학의 최초 발상지로 유명하며, 만물의 근원이 물이라고 주장한 철학자 탈레스가 바로 밀레토스 출신이다.

밀레토스 광장 문을 나오면 푸른 빛깔의 거대한 성벽을 볼 수 있다. 이는 고대 바벨론의 성벽이다. 그 옛날 바벨론에 당도한 각국의 사신들과 전쟁 포로로 끌려온 사람들이 이 성벽을 보았을 것이다. 성벽의 중심에는 바벨론의 화려한 문양을 자랑하는 이슈타르 문이 웅장하게 서 있고 그 곁에는 성경에 등장하는 바벨론 왕 느부갓네살의 업적을 칭송하는 비석이 놓여 있다.

끝으로 페르가몬 박물관이 자랑하는 제우스 신전으로 가보자. 그 압도적이고 웅장한 모습은 오늘날 베를린 한복판에서도 빛을 발하는 것 같다. 이 신전은 거대함과 화려함으로 사람들의 숭배심을 고취한 고대 종교의 전형적인 유물이다. 이 신전 앞에 서면 우선 고대인의 정교한 기술과 수준 높은 심미성에 깊이 감명할 수밖에 없다. 하지만 화려함 뒤에 감추어진 인간의 우상숭배 성향은 우리에게 여러 가지 생각을 안겨주기도 한다.

🏷 선생님의 칠판

거대한 고대 신전 앞에서 # 정승민 선생님

먼저 밀레토스의 광장 문(Market Gate of Miletus)에 대해 자세히 알아보자. 앞서 말했듯이 밀레토스는 서구 철학의 발상지다. 사실 고대 그리스 사람들은 모든 것을 신과 연관 지어서 생각했다. 그들은

정교하게 짜인 신화를 바탕으로 "만물의 혼돈" 속에서 하늘의 신 우라
노스와 땅의 신 가이아의 결합을 통해 천지가 생겨났다고 믿었다.

그런데 밀레토스의 철학자들은 신화에 머물지 않고 더 근본적인
물음을 던졌다. 우라노스와 가이아 이전에 "존재했던" 만물들은 도대
체 언제, 어떻게 생겨난 것인가?
그들은 그것이야말로 변하지 않는
진리라고 생각했기에 만물의 근원
에 대해 깊이 탐구해 들어갔다.

탈레스는 만물의 근원이 물이
라고 주장했고, 어떤 철학자는 4원
소에 대해 이야기했으며, 분자의
개념을 도입한 사람도 있었다. 이
는 2,600년 전에 살았던 사람들의

밀레토스의 광장문

생각이지만 현대 과학이 증명해온 내용과 크게 다르지 않다는 사실
에 놀랄 수밖에 없다. 게다가 만물의 근원을 고민한 고대의 철학자들
은 단순히 "지적 만족"을 추구한 것이 아니라 근본적인 "진리"에 대해
질문한 사람들이었다.

과연 무엇이 진리인가? 우리의 근원은 무엇인가? 우리는 어디서
와서 어디로 가는가? 이런 근본적인 물음은 고대 철학자에게뿐 아니
라 정신없는 일상을 살아가는 현대인들에게도 매우 중요하다. 밀레토
스의 광장 문을 바라보면서 우리도 질문에 답해보자. 우리는 어디서
와서 어디로 가고 있는가?

밀레토스 문을 빠져나가 이동하면 바벨론 제국의 이슈타르 문
(Ishtar Gate)과 성벽 일부를 보게 된다. 이슈타르 문은 바벨론 성의 여

덟 번째 내성문이었다. "이슈타르"라는 여신에게 바쳐진 이 문은 화려한 문양과 웅장한 설계가 매우 인상적이다. 그런데 여기에 전시된 문은 원래 3층으로 이루어진 문의 1층일 뿐이라고 하니 건축 당시의 위엄은 상상을 초월한다고 하겠다.

바벨론 성벽에 새겨진 문양

바벨론의 전성기를 이끌었던 느부갓네살 왕은 구약성경 다니엘서에도 등장한다. 페르가몬 박물관에 전시된 이슈타르 문과 느부갓네살의 치적을 기록한 비석은 다니엘서의 배경이 허구가 아님을 분명하게 보여준다. 그뿐 아니라 대영박물관을 비롯한 세계 유수의 박물관이 보여주는 고고학적 증거들은 구약성경의 기록들이 역사적 사실에 뿌리내리고 있음을 자세히 알려준다.

구약성경의 기록들이 역사적인 근거를 가졌다면 신약성경에 기록된 예수님은 구약의 예언을 토대로 이 땅에 태어나셨다.

1 옛적에 [구약시대에] 선지자[예언자]들을 통하여 여러 부분과 여러 모양으로 우리 조상들에게 말씀하신 하나님이 2 이 모든 날 마지막에는 아들을 통하여 우리에게 말씀하셨으니 이 아들을 만유의 상속자로 세우시고 또 그로 말미암아 모든 세계를 지으셨느니라(히 1:1-2).

여기서 구약의 예언자들을 통해 말씀하신 하나님이 오늘날에는

페르가몬 박물관이 자랑하는 제우스 신전

아들(예수님)을 통해서 우리에게 말씀하신다는 것은 무슨 의미일까?
다음으로 이동해보자.

앞서도 언급했지만 페르가몬 박물관에서 가장 유명한 전시물은―
그 이름이 말해주듯이―페르가몬에서 베를린으로 고스란히 옮겨놓
은 제우스 신전이다. 고대 그리스 사람들은 이 신전에서 제우스에게
제사를 지내고 진리와 삶의 문제를 이야기했을 것이다.

그런 세계관에 물든 고대 그리스 사람들에게 "하나님이 아들을 통
해서 말씀하신다"라는 말은 어떤 의미로 받아들여졌을까? 고대 그리
스 사람들은 하나님의 아들, 즉 "신의 아들"을 어떻게 이해했을까?

고대 그리스 세계에서 동정녀 탄생의 의미 # 정승민 선생님

고대 그리스 사람들은 만물이 혼돈의 상태로 존재할 때 하늘
의 신 우라노스와 대지의 여신 가이아를 통해 천지가 형성되었다고

생각했다. 또 이어지는 신화에 따르면 우라노스와 가이아에 의해 태어난 12신이 바로 "티탄"(Titan), 혹은 "티탄 12신"이다. 티탄들은 아버지 우라노스를 몰아내고 크로노스를 지도자로 세웠으며, 크로노스는 레아와의 사이에서 제우스를 낳는다. 하지만 제우스와 형제들은 크로노스와 티탄들에게 대항하였고 격렬한 전쟁을 통해 티탄 족을 몰아내고 세상을 다스리게 된다. 이들이 바로 그 유명한 "올림포스 12신"이다.

최고의 신 제우스는 여러 여신과 더불어 자녀를 낳았다. 그러나 제우스와 인간 여성들 사이에서도 반신반인(半神半人)의 영웅들이 태어났다. 예를 들어 제우스와 아르고스의 왕녀 다나에가 낳은 "페르세우스"는 메두사의 목을 자른 영웅이었다. 또 제우스는 아르고스의 처녀 이오를 통해 에파포스를 낳았는데 그는 "이집트의 왕"이 되었다. 에우로페라는 처녀에게서는 크레타의 영웅 미노스가 태어났으며 에우로페는 유럽(Europe)이라는 명칭의 어원이 되었다. 모두가 아는 헤라클레스는 제우스와 알크메네 사이에서 태어난 영웅이었다.

그렇다면 "유대인의 왕"으로 오신 예수님이 성령으로 말미암아 처녀에게서 태어났다는 이야기는 고대인들에게 어떤 의미로 받아들여졌을까? 예수님의 탄생 이야기를 전해들은 고대인들은 자연스럽게 예수님을 반신반인의 존재로 인정하게 되었을 것이다. 게다가 신들의 족보에서는 "12"라는 수가 반복되는데 예수님의 제자들 역시 12명이었다. 이는 예수님의 존재가 신적임을 알게 해주는 일종의 "힌트"처럼 작용했을 것이다.

만일 예수님이 하늘에서 슈퍼맨처럼 날아와서 "내가 하나님이다"라고 말했다면 고대인들은 예수님을 "신"이 아니라 마술사로 이해했을 것이다. 고대에서 건국 영웅이나 위인이 신으로 추앙받기 위해서는 신과 처녀 사이에 태어나야 하고 12라는 숫자와 관련이 있어야 했다. 그런 점에서 본다면 예수님의 동정녀 탄생과 열두 제자 양육은 고대 그리스 사람들이 받아들일 만한 가장 완벽한 전도 방법이었다고 할 수 있다.

✍️ **믿음 노트**

1. 동정녀 탄생은 예수님 시대의 사람들에게 어떤 의미가 있었을까요?

2. 예수님이 동정녀에게서 잉태되었다는 사실은 우리에게 어떤 의미가 있습니까?

제15과 예수님의 고난과 죽으심

바흐의 생애

제37-39문

그림으로 이해하기 # 렘브란트의 "십자가에 올리심"(뮌헨 알테 피나코테크 소장)

나를 위한 십자가

예수님이 못 박히신 십자가가 세워지는 순간을 묘사한 이 그림의 구도를 살펴보자. 예수님의 모습이 오른쪽 위에서 중앙으로 드리워져 있다. 그림의 중앙에는 예수님 발아래서 십자가를 바라보며 십자가 세우는 일을 돕는 사람이 등장한다. 그 위로는 백마를 탄 채 십자가 처형을 감독하는 듯한 사람이 있는데 렘브란트의 특성상 어쩌면 이 사람은 그림을 주문한 의뢰인일지도 모른다.

예수님 발밑에서는 고개를 숙인 로마 병사가 열심히 십자가를 끌어당기고 있고 십자가 뒤의 인물도 힘을 다해 십자가를 일으켜 세우고 있다. 그림의 좌우 구석은 어둡게 그려졌다. 하지만 자세히 보면 왼편의 사람들은 십자가 처형을 지켜보며 조롱하고 있다. 오른편에는 예수님과 함께 처형당한 강도의 모습이 보인다.

이 그림은 예수님의 십자가 사건에 대한 렘브란트 개인의 신앙고백이 담긴 듯한 느낌을 준다. 왜냐하면 시선이 모이는 중앙, 십자가를 바라보며 십자가 세우는 일을 돕는 인물은 누가 봐도 렘브란트 자신이기 때문이다. 그는 이 그림에서 무엇을 말하고 싶었을까? 죄 없으신 예수님이 세상 죄를 짊어지고 십자가에 못 박히고 있다. 로마 병사는 기계적으로 십자가형을 집행하기에 급급하다. 하지만 예수님을 죽음으로 몰아가는 중앙의 인물—렘브란트 자신—은 수심이 가득한 표정이다. 그는 예수님의 죽음에 일조하고 있지만 예수님의 죽음이 바로 자기의 죽음임을 알고 있다. 즉 그는 예수님을 "나를 위해 죽으신" 구세주로 인식한 것이다.

예수님의 고난과 죽음에 대한 반응은 다양하다. 어떤 이는 예수 그리스도의 대속적 죽음을 신화로 치부하며 비웃는다. 또 다른 사람은 자기가 하는 일에 열중한 나머지 예수님에 대해 별 관심을 두지 않는다. 로마 병사처럼 눈을 감으면 그것은 나와 상관없는 사건이 된다. 그러나 믿음으로 반응할 때 그 죽음은 바로 "나"를 위한 사랑이 된다.

🏷 성경 수업

📖 마음 열기

1. 십자가 처형에 대해 자신이 알고 있는 바를 이야기해봅시다.

2. 예수님은 태어나서 죽을 때까지 어떤 고통들을 겪으셨을까요?

예수님의 고난과 죽으심에 대하여

매년 봄이면 찾아오는 고난 주간을 맞아 많은 교회가 특별한 프로그램을 통해 예수님의 고난을 기억하려고 한다. 예수님의 고난을 다룬 그림을 감상하기도 하고 예수님의 수난과 관련된 영화가 단골 메뉴로 등장하기도 한다. 이런 노력이 의미가 없는 것은 아니지만 1년 내내 십자가와 관계없이 살다가 사순절 기간에만 예수님의 십자가에 집중하는 모습은 아쉽다. 또한 예수님이 당한 고통에 대해 "얼마나 아프실까?"라는 연민의 마음으로 가슴 아파하며 눈물 흘리는 수준에 머물면서 그것이 모범적인 신앙이라고 생각하는 모습도 올바르지 않다.

우리는 예수님의 십자가 고난에 대해 "안타까움"만 느껴서는 안 된다. 오히려 우리는 예수님의 십자가가 무엇을 위한 것이었는지를 분명히 기억해야 한다. 예수님은 왜 십자가에서 고통을 당하셨는가? 그 이유는 바로 "내가 지은 죄" 때문이다. 죄에는 반드시 형벌이 따른다. 눈 가리고 덮어버릴 수 있는 죄는 없으며 죗값이 치러져야 비로소 "정의"가 실현된다. 예수님은 내가 지은 죄를 대신 짊어지고 하나님의 의를 이루기 위해서 십자가에서 죽으셨다(벧전 2:24). 하나님의 어린 양이신 예수님이 온 세상의 죄를 지고 형벌을 대신 받음으로써 우리는 무죄 선언을 받았다(요일 2:2). 즉 예수님은 내가 받아야 할 저주를 대신 받으신 것이다(갈 3:13).

O 관련 성구

친히 나무에 달려 그 몸으로 우리 죄를 담당하셨으니 이는 우리로 죄에 대하여 죽고 의에 대하여 살게 하심이라. 그가 채찍에 맞음으로 너희는 나음을 얻었나니(벧전 2:24).

그는 우리 죄를 위한 화목 제물이니 우리만 위할 뿐 아니요 온 세상의 죄를 위하심이라(요일 2:2).

그리스도께서 우리를 위하여 저주를 받은 바 되사 율법의 저주에서 우리를 속량하셨으니 기록된 바 "나무에 달린 자마다 저주 아래에 있는 자라" 하였음이라(갈 3:13).

이것을 정말 마음으로 믿는다면 어떻게 죄에 의해 오염된 채로 여전히 죄를 지으며 살아갈 수 있겠는가? 절대 그럴 수 없다. 목숨을 버려서 나를 살려준 은인에게 정말 고마운 마음이 든다면 평생 그 은인에게 빚진 마음으로 사는 것이 당연하다. 마찬가지로 십자가의 의미를 제대로 아는 사람은 하나님을 위해 살아갈 이유와 의미를 찾게 된다(벧전 2:24).

더 나아가 예수님의 십자가 고난은 연약한 죄인인 우리에게 놀라운 위로를 안겨준다.

그가 시험을 받아 고난을 당하셨은즉 시험받는 자들을 능히 도우실 수 있느니라(히 2:18).

이 땅에 인간으로 오신 예수님은 우리가 겪을 수 있는 모든 고난과 고통, 시험을 겪으셨다. 그리고 그 모든 것을 이겨내시고 하나님께 전적으로 순종하는 삶을 사셨다. 우리의 죄를 대속하신 예수님은 우리와 거리를 두시는 것이 아니라 지금 이 시간에도 우리가 당하는 고난과 고통, 시험의 문제를 친히 아시고 우리를 위하여 간구함으로써 돕는 분이시다.

○○ 하이델베르크 교리문답 살펴보기

제37문 "고난을 받아"라고 고백하는 것은 무엇을 의미합니까?

답 인간의 몸을 입고 세상에 오셔서 모든 인류의 죄를 대신하여 하나님의 진노를 몸과 영혼에 짊어지심으로 인해 받으신 고난을 통해 그리스도는 우리의 유일한 속죄의 희생제물이 되셨고, 우리 몸과 영혼을 영원한 저주로부터 건져 하나님의 은혜와 의와 영원한 생명을 얻게 해주셨습니다.

제38문 왜 "본디오 빌라도에게 고난을 받아"라고 고백합니까?

답 그리스도는 죄가 없으시나 이 세상의 재판을 통해 저주를 받으셨는데 이는 우리에게 임할 하나님의 엄중한 심판으로부터 우리를 구원하시기 위함입니다.

제39문 그리스도가 십자가에서 죽으신 것은 그가 다른 죽음으로 죽으신 것보다 더 특별한 의미가 있습니까?

답 그렇습니다. 십자가에 죽으신 것은 하나님으로부터 저주를 받은 것을 의미하기 때문에 내가 받아야 할 저주를 그분이 대신 받으신 것임을 확신합니다.

교실 밖 수업

바흐의 발자취를 찾아서

"음악의 아버지" 바흐(Johann Sebastian Bach, 1685-1750)는 서구 음악사에서 가장 중요한 인물 중 한 사람으로 꼽힌다. 바흐는 "평균율"에서 사용되는 다양한 화음을 예시하고 확립함으로써 음악 이해의 새로운 장을 열었다. 바흐의 『평균율 클라비어 곡집』은 평균율 음계에서 만들어지는 다양한 화음들을 정리한 곡집인데 "건반 음악의 구약성경"이라고 불리기도 한다. 어떤 학자들은 세상의 모든 음악이 없어져도 이 곡집만 있으면 모두 복원해낼 수 있다고 말할 정도다. 그러나 바흐는 음악만이 아니라 신앙적인 면에서도 우리에게 소중한 유산을 남겨주었다. 바흐는 그 누구보다 하나님을 사랑하는 마음으로 루터의 종교개혁을 계승하고 확장하고자 노력했기 때문이다.

바흐와 관련하여 이번 제15과에서는 바흐의 일생을 중심으로 교실 밖 수업을 진행하고 다음 제16과에서는 그의 음악에 대해 중점적으로 알아보고자 한다. 바흐가 걸어간 생애의 발자취를 따라가면서, 또한 그가 믿음으로 만들었던 음악들을 살펴보면서 우리의 신앙에 대해 되돌아보는 기회를 가져보자. 특히 이번 기회에 바흐의 작품들을 감상해보길 바란다. 텔레비전이나 길거리에서 바흐의 음악을 심심치 않게 듣게 될 텐데 그때마다 우리가 함께 공부한 내용이 떠오를지도 모른다.

위대한 음악가 바흐는 독일 아이제나흐(Eisenach)에서 태어났다. 이곳은 루터와 관련해서도 중요한 지역으로서

> **방문지 주소**
>
> **바흐 생가 박물관:** Frauenplan 21, 99817 Eisenach
>
> **게오르크 교회:** Marktgasse, 99817 Eisenach

바흐의 생가를 개조한 박물관. 오른쪽 건물에는 매표소와 부대 시설이 있다.

루터가 학창 시절을 보내며 잠시 머물렀던 집과 독일어 성경을 번역했던 바르트부르크 성이 아이제나흐에 있다. 아이제나흐에 가면 바흐의 생가와 그가 세례를 받고 성가대 활동을 했던 게오르크 교회, 루터의 숨결이 묻어 있는 바르트부르크 성을 꼭 방문하자.

그의 생가는 노란 벽면을 가진 작은 집인데 위대한 음악가의 숨결이 서린 이곳은 훌륭한 박물관이 되었다. 바흐의 부모는 바흐가 뛰어

바흐는 아이제나흐 중앙 광장에 자리한 게오르크 교회에서 유아 세례를 받았다.

난 음악적 소질을 가지고 있었음에도 음악이 아닌 다른 안정적인 직업을 갖길 바랐다. 집안 형편이 좋지 않았기 때문이었다. 그나마 바흐가 10살 즈음에는 부모님이 모두 세상을 떠났다. 불행 중 다행으로 바흐는 오르간 연주가였던 큰형의 보호 아래 학교에 다니면서 라틴

어와 루터파 신학을 배울 수 있었다.

당시 바로크 음악의 거장 파헬벨―파헬벨은 34과에서 자세히 다룰 것이다―의 제자였던 바흐의 큰형은 부양가족이 있었기 때문에 바흐의 뒷바라지를 계속할 수는 없었다. 그래서 큰형은 바흐가 빨리 취직해서 자립하기를 바라는 마음으로 자신의 악보를 바흐에게 보여 주지 않았다. 하지만 바흐는 달빛 아래에서 형의 악보를 몰래 보면서 옮겨 적거나 외우기를 계속했다. 바흐가 파헬벨의 영향을 받은 이유는 그가 큰형의 악보를 몰래 보면서 공부했기 때문이었다.

바흐는 뤼네부르크의 미하일 교회 부속 학교에 찾아가 성가대원 장학생으로 선발되면서 형의 집을 떠날 수 있었고, 곧 변성기가 찾아와서 학교를 그만두어야 했지만 음악 공부를 이어가면서 오르간 연주가로 독립하게 되었다. 어쩌면 청소년 시기의 바흐는 어떻게 해서든 가난하고 암울한 환경에서 벗어나 돈을 벌어 자립하는 것 외에는 다른 소원이 없었을 것이다. 하지만 어느 정도 자리가 잡혔을 때도 어렸을 때의 간절한 마음을 잊지 않고 평생 성실하게 음악에 매진한 바흐는 "음악의 아버지"라는 영예로운 호칭을 얻을 수 있었다.

바흐의 가문은 대대로 이어진 독실한 기독교 집안이었다. 루터가 16세기에 종교개혁을 일으키며 개혁 신앙을 독일 전역에 알릴 때 바흐의 조상들은 음악을 통해 루터를 도왔다. 이런 가문의 영향을 받은 바흐 역시 유아 세례를 받았고 결국에는 교회의 음악을 책임지는 일을 맡아 충실하게 감당했다. 그는 어려운 청소년 시기를 거쳤지만 언제나 하나님에 대한 신앙을 놓치지 않았다.

그는 늘 악보 마지막에 "S.D.G."라는 표시를 했는데 이는 종교개혁의 모토였던 "솔리 데오 글로리아"(*Soli Deo Gloria*), 즉 "오직 하나님께 영광을"이라는 라틴어의 약자였다. 그의 신앙심은 눈이 나빠져서 작곡을 손에서 놓았던 인생의 마지막 순간에 "저 이제 주님 앞으로 나아갑니다"(Vor deinen Thron tret' ich hiermit, BWV 668)를 작곡한 데서도 잘 드러난다. 그가 태어나 자랐던 아이제나흐의 거리를 걸으며 그의 일생에 대해 생각하는 시간을 가져보자.

🏷 선생님의 칠판

바흐를 인도하신 하나님 # 김성민 선생님

바흐는 1685년에 독일 아이제나흐에서 태어나 죽을 때까지 독일을 한 번도 떠나지 않고 활동하다가 1750년에 라이프치히에서 세상을 떠났다. 그는 당대에는 큰 영향력을 미치지 못하고 연주자, 혹은 제작자 정도로 이름을 알렸을 뿐이다. 하지만 한참 후에 멘델스존(Felix Mendelssohn, 1809-1847)이 그의 모든 작품을 세상에 알리면서

바흐

바흐 부흥 운동이 일어났다. 바흐는 "평균율"을 확립하며 대위법과 화성법의 모범을 보였기에 "모든 음악은 결국 바흐에게로 돌아간다"는 칭송을 받았고 서구 음악사에 가장 영향력 있는 음악가로서 "음악의 아버지"라는 호칭을 얻게 되었다.

다음 표는 바흐의 일생을 간략하게 정리한 것이다.

어린 시절 (1685-1703)	부모님으로부터 음악적 재능을 물려받고 연주와 작곡 교육을 받은 시기다. 그러나 부모님을 잃고 경제적인 어려움을 겪기도 했다.
오르간 연주자 시절 (1703-1717)	18세부터 오르간 연주자로 취직해서 완전히 자립한 시기다. 이때 "토카타와 푸가 D 단조"(BWV 565), "브란덴부르크 협주곡"(BWV 1046-1051) 등 강렬한 음악을 발표하면서 이름을 알리기 시작했다.
쾨텐 궁정 악장 시절 (1717-1723)	음악적으로 절정의 기량을 선보였을 뿐 아니라 가정에서도 최고의 행복을 누리던 시기다. 『평균율 클라비어 곡집』을 완성했고, 다수의 무반주 첼로 곡과 "미뉴에트"(BWV 114), "G 선상의 아리아" 등 불멸의 작품들을 남겼다.
라이프치히 시절 (1723-1750)	약 30년간 라이프치히 토마스 교회의 음악 감독으로 활동하면서 교회 음악을 완성한 시기로서 "마태 수난곡"(BWV 244), "B 단조 미사"(BWV 232), "골드베르크 변주곡"(BWV 988) 및 수많은 작품들을 남겼다.

바흐의 생애는 마치 기승전결(起承轉結)의 구조를 가진 듯하다. 그는 어린 시절 경건한 가문에서 태어나 음악 교육을 받았지만 가난하고 어려운 시절을 보낸 탓에 누구보다 성공하고 싶었던 마음이 컸다. 18세에 독립적인 음악 활동을 시작하면서 써낸 강렬한 곡들에는 그런 바람이 담겨 있다. "토카타와 푸가 D 단조"를 들어보라. 처음에 터져 나오는 절제된 선율을 들어보지 못한 사람은 매우 드물 것이다.

그렇게 음악가로서 이름을 알린 바흐는 쾨텐(Köthen) 궁정 악장 자리에 오르면서 가장 행복하고 부유한 시기를 보낸다. 이때는 주로 실내악과 관현악에 전념하면서 자녀들에게 음악을 들려주고자 "미뉴에트"를 작곡하기도 했다. 그는 행복을 누리는 만큼 음악가로서도 전성기를 누렸으며 건반 악기 교육용 교재 제작에도 힘써 『평균율 클라비어 곡집』 제1권(1722)을 만들기도

바흐 생가 박물관에는 바흐의 음악을 접하고 감상할 수 있는 곳이 많다. 미리 바흐의 생애를 살펴보고 대표적인 작품 몇 곡을 숙지하고 가면 큰 도움이 될 것이다.

바흐와 관련된 음악 용어

• **평균율**: 평균율은 한 옥타브를 수학적으로 12개 음으로 균등하게 나눈 음률이다. 평균율이 도입되기 전에는 각 음정에 미세한 차이가 있는 다양한 음률이 사용되었지만, 평균율을 적용함으로써 건반 악기를 모든 조로 연주할 수 있게 되었다. 바흐는 12 평균율 음계를 기초로 한 대위법과 화성을 확립한 업적으로 음악의 아버지라고 불린다.

• **BWV**: "바흐 작품 목록"을 의미하는 독일어 "바흐 베르케 페르자이히니스"(Bach Werke Verzeichnis)의 약자다. 이는 바흐의 음악을 작곡 순서가 아닌 장르별로 분류한 목록이다. 바흐 당시가 아닌 20세기에 만들어졌다.

• **코랄**: 독일 개신교회, 특히 루터파 교회의 찬송가를 말한다. 루터는 신자들이 교회에서 찬송을 불러야 한다고 주장했고 이를 위해 신자들이 부르기 쉽도록 독일어 가사와 어렵지 않은 멜로디를 가진 종교 음악을 만드는 데 노력을 기울였다. 바흐의 음악 중 상당수가 코랄인 것은 바흐가 루터의 신앙적 업적을 얼마나 충실히 이어나가고자 했는가를 보여주는 증거다.

• **아리아**: 기악 반주가 있는 서정적인 가락의 독창곡이나 그 기악곡을 말한다.

• **토카타**: 토카타는 건반 악기를 위한 기교가 화려한 전주곡이나 환상곡을 가리킨다.

• **푸가**: 돌림노래처럼 한 성부를 다른 성부가 모방하면서 곡을 전개해가는 것을 말한다.

했다. 그러나 "G 선상의 아리아"에서 느껴지듯이 그의 마음에는 영원한 가치에 대한 갈망이 깃들었으며 성공과 행복을 보장해주는 궁정 악장 자리도 진정한 만족을 주지 못함을 깨달았던 것 같다.

결국 바흐는 쾨텐을 떠나 라이프치히의 토마스 교회에 음악 감독으로 부임해 작곡가이자 지휘자로서, 연주자이자 교육가로서 교회의 음악을 책임지는 삶을 살았다. 라이프치히에서 여생을 마감할 때까지 그는 교회에서 필요한 수많은 "(코랄) 칸타타"를 작곡했으며 "마태 수난곡"을 비롯한 여러 가지 대작을 남겼다. 그는 66세의 나이로 세상을 떠날 때까지 늘 성실하고 겸손한 태도를 유지했다.

바흐의 생애는 우리에게 감동적인 메시지를 전해준다. 그는 가난하고 힘겨운 시기를 거쳤지만 그의 인생을 하나님이 계획하고 이끄셨다는 것이 분명하기 때문이다. 다음 내용을 살펴보면서 바흐의 일생을 다시 한 번 정리해보자.

① 바흐는 독실한 기독교 가문에서 태어나서 신앙인으로 자라났다.

② 바흐는 부친의 영향으로 음악을 접

하며 어린 시절을 보냈다.

③ 부모님이 일찍 세상을 떠났지만 바흐는 큰형의 보호 속에 청소년 시절을 보낼 수 있었다.

④ 파헬벨의 제자였던 큰형을 통해 바흐는 파헬벨의 음악을 접할 수 있었다.

⑤ 큰형은 바흐가 음악을 포기하기를 원했기 때문에 악보를 보여주지 않았다. 하지만 바흐는 달빛에 의지해 몰래 악보를 보고 외우면서 파헬벨의 음악을 완전히 소화했다.

⑥ 성가대원 장학생이 되었으나 변성기가 와서 그만둘 수밖에 없었다. 하지만 그는 오히려 연습에 매진하여 오르간 연주가가 되었다.

바흐는 인생의 고비를 넘을 때마다 앞으로의 삶에 대한 막연한 불안을 느꼈을지도 모른다. 하지만 그가 그 모든 어려움을 이겨내지 못했다면 우리가 아는 "음악의 아버지 바흐"는 존재하지 않았을 것이다. 우리가 하나님의 자녀가 된다는 것은 하나님이 우리의 인생을 책임지시고 보호하신다는 의미다. 비록 바흐처럼 우리의 삶에도 많은 어려움이 있겠지만 전체 인생을 놓고 되돌아보면 바흐를 인도하셨던 하나님이 우리의 인생도 분명히 인도하셨다는 사실을 알게 될 것이다.

믿음 노트

1. 바흐의 생애가 우리에게 주는 신앙적인 교훈은 무엇입니까?

2. 그리스도의 고난은 우리에게 어떤 의미가 있습니까?

제16과 | 십자가의 죽음과 장사됨

십자가의 죽음과 장사됨

바흐의 음악

제40-44문

🏷️ 그림으로 이해하기 # 렘브란트의 "그리스도의 장사됨"(뮌헨 알테 피나

코테크 소장)

주와 함께 죽었으면

뮌헨의 알테 피나코테크에 전시된 렘브란트의 그림들은 한곳에 모여 있다. 그곳에서 렘브란트의 신앙심이 반영된 그림들을 감상하면 마치 한 편의 설교를 듣는 듯한 착각에 빠지기도 한다. "그리스도의 장사됨"은 제15과에서 소개한 "십자가에 올리심"이라는 그림 근처에서 확인할 수 있다.

그림의 구도를 살펴보자. 오른편 위쪽에는 십자가가 희미하게 보이는 골고다 언덕이 자리한다. 예수님의 시신은 그곳에서 무덤으로 옮겨졌다. 중앙 부분 왼쪽 아래로는 예수님의 시신이 보인다. 그 주변으로 여러 인물이 배치되어 있는데 그 모습이 각양각색이다. 장례 절차에 집중하는 사람들이 있고 슬픔 가득한 눈빛으로 예수님을 바라보는 사람도 있다. 예수님의 발을 붙잡거나 발밑에서 절망적인 얼굴로 근심하는 여인들도 그려져 있다. 이들은 예수님의 마지막 순간까지 함께한 사람들이다. 그들 뒤편 어두운 곳에는 희망을 상실한 듯한 무표정의 사람들이 어렴풋이 보인다.

예수님의 죽음은 그를 사랑하고 따르던 사람들에게 어떤 의미였을까? 예수님은 자신이 고난을 받아 죽어야만 한다는 사실을 여러 차례 말씀하셨지만 그의 죽음의 의미를 처음부터 온전하게 깨달은 사람은 아무도 없었다. 오늘날 우리 주변의 사람들 역시 예수님의 죽음을 다양한 시선으로 바라본다. 예수님을 구세주로 삼은 사람은 자기 십자가를 지고 죽음의 자리까지 함께하고자 한다. 어떤 이들은 의인의 죽음에 대한 비탄을 느끼지만 그의 죽음이 자신의 삶과는 별 상관이 없다고 생각한다. 혹은 자기 할 일에만 집중한 채 예수님의 죽음에 대해서는 한 번도 생각해보지 않은 사람도 있다.

우리는 예수님의 죽음을 어떻게 이해하고 있는지 생각해보자. 사순절 기간에만 눈물을 흘리고는 고난 주간이 끝나면 언제 그랬냐는 듯이 예수님과 상관없이 살아가지는 않는가? 그런 태도는 예수님의 죽음을 올바로 이해한 것이 아니다. 예수님은 우리가 십자가에서 죽으시고 장사되셔서 우리 죄의 형벌을 대신 받으신 주님을 위해 살면서 더 이상 죄에 종노릇하지 않기를 원하신다.

성경은 "우리가 주와 함께 죽었으면 또한 함께 살 것"이라고 말씀한다(딤후 2:11). 우리는 죄에 대하여 죽음으로써 의에 대하여 사는 자들이 되어야 한다.

🏷️ 성경 수업

🚪 마음 열기

1. 장례식에 갔던 경험이 있었다면 이야기해봅시다.

2. 사후 세계에 대한 다양한 관점에 대해 알고 있는 바를 나누어봅시다.

십자가의 죽음과 장사됨에 대하여

하나님의 아들이신 예수님이 꼭 죽어야 했을까? 예수님이 신적 존재였음을 강조하는 어떤 사람들은 예수님이 단지 죽은 것처럼 보였을 뿐 실제로 죽은 것은 아니었다고 주장하기도 한다. 하지만 성경은 예수님이 십자가에서 고통당하셨을 뿐 아니라 완전히 죽으셨음을 분명하게 밝힌다. 성경의 증언대로 예수님은 십자가에서 죽으셨고 무덤에 "장사"지낸 바 되었다.

이에 대해 사도신경 원문은 ─ 우리말 번역에서는 빠졌지만 ─ 예수님이 심지어 지옥에까지 내려가셨다고 표현한다. 이는 예수님이 인간적으로 확실히 죽으셨다는 확실한 증언이다. 그렇다면 예수님은 왜 이처럼 "확실하게" 죽으셔야 했을까?

14자녀들은 혈과 육에 속하였으매 그도 또한 같은 모양으로 혈과 육을 함께 지니심은 죽음을 통하여 죽음의 세력을 잡은 자 곧 마귀를 멸하시며 15죽기를 무서워하므로 한평생 매여 종노릇하는 모든 자들을 놓아 주려 하심이니(히 2:14-15).

6우리가 알거니와 우리의 옛사람이 예수와 함께 십자가에 못 박힌 것은 죄의 몸이 죽어 다시는 우리가 죄에게 종노릇하지 아니하려 함이니 7이는 죽은 자가 죄에서 벗어나 의롭다 하심을 얻었음이라. 8만일 우리가 그리스도와 함께 죽었으면 또한 그와 함께 살 줄을 믿노니(롬 6:6-8).

의로우신 하나님이 인간을 구원하는 방법은 그 아들의 죽음을 통해 인간의 죗값을 치르는 것밖에 없다. 예수님의 "확실한" 죽음이야말로 우리가 죄를 씻을 수 있는 유일한 방법이다. 선행이나 고행, 다른 피조물이나 성인들을 의지하는 것으로는 불가능하다.

그런데 어떤 사람들은 예수님의 죽음에 대해 너무 많이 이야기하면서 그의 죽음을 실제 죽음이라고 느끼지 못하는 것 같다. 하지만 예수님의 죽음은 너무나 고통스러운 진짜 죽음이었다. 예수님은 십자가에 달리기 전 겟세마네 동산에서 기도하실 때 "이 잔을 내게서 옮겨주소서"라고 기도하셨다(막 14:36). 그만큼 십자가의 죽음이 두렵고 고통스러운 일임을 예수님도 알고 계셨다. 그럼에도 "아버지의 원대로 하옵소서"라고 기도하셨던 것이다.

또한 예수님은 십자가 위에서 극심한 고통 가운데 절규하면서 "나의 하나님, 나의 하나님, 어찌하여 나를 버리셨나이까?"라고 소리치셨다(막 15:34). 놀랍게도 하나님은 정말 그 순간 예수님을 완전히 버리셨다! 무슨 일이 벌어지고 있었던 것일까? 예수님의 고통과 버림당함은 모두 우리 죄를 대속하는 과정이었다. 우리의 죗값을 완전히 치르기 위해서 하나님은 십자가 위의 예수님을 버리셨다. 그리고 예수님이 완전히 버림받아 죽으셨다는 증거가 바로 예수님의 "장사됨"이다.

죄의 결과는 무엇인가? 고통, 죽음, 지옥의 형벌이 죄인인 우리 앞에 예정되어 있었다. 그러나 죄 없으신 예수님이 고통당하고 죽으실 뿐 아니라 장사 지낸 바 되어 지옥까지 가셨던 것은 우리의 형벌을 "완전히" 대신하신 증거다. 그런 예수님이 우리를 위하신다면 감히 누가 우리를 대적하겠는가!

31 그런즉 이 일에 대하여 우리가 무슨 말하리요? 만일 하나님이 우리를 위하시면 누가 우리를 대적하리요? 32 자기 아들을 아끼지 아니하시고 우리 모든 사람을 위하여 내주신 이가 어찌 그 아들과 함께 모든 것을 우리에게 주지 아니하겠느냐? 33 누가 능히 하나님께서 택하신 자들을 고발하리요? 의롭다 하신 이는 하나님이시니 34 누가 정죄하리요? 죽으실 뿐 아니라 다시 살아나신 이는 그리스도 예수시니 그는 하나님 우편에 계신 자요, 우리를 위하여 간구하시는 자시니라(롬 8:31-34).

제40문 왜 그리스도는 죽기까지 낮아지셨습니까?

답 하나님의 공의와 진리 때문에, 하나님의 아들이 우리 대신 죽는 것 외에는 우리 죄에 대한 대가를 지불할 방법이 없기 때문입니다.

제41문 왜 그는 장사 지낸 바 되셨습니까?

답 그가 정말로 죽으셨음을 확증하기 위함입니다.

제42문 그리스도가 우리를 위하여 죽으셨는데 우리가 여전히 죽는 이유는 무엇입니까?

답 우리가 죽는 이유는 죄에 대한 대가가 아니라 죄짓는 것을 그치고 영원한 생명으로 들어가는 관문이 죽음이기 때문입니다.

제43문 그리스도가 십자가에서 제물이 되셔서 죽으신 또 다른 유익은 무엇입니까?

답 그리스도의 죽음을 통해 우리의 옛 성품이 십자가에 못 박히고 죽어서 장사되었습니다. 따라서 더 이상 우리 육체에 대한 악한 세력이 우리를 지배하지 못하게 되었고, 우리는 우리 자신을 감사의 제물로 그분께 드리게 된 것입니다.

제44문 사도신경에 "지옥에 내려가셨다"라는 말은 왜 있습니까?

답 우리는 지옥의 공포와 고통을 맛보아야 할 터인데 예수님이 친히 십자가에서 대신 감당하시고 말할 수 없는 번뇌와 고통, 공포, 고민을 우리 대신 직접 받으심으로써 우리를 구원하신 것은 그것으로부터 나를 완전히 구원하셨다는 것을 확신하게 하고 위로를 주기 위함입니다.

토마스 교회 앞에 위풍당당하게 서 있는 바흐의 동상

방문지 주소
토마스 교회: Thomaskirchhof 18, 04109 Leipzig
바흐 박물관: Thomaskirchhof 15, 04109 Leipzig

교실 밖 수업 # 라이프치히

바흐의 교회 음악

라이프치히는 독일 동부에서 베를린만큼이나 방문할 곳이 많은 도시다. 이번 과에서 살펴볼 토마스 교회와 바흐 박물관 외에도 라이프치히 및 독일의 역사를 한눈에 조망할 수 있는 구시청사, 멘델스존 하우스(제51과), 바그너의 생가, 괴테의 흔적(제42과), 슈만의 집 등이 있다. 독일 통일 기도회가 열렸던 니콜라이 교회(제46과)도 멀지 않은 곳에 있다. 따라서 제16과의 교실 밖 수업을 위해 라이프치히에 왔다면 지역적으로 연계된 다른 과를 살펴보아도 좋을 것이다.

앞서 살펴본 대로 바흐는 거의 30년 동안 라이프치히의 음악 감독을 맡았다. 그리고 그가 오르간 연주자로 봉사했던 곳은 토마스 교회였다. 그는 그곳에서 수많은 교회 음악을 완성했고 그곳에 잠들었다. 라이프치히를 방문해 토마스 교회로 찾아가 보자. 이 교회에서 바흐의 오르간 연주 소리가 웅장하게 울려 퍼졌다는 사실을 생각하면 가슴이 벅차다. 토마스 교회 앞에는 바흐를 기념한 큰 동상이 있고 바흐 박물관도 근처에 있다.

바흐의 동상이 있는 광장 이름은 토마스 교회 광장(Thomaskirchhof)이다.

동상 뒤편으로 토마스 교회가 있는데 바흐는 이 교회를 중심으로 활동했었다. 토마스 교회는 내부가 그리 크지 않지만 뒤편에 설치된 거대한 파이프 오르간이 인상적이며 방문자들은 종종 울려 퍼지는 오르간 소리에 압도된다. 바흐의 무덤은 그의 체취가 남아 있는 이 교회 앞부분에 있다. 입구 쪽에는 바흐와 관련된 예쁜 기념물들을 구입할 수 있는 작은 방도 있다.

토마스 교회의 오르간

교회에서 나와 바흐의 동상을 지나 바흐 박물관에 찾아가 보자. 바흐의 동상이 바라보는 방향으로 걸어가면 된

토마스 교회에 잠든 바흐의 무덤이다.

다. 박물관에 가면 바흐에게 경건한 신앙을 물려준 바흐 가문의 가계도를 볼 수 있다. 또한 천재적인 실력을 갖추었음에도 누구보다 성실하고 겸손하게 교회를 섬겼던 바흐의 소장품과 유품, 그가 쓰던 악기, 악보 등도 살펴볼 수 있다.

🏷️ 선생님의 칠판

| 바흐의 음악 세계 # 김성민 선생님
  바흐의 위대함은 당대에는 크게 공감을 불러일으키지 못했다. 하지만 거의 100년이 지난 후 멘델스존이 도서관에 쌓인 바흐의 악

보들을 꺼내 공개함으로써 다시 주목을 받게 되었다. 1829년, 멘델스존은 바흐 사후 한 번도 무대에 오르지 못한 "마태 수난곡"을 다시 무대에 올렸다. 공연이 마칠 때쯤에는 모든 청중이 뜨거운 눈물을 흘리며 감동했을 정도로 공연은 큰 반향을 불러일으켰다. 당대의 저명한 철학자 헤겔은 "위대하고 진실한 그리스도인 바흐의 음악을 비로소 완전한 형태로 감상하게 되었다"라고 고백할 정도였다.

"마태 수난곡"은 바흐가 토마스 교회에 재직하던 1729년에 작곡한 곡이다. 이 곡은 마태복음 26-27장에 기록된 베드로의 모습에서 영감을 받았다고 한다. 베드로는 예수님을 버리지 않겠다고 호언장담했지만 세 번이나 예수님을 부인한 후 후회하며 밤새 울었다. "마태 수난곡" 중 바흐의 신앙이 담긴 가사를 살펴보자.

사랑으로 나의 구주께서 죽으려 하시네
(Aus Liebe will mein Heiland Sterben, BWV 244)

사랑으로 나의 구주께서 나를 위해 죽으려 하시네
나의 영혼 위에 놓인 영원한 형벌과 저주를
죄를 알지도 못하는 분께서 죽으려 하시네

바흐는 독일 개신교의 전통 위에서 예수님의 죽음이 자신의 형벌과 저주를 모두 감당하신 사건이었음을 분명히 알고 있었다. 그는 진실한 신앙인으로서 불꽃 같은 인생을 살다가 토마스 교회에 잠들었다. 그리고 그가 만든 음악은 여전히 우리에게 깊은 감동과 신앙의 열정을 전해준다. 바흐의 생애를 생각하면서 "G 선상의 아리아"를 감상해보자. 아름다움과 우아함, 간절함과 순결함이 영원의 세계를 열어

보여주는 듯한 느낌을 받을 수 있을 것이다.

또 "예수, 우리 소망의 기쁨"을 들어보자. 이 곡은 바흐가 오르간 연주가로 활동하던 1716년에 만든 칸타타(BWV 147)에 포함되어 있다. 예수님의 죽음과 구원으로 말미암은 소망을 노래하는 이 곡은 바흐의 신실한 믿음을 잘 드러내 준다. 곡 자체도 매우 유명한 곡이어서 앞 소절만 들어도 익숙한 느낌을 받을 것이다.

예수, 우리 소망의 기쁨
(Jesus bleibet meine Freude)

예수 우리 소망의 기쁨이시며
거룩한 지혜시며 완전한 사랑이시나이다
주를 갈망하는 우리의 영혼에
창조의 빛으로 채워주소서

말씀이 육신이 되신 주께서
우리의 육신을 불같은 은혜로 채우시고
진리를 간절히 구하오니
주의 보좌로 나아가 거기서 잠들게 하소서

마지막으로 "눈 뜨라고 부르는 소리가 있어"라는 곡을 들어보자. 이는 바흐가 토마스 교회에 재직하던 1731년에 교회에서 1년 동안 사용할 코랄을 만드는 과정에서 작곡한 곡이다. 이 곡에는 하나님을 보지 못하는 사람들이 영적인 눈을 뜨기를 바라는 바흐의 간절한 마음이 잘 담겨 있다.

눈 뜨라고 부르는 소리가 있어
(Wachet auf, ruft uns die Stimme, BWV 140)

눈 뜨라고 부르는 소리가 있도다

눈 뜨라고 부르는 소리가 있도다

파수꾼이 아주 높은 곳에서

눈 뜨라고 부르는 소리가 있도다

그의 밝은 입술이 우리에게 외치기를

깨어라, 너 예루살렘아!

때가 이미 한밤중이니

지혜로운 처녀들이 어디 있는가?

깨어라, 신랑이 오는도다

일어나 네 등불을 들지어다, 할렐루야!

혼인 잔치가 준비되었으니

즉시 그를 맞으라

믿음 노트

1. 바흐의 음악 중 가장 마음에 드는 것을 소개하고 그 이유에 대해 말해봅시다.

2. 예수님의 죽으심과 장사됨이 나에게 주는 위로는 무엇입니까?

그리스도의 부활

뉘른베르크 전당대회

🏷️ 그림으로 이해하기 # 렘브란트의 "그리스도의 부활"(뮌헨 알테 피나코테크)

다시 살아나신 주

인류의 대적 마귀는 에덴동산에서 인류의 조상을 유혹해 죄를 짓게 했다. 그 이후 죄에 빠진 모든 인간은 죄의 결과인 죽음의 종이 될 수밖에 없었다. 하지만 인간은 그 누구도 스스로 죄에서 빠져나올 수 없었기에 하나님은 인간을 죄에서 구원할 계획을 세우셨다. 하나님은 모세와 구약의 예언자들을 통해 오랜 기간 구세주가 오실 것을 예언하셨고, 그 예언대로 이 세상에 오신 예수님은 우리의 죄를 대신해서 십자가에서 죽으셨다. 당연히 죄인인 우리가 겪어야 할 사망을 예수님이 몸소 체험하시고 무덤에 장사되셨다.

그러나 예수님은 죽은 후에 친히 다시 살아날 것에 대해 말씀하셨다. 이를 염려한 대제사장들과 유대인의 장로들은 군인들을 동원해 무덤을 봉쇄했다. 아마 마귀도 예수님이 다시 살아나시는 것을 어떻게든 막고 싶었을 것이다. 예수님이 죽음을 이기고 다시 살아난다면 죽음의 권세로 이 세상을 다스리던 마귀의 통치는 끝장나버리고 말기 때문이다.

반대로 부활이 없다면 우리 신앙인들은 얼마나 불쌍하고 한심한 사람들인가? 예수라는 사람이 우리를 위해 죽었다고 하는데, 죽음이 그의 끝이었다면 도대체 우리의 믿음이 바른 것인지 어떻게 알 수 있겠는가? 또한 예수가 믿을 만한 가치가 있는지 없는지 어떻게 판단할 수 있겠는가? 예수님의 부활이 없었다면 아마도 기독교 신앙은 예수님이 죽은 후 몇십 년도 안 가서 소멸해버리고 말았을 것이다.

그러나 예수님은 분명히 다시 살아나셨다! 렘브란트에게 "부활"은 매우 중요한 사건이었다. 어린 시절부터 경건한 가문에서 자라서 신앙을 가졌던 렘브란트에게도 예수 그리스도가 믿을 만한 가치가 있는 대상인지에 대한 회의감이 여러 번 찾아왔다. 그는 숱한 고통을 당했던 화가였지만 담담히 예수님의 부활을 붓으로 그려내고 있다.

그림을 자세히 살펴보라. 천사가 무덤을 열자 예수님이 죽음의 권세를 일시에 무너뜨리며 다시 살아나셨다. 무덤을 지키던 수많은 원수는 이 놀라운 광경에 혼비백산하여 나뒹군다. 우리의 믿음은 결코 헛되지 않다!

🏷 성경 수업

📖 마음 열기

1. 예수님의 부활 때 벌어졌던 사건 중에 알고 있는 것을 이야기해봅시다.

2. 예수님의 부활에 대해서 당신은 어떤 견해를 갖고 있습니까?

│ 그리스도의 부활에 대하여

예수님이 장사되신 사건은 예수님이 우리의 죄를 대속하기 위해 죽으셨다는 확실한 "징표"였다. 그렇다면 예수님의 죽음으로 인해 우리의 죗값이 모두 치러졌음을 확증하는 사건은 무엇일까?

예를 들어보자. 우리가 1억 원의 빚을 졌다고 치자. 우리의 힘으로는 갚을 길이 없었는데 예수님이 대신 그 빚을 모두 갚아주셨다. 여기까지가 예수님의 고난과 장사됨에 해당한다. 그런데 빚쟁이가 돈을 받아놓고 안 받았다고 할 수도 있지 않을까? 아니면 여전히 우리에게 1억을 갚으라고 요구한다면 이를 어떻게 할 것인가? 그럴 때는 "영수증"이 꼭 필요하다. 모든 빚을 갚았다는 영수증이 있다면 부당하게 빚을 독촉하는 자들 앞에서 당당하게 우리의 권리를 주장할 수 있다.

하나님이 우리의 모든 죄를 용서하셨음에 대한 영수증과 같은 사건이 바로 예수님의 부활이다. 그래서 초대교회 당시 "예수님이 부활하셨다!"는 선언은 사도들이 외쳤던 중요한 메시지 중 하나였다. 이는 달리 말해 "정말" 우리 죄가 용서되었다는 선언과 다르지 않았다(롬 4:25). 그런 까닭에 "부활"은 우리의 신앙에서 가장 위대한 사건이라고 할 수 있다.

더 나아가 예수님의 부활은 단지 우리에게 죄 용서에 대한 확증만을 의미하지 않는다. 비록 우리의 육신은 노쇠하며 죽어가지만 예수님이 부활하셨기 때문에 우리도 예수님처럼 부활하게 될 날을 꿈꾼

○ 관련 성구

그리스도께서 죽은 자 가운데서 다시 살아나셨다 전파되었거늘 너희 중에서 어떤 사람들은 어찌하여 죽은 자 가운데서 부활이 없다 하느냐?(고전 15:12)

예수는 우리 범죄한 것 때문에 내줌이 되고 또한 우리를 의롭다 하시기 위하여 살아나셨느니라(롬 4:25).

그러나 이제 그리스도께서 죽은 자 가운데서 다시 살아나사 잠자는 자들의 첫 열매가 되셨도다(고전 15:20).

다(고전 15:20). 세상의 어떤 것도 우리를 영원히 죽이거나 죽이겠다고 위협할 수 없다. 우리에게는 죽음을 뚫고 부활할 것에 대한 확실한 믿음이 있기 때문이다. 그러므로 부활을 믿는 우리는 세상에서 가장 행복한 자들이다.

만일 그리스도 안에서 우리가 바라는 것이 다만 이 세상의 삶뿐이면 모든 사람 가운데 우리가 더욱 불쌍한 자이리라(고전 15:19).

제45문 그리스도의 부활은 우리에게 어떤 유익이 됩니까?

답 첫째, 그리스도는 부활하셔서 죽음을 이기셨고 그의 죽으심으로 얻으신 의를 우리에게 나누어주셨습니다. 둘째, 그의 능력으로 인해 우리도 부활하여 새로운 생명을 얻게 될 것입니다. 셋째, 그리스도의 부활은 우리에게 영광스러운 부활이 있다는 확실한 보증이 되어주십니다.

🏷️ 교실 밖 수업 #뉘른베르크

나치 전당대회의 현장을 찾아서

뉘른베르크에는 이번 과를 비롯해 뉘른베르크 전범 재판 기념관(제6과), 뒤러(제26과), 그리고 파헬벨(제34과)과 관련된 장소 등 제법 많은 방문지가 있다. 여행 일정과 이동 경로를 고려하여 효율적인 교실 밖 수업을 구성해보자.

1934년에 히틀러가 나치를 통하여 독일 내의 권력을 완전히 장악하면서 유럽에는 서서히 제2차 세계대전의 암운이 드리우기 시작한다. 세력을 확장하며 덩치가 커진 나치는 거대 규모의 전당대회를 위해 뉘른베르크에 전당대회장을 특별히 마련했으며, 뉘른베르크에서는 1933년부터 1938년까지 모두 여섯 번의 전당대회가 열렸다. 나치의 전당대회는 나치의 실체와 그 당시의 분위기를 엿볼 수 있는 매우 좋은 역사적 자료다. 이번 교실 밖 수업에서 살펴볼

방문지 주소
뉘른베르크 전당대회 자료보관소:
Bayernstraße 110, 90478 Nürnberg

나치 전당대회 자료보관소에는 나치의 전당대회 및 나치의 활동과 관련한 수많은 자료가 보관되어 있다. 특별히 시청각 자료가 많아서 그 당시의 전당대회 현장으로 시간 여행을 떠난 느낌도 받을 수 있다.

뉘른베르크 전당대회 자료보관소는 건물이 독특하게 생겼다. 좁은 계단을 따라 2층으로 올라가야 한다. 하지만 이곳 주변은 언제나 견학 온 청소년들로 가득하다. 전당대회 자료보관소를 둘러보면 관람객들에게 생생한 정보를 제공하기 위해 애쓴 흔적이 역력하다. 관람객들은 자료들을 열람하면서 자연스럽게 전당대회의 분위기와 의미를 배우게 된다. 이처럼 부끄러운 과거를 정확하게 공개하고 반성과 성찰로 이끄는 역사 기념 시설에 들르면 독일인들의 앞선 역사관과 역사 교육에 대한 철학을 엿볼 수 있다.

자료들을 열람해나가면 최종 목적지에 이르게 되는데, 그곳은 반원형으로 생긴 건물 안쪽과 내부 광장이 내려다보이는 쪽마루다. 이 건물은 제2차 세계대전 당시 파괴되어 지금은 지붕이 없고 외곽의 건물만 남아서 마치 로마의 콜로세움을 연상케 한다. 하지만 원래 이 건물 전체는 지붕으로 덮여 있었으며 그 내부에서는 나치 의회의 회의가 열렸었다.

히틀러와 나치 지도자들이 전당대회를 지휘했던
스타디움 본부석의 모습

나치 관련 자료를 유심히 살피는 독일 청소년

전당대회 자료보관소 건물 입구의 모습이다. 왼편 계단을 따라 2층으로 올라가면 매표소가 나온다.

자료보관소 옆에는 한 바퀴를 도는 데 1-2시간 정도가 소요되는 호수가 있다. 시간이 많다면 호수를 구경하는 것도 좋겠지만 시간이 많지 않다면 자료보관소에서 나와 스타디움으로 가보자. 스타디움이라는 명칭은 운동 경기 장소를 떠오르게 하지만 이 스타디움은 나치가 전당대회를 위해서 특별히 만든 곳이다. 전당대회 자료보관소에 남겨진 사진을 보면 드넓은 운동장을 빼곡히 채운 사람들을 볼 수 있다. 이곳에서 최대 160만 명의 나치 당원이 모여 전당대회를 한 적도 있다고 하니 당시 독일인들의 나치에 대한 열광이 어느 정도였는지 짐작할 만하다.

160만 명이 운집한 나치 전당대회의 모습

당시 나치 당원이 되어 스타디움을 채운 160만 명은 어떤 사람들이었을까? 히틀러와 같은 악마들이었을까? 뉘른베르크 전당대회장을 거닐며 국가와 정의, 교회와 양심에 대해 생각해 보는 기회를 가져보자.

📍 선생님의 칠판

히틀러와 무솔리니의 몰락, 그리고 그리스도의 부활 #정승민 선생님

뉘른베르크 전당대회 자료보관실을 둘러보면 1930년대 독일에서 나치를 지지하던 사람들이 얼마나 많았는지를 알게 된다. 보통

"나치", "독일군"을 떠올리면 "우리와는 다른" 악마 같은 사람들이라고 생각하기 쉽다. 그러나 대부분의 나치 지지자들은 우리와 같은 평범한 시민들이었다. 당시 독일군에 지원한 사람들도 나라를 사랑하는 보통의 젊은이들일 뿐이었다.

나치의 전당대회에 참여한 독일인의 모습

어떻게 이런 일이 발생할 수 있을까? 어떻게 평범한 사람들이 모여서 만든 집단이 반인륜적인 범죄를 옹호하고 조국과 이웃의 모든 나라를 전쟁의 비극으로 몰아넣을 수 있었을까? 물론 여기에는 히틀러와 같은 사악한 지도자의 역할이 크게 작용했을 수도 있다. 하지만 나치 독일을 히틀러 한 사람의 작품으로 보는 것은 너무나 편협한 시각이다. 나치를 이끈 히틀러와 이탈리아의 파시스트당을 이끈 무솔리니(Benito Amilcare Andrea Mussolini, 1883-1945)의 사례를 살펴보면 그런 전제주의는 아주 평범한 사람들의 작은 욕망과 결부되어 있다는 사실을 알 수 있다.

먼저 나치 독일에 대해 살펴보자. 독일 제국은 제1차 세계대전에서 패함으로써 막을 내렸고, 혁명으로 수립된 바이마르 공화국은 전후 배상금, 식민지 포기, 병력 제한을 요구하는 "베르사유 조약"에 서

명할 수밖에 없었다. 내외적으로 어려운 시기에 탄생한 바이마르 공화국은 시간이 지날수록 사회를 안정시키고 외교력을 강화하면서 국가를 재건하기 위해 애썼다. 하지만 1929년에 전 세계를 강타한 경제 대공황의 여파를 견뎌내지 못하면서 독일 사회는 침체와 혼란으로 치달았다.

이때 민족주의와 전체주의를 내세운 나치는 대중들의 지지를 얻어내는 데 성공했다. 히틀러는 아리아인(독일인)의 우수성을 주장하며 독일인들의 자긍심을 고양했다. 그는 굴욕적이었던 베르사유 조약을 무시하며 전비를 구축하고 경제 불황을 극복해나갔다. 나치가 대중에게 보여준 두 가지 키워드는 "민족과 경제"였는데 대다수 국민은 이에 대해 호감을 느꼈으며 나치의 전체주의에 위협을 느끼는 사람은 소수에 지나지 않았다. 이로써 나치 독일은 자연스럽게 열등한 민족들을 배제하면서 팽창주의 전쟁을 벌일 준비를 해가고 있었다.

다음으로는 이탈리아의 무솔리니에 대해 알아보자. 무솔리니는 광신적인 대중의 지지를 이끌어낸 독일의 히틀러와는 다른 점이 많지만 국가와 경제를 강조한 점은 공통적이다. 다만 그는 민족주의 대신 국가지상주의를 부르짖었다. 그는 제1차 세계대전의 승전국이었지만 사회주의의 확장과 함께 걷잡을 수 없게 된 이탈리아의 사회 혼란을 틈타 "검은셔츠단"이라는 파시스트 조직을 만들었으며 그들과 함께 폭력과 암살을 통해 권력을 쟁취했다.

황제의 인정을 받아 이탈리아의 최연소 총리가 된 무솔리니는 무력으로 사회를 안정시키고 공공 산업을 활발하게 벌여 실업률을 대폭 낮췄다. 대다수 국민은 "국가"를 앞세워 표면적인 사회 안정을 정착시키고 경제를 성장시킨 그를 지지했다. 그러나 강력한 권력을 차지한 무솔리니는 제국주의적 야망을 품게 되었고 프랑스를 경계하며 나치 독일과 동맹 관계를 맺게 되었다. 그가 이끈 이탈리아는 결국 이웃 나라인 알바니아를 공격하고 프랑스의 식민지였던 모로코, 튀니지, 에티오피아를 침공하면서 전쟁에 뛰어들어 파국을 맞게 되었다.

히틀러의 "나치즘"과 무솔리니의 "파시즘"은 성격이 조금 다르지만 민족이나 국가를 지상 가치로 여기는 전체주의로서의 공통점이 있다. 전체주의 국가에서는 옳고 그름의 기준이 인간의 양심과 윤리가 아니다. 오직 지도자가 제시하는 국가의 이익이 절대적인 기준으로 작용하며 국가의 전 구성원이 국가의 이익을 위해 희생할 것을 요구받는다. 그리고 전체주의 국가의 대다수 국민은 양심과 이성이 마비된 채 국가의 이익을 위한 희생을 감내하며 소속감과 성취감을 맛본다.

또한 전체주의 사회에서는 지도자의 윤리성이 문제 되지 않는다. 독재나 폭압도 문제 되지 않는다. 대중은 사회 안정과 경제 성장을 통해 국가 이익이 보장되기만 하면 그 지도자를 열광적으로 지지한다. 이런 현상은 지금 우리에게도 낯설지 않다. 잘살게 해주기만 하면 지도자는 독재자여도 상관없고, 국가를 부강하게 할 수만 있다면 윤리성이 결여된 전과자라도 지지하겠다는 대중의 태도는 예나 지금이나 똑같지 않은가?

대중의 이러한 취약성 때문에 전체주의 사회의 지도자들은 대중의 눈과 귀를 막아 국가의 이익이 창출되고 있다는 환상을 심어준다. 예를 들어 나치는 대규모 전당대회를 통해서 세력을 과시하며 나치의 이념을 주입하는 선전 활동에 열성적이었다. 1934년 9월 뉘른베르크 전당대회에서는 히틀러가 등장할 때 바덴 바일러 행진곡이 울려 퍼졌으며, 1936년 전당대회에서는 건축가이자 히틀러의 측근이었던 슈피어(Berthold Konrad Hermann Albert Speer, 1905-1981)가 조명을 활용해 "빛의 성당"(Lichtdom)을 선보이기도 했다. 그는 "해가 진 늦은 저녁 무렵 130개의 대공 탐조등을 상공 약 8km까지 쏜 뒤 다른 위치에서 쏜 빛과 합쳐 일종의 반구 형태를 연출했다." 독재자 히틀러를 띄우기 위해 최신 기술들이 이용되었던 것이다. 오늘날 이런 현상은 권력자들의 언론 장악과 여론 조작에서 드러나고 있다.

이런 전체주의적 분위기 속에서 다수의 욕망에 반하는 소수의 목소리는 묵살되거나 공격당하기 쉽다. 이는 히틀러와 무솔리니 당시나 지금이나 변함이 없다. 이탈리아에서 무솔리니에게 대항하는 자들은 "합법적인" 집단 린치를 당했다. 독일에서 나치즘에 저항하는 사람들은 "정치범"이 되어서 강제 수용소로 보내졌다.

지금까지의 이야기를 종합해보면 결국 눈앞의 경제 회복과 국가 이익이라면 양심을 저버리고서라도 동조하는 "군중"이야말로 히틀러와 무솔리니의 광기를 불러일으킨 장본인이라고 할 수 있다. 경제 성장과 국익이라면 과정과 방법을 따지지 않는 대중은 위험하다. 이성과 도덕성을 마비시키는 탐욕과 무지는 우리를 나치 지지자들처럼 만들어가는 중일지도 모른다. 그러나 경제 성장이나 국익보다 더 중요한 것은 올바른 가치와 윤리 의식, 정의가 아닐까?

영원한 제국을 약속했던 히틀러와 무솔리니는 결코 영원하지 못했다. 그들의 무리한 팽창주의는 곧 몰락하고

뉘른베르크에 진주한 미군이 전당대회장 건물 위에서 성조기를 흔드는 모습

말았다. 독일에 진주한 미군이 뉘른베르크를 점령한 후 성조기를 흔드는 모습은 우리가 부활을 이해하는 데 도움을 준다. 나치 독일의 지배 아래 있던 사람들은 처음에 나치의 몰락을 예견할 수 없었다. 나치의 추적을 피해 다락방에 숨어 지내던 안네 프랑크(Anne Frank, 1929-1945)도 나치의 세계가 영원할 것 같다고 일기에 기록했다. 그러나 세상에 영원한 것은 없고 악한 자들은 반드시 멸망한다. "반드시 끝이 온다"는 인식이 없다면 누구든지 부당한 현실에 동조할 수밖에 없다. 친일파들이 즐겨 사용하던 변명 중 하나는 바로 일제가 패망할지 몰랐다는 것이다.

우리는 지금 어떤 생각을 가지고 현실을 살아가고 있는지 생각해보자. 지금과 같은 삶이 영원히 계속될 것이라고 생각하지 않는가? 교회에는 다니지만 실제로 부활은 없을 것이라고 생각하지 않는가? 지금의 삶에는 반드시 끝이 있고 그 이후에는 또 다른 삶이 이어질 것이라는 믿음은 현실에 대한 우리의 반응을 완전히 새롭게 한다. 부활은 우리가 현실의 중력에서 벗어나 온전한 양심을 가지고 하나님의 말씀대로 가뿐하게 살아갈 힘을 선사해준다.

믿음 노트

1. 히틀러와 무솔리니에 동조했던 대중의 모습에서 신앙인이 경계
   해야 할 부분이 있다면 무엇입니까?

2. 부활에 대한 신앙은 우리의 실제 삶에 어떤 영향을 준다고 생
   각합니까?

그리스도의 승천과 하나님 우편

오컴의 삶과 사상

제46-49문

🏷️ **그림으로 이해하기** # 렘브란트의 "천사와의 씨름"(베를린 국립회화관 소장)

이스라엘의 하나님

렘브란트가 그린 이 그림은 야곱이 얍복 강에서 천사와 씨름하는 장면을 담고 있다. 많은 사람이 이 그림과 관련하여 야곱이 하나님께 "복"을 받기 위해 밤새도록 천사와 씨름했고, 그 결과 "하나님과 겨루어 이겼다"는 의미의 "이스라엘"을 새로운 이름으로 얻었다고 알고 있다. 그래서 야곱처럼 하나님께 복을 달라고 밤새 씨름하며 기도해야 한다고 믿는 경우가 많다.

그런데 유대인 역사가 필론(Philon Judaeus, 기원전 15?-기원후 45?)은 이 사건에 대한 다른 관점을 제시한다. "하나님과 겨루어 이겼다"는 표현을 "야곱 승, 하나님 패"라는 승패 논리로 이해하면 안 된다는 것이다. 우리말에도 "자식 이기는 부모 없다"라는 속담이 있다. 이는 "자식 승, 부모 패"를 말하는 것이 아니라 자녀를 위해 기꺼이 희생하는 부모의 성품을 드러낸다. "하나님과 겨루어 이겼다"는 표현 역시 이와 비슷하게 이해할 수 있다.

"이스라엘"이라는 이름에서 "엘"은 하나님을 의미한다. 즉 하나님이 야곱에게 "이스라엘"이란 이름을 주셨을 때, 이는 하나님이 "이름"을 걸고 당신의 백성들과 함께하시겠다고 약속하신 것이다. 야곱의 이름을 이스라엘로 바꿔주신 사건은 우리에게도 현실의 어려움을 이겨낼 힘을 준다. 우리의 현실 속에서도 하나님은 자신의 "이름"을 걸고 우리를 도우시며 우리와 함께하신다.

이는 승천하신 예수님의 약속에서 더욱 분명하게 확인할 수 있다. 예수님은 결코 우리를 포기하지 않겠다고 약속하셨다. 승천하신 예수님은 지금도 우리를 보살펴주신다.

🏷️ 성경 수업

📗 마음 열기

1. 사도행전 1장을 참고하여 예수님이 승천하신 모습과 상황을 묘사해봅시다.

2. 승천하신 예수님이 "지금" 하시는 일은 무엇일까요?

그리스도의 승천

성경에서 부활, 승천, 재림은 아주 중요한 개념이다. 이것을 단순한 "동작"으로 이해하면 "지식"에 그치겠지만 "과거-현재-미래"의 흐름 속에서 이해하면 기독교 신앙의 큰 틀을 보게 하여 많은 유익을 주기 때문이다. 앞서 제17과에서 배운 대로 "부활"에는 여러 의미가 있다. 대략 2,000년 전 "과거"에 일어난 예수님의 부활 사건은 그분에 대한 우리의 믿음이 가치 있는 것임을 확인시켜준다. 반면 "미래"에 발생할 예수님의 재림 사건은 우리의 미래가 절대 암울하지 않으리라는 것을 분명하게 보여준다.

그렇다면 "현재"에 해당하는 승천은 어떤 의미인가? 승천을 과거에 발생한 사건

○
관련
성구

이 말씀을 마치시고 그들이 보는데 올려져 가시니 구름이 그를 가리어 보이지 않게 하더라(행 1:9).

"내가 너희에게 분부한 모든 것을 가르쳐 지키게 하라. 볼지어다! 내가 세상 끝날까지 너희와 항상 함께 있으리라" 하시니라(마 28:20).

이[예수]는 하나님의 영광의 광채시요 그 본체의 형상이시라. 그의 능력의 말씀으로 만물을 붙드시며 죄를 정결하게 하는 일을 하시고 높은 곳에 계신 지극히 크신 이의 우편에 앉으셨느니라(히 1:3).

으로만 이해하여 예수님이 이 땅에서 "분리"되어 하늘에 오르신 "동작"으로만 받아들인다면 그것은 우리의 "현재"와는 별 상관없는 사건이 될 것이다. 하지만 예수님의 승천은 순전히 우리의 "현재"를 위한 사건이다. 부활하신 예수님은 승천하심으로써 그가 하나님의 권세를 대신 받아 세상을 통치하는 분이심을 확증하셨다. 다시 말해 승천하신 예수님은 악의 세력이 우리를 제압하지 못하도록 막는 "권세"를 가지고 우리와 함께하며 돕는 분이시라는 것이다. 우리와 세상 끝날까지 함께하겠다고 약속하시며 승천하신 예수님은(마 28:20), 지금도 하나님 우편에서 우리를 위해 끊임없이 간구하신다(히 1:3; 롬 8:34).

우리는 연약하여 실수하거나 낙심할 때가 많다. 그때 "신성과 인성"을 모두 갖고 계신 예수님은 우리를 책망하시는 것이 아니라, 이미 "고통"을 당해보신 분으로서 우리를 누구보다도 잘 이해하기 때문에 우리를 대신하여 하나님께 간구해주신다. 주변에 아무도 없고 나 혼자 있는 것 같은 때에도 우리를 바라보며 기도하시는 예수님의 "현재" 모습을 기억하자. 이 사실을 되새기며 아래 성경 구절을 살펴보면 큰 도움이 될 것이다.

누가 정죄하리요? 죽으실 뿐 아니라 다시 살아나신 이는 그리스도 예수시니 그는 하나님 우편에 계신 자요, 우리를 위하여 간구하시는 자시니라(롬 8:34).

이와 같이 성령도 우리의 연약함을 도우시나니 우리는 마땅히 기도할 바를 알지 못하나 오직 성령이 말할 수 없는 탄식으로 우리를 위하여 친히 간구하시느니라(롬 8:26).

제46문 사도신경 중 "하늘에 오르시어"라고 고백하는 것을 어떻게 이해합니까?

  답 예수님은 제자들이 보는 가운데 하늘에 오르셨고 우리의 유익을 위해 하늘에 계시며 장차 살아 있는 자와 죽은 자들을 심판하러 오실 것입니다.

제47문 예수님은 우리에게 세상 끝날까지 우리와 함께하시겠다고 약속하지 않으셨습니까?

  답 그리스도는 참 사람이자 참 하나님이십니다. 그의 인성으로는 더 이상 세상에 계시지 않으나 신성, 위엄, 은혜, 성령으로써는 결코 우리를 떠나지 않습니다.

제48문 만일 신성과 인성이 함께하지 않는다면 그리스도 안의 두 속성은 서로 분리된 것이 아닙니까?

  답 결코 그렇지 않습니다. 신성은 결코 제한되지 않고 어느 곳에나 계십니다. 따라서 신성은 인성을 초월하여 존재하시지만 인성 속에 거하시고 인격적으로 그 속에서 결합되어 존재하십니다.

제49문 그렇다면 그리스도의 승천은 우리에게 어떤 유익이 됩니까?

  답 첫째, 그는 하늘에 오르셔서 하나님 앞에서 우리의 대언자(代言者, 변호자)가 되어주셨습니다. 둘째, 그리스도가 육체로 승천하신 것은 우리의 머리가 되셔서 그의 몸된 우리를 육체로 그분에게로 이끌어 올리실 것에 대한 확실한 보증입니다. 셋째, 그리스도는 그에 대한 보증으로 성령을 우리에게 보내셨는데 우리는 성령의 능력을 힘입어 이 땅의 소망이 아닌 예수님이 계신 하늘의 소망을 찾게 됩니다. 예수님은 하나님 우편에 계십니다.

오컴의 발자취를 따라

흔히 종교개혁은 루터에 의해 시작되었다고 이야기한다. 그러나 루터가 종교개혁을 시작하기 전부터 이미 중세는 붕괴하기 시작했고 종교개혁의 토대가 하나둘씩 마련되고 있었다. 예를 들어 구텐베르크(Johannes Gutenberg, 1390?-1468)가 발명한 금속 활판 인쇄술이 없었다면 루터가 번역한 독일어 성경은 대량으로 유통될 수 없었을 것이다. 또한 교황의 권위가 약화하고 지방 군주의 권력이 강화되지 않았다면 종교개혁은 절대로 성공하지 못했을 것이다.

방문지 주소

성모교회: Frauenplatz 12, 80331 München

스콜라 철학을 붕괴시킨 오컴(William of Ockham, 1287-1347)은 종교개혁의 사상적 토대를 마련해주었다. 루터도 자신이 오컴을 추종하는 "오컴주의자"라고 할 만큼 오컴의 철학은 종교개혁에 막대한 영

도심에 랜드마크처럼 우뚝 솟은 성모교회. 교회 터는 예전에 공동묘지가 있던 곳이었다.

향을 주었다. 이번 교실 밖 수업에서 오컴의 발자취를 따라 방문할 도시는 독일 문화와 예술의 중심지인 뮌헨이다.

뮌헨 중심부에는 두 개의 탑을 가진 교회가 우뚝 서 있다. 바로 성모교회(Frauenkirche)다. 성모교회는 1488년에 완공되었는데 교회가 세워진 자리는 원래 공동묘지였다. 그래서 그런지 성모교회 외벽에는 묘석이 가득 붙어 있다.

성모교회의 외벽을 두른 묘석들이다. 이 교회 바닥에 오컴이 잠들어 있다.

성모교회에는 여러 국왕과 신성 로마 제국의 황제들이 묻혀 있다. 교회 내부 전면에는 황제들이 이 교회에 묻혀 있음을 알리는 화려한 조각상들이 있어서 방문객들의 이목을 집중시킨다. 그러나 공동묘지였던 이 터에는 국왕이나 황제가 아닌, 조용히 생애를 마감한 보통 사람들도 많이 묻혀 있다. 그들을 기념하는 화려한 조각상은 남아 있지 않지만 그들 중에는 중세의 벽을 허무는 데 큰 역할을 했던 사람이었던 오컴도 있다.

중세 시대를 무너뜨린 사상가이지만 여전히 중세의 왕들에게 좋은 자리를 내주고 있는 오컴의 안타까운 처지는 기가 막히게도 그가 무너뜨리고자 했던 중세의 관행에 기인한다. 성모교회는 1488년에 완공되기까지 건축에 필요한 재정 문제로 어려움을 겪었으며 재정을 충당하기 위해 1479년부터 면죄부를 발행했다. 현재 남아 있는 화려한 조각상들은 그때 면죄부를 산 이들이 대가로 얻은 것들이다.

중세의 로마 가톨릭이 무리한 건축을 추진하며 이때 발생한 재정 문제를 해결하기 위해 발행한 면죄부는 우리가 익히 아는 대로 종교

개혁의 직접적인 원인이 되기도 했
다. 루터는 면죄부를 판매하며 돈을
받고 마음대로 구원을 선언하던 당
시 가톨릭의 문제점을 날카롭게 비
판했다. 그의 비판처럼 구원은 믿음
으로 얻는 것이지 교황을 포함한 사
람이 자기 마음대로 결정할 수 있는
문제가 아니다.

성모교회의 창문을 아름답게 수
놓은 스테인드글라스도 면죄부와
더불어 중세 교회의 한계를 잘 드러
내 준다. 중세 로마 가톨릭은 사람
들이 성당 자체를 신성시하도록 고
무하면서 스테인드글라스 자체에
어떤 힘이 있다고 가르쳤다. 사람들

성모교회의 스테인드글라스 중 일부

은 자연히 스테인드글라스로 보호되는 예배당 안은 하나님이 계시는
거룩한 장소지만 그 밖은 그렇지 않다고 인식하게 되었다.

이와 관련해 성모교회에 전해 내려오는 유명한 이야기가 있다. 이
교회에 들어서면 바닥에 발자국이 하나 있는데 그 자리에 서면 기둥
들 때문에 창문들이 하나도 보이지 않는다. 성모교회가 건축될 당시
에 건축자는 여러 가지 어려움을 겪었다고 한다. 그런데 어느 날 악
마가 찾아와서 스테인드글라스 없이 교회를 건축하면 완공될 때까지
아무 어려움이 없도록 도와주겠다고 제안했다. 거룩한 스테인드글라
스만 없으면 언제든지 교회에 드나들 수 있다고 생각했기 때문이었

성모교회 바닥에 새겨진 악마의 발자국

다. 그러나 건축자는 꾀를 써 창을 내되 교회 입구에서는 보이지 않게 했다. 그리하여 건축자는 스테인드글라스를 사용할 수 있었고 교회는 신성하게 되었다. 교회가 완공된 후에야 건축자의 꾀를 알아차린 악마는 교회 입구에서 더는 들어오지 못하고 발을 땅에 구르고는 밖으로 뛰쳐나갔는데 그 자리에 발자국이 남았다고 한다.

이런 이야기가 전해질 정도로 중세에는 교회 유리창을 스테인드글라스로 꾸미는 것이 유행했고 스테인드글라스 자체에 어떤 신성한 힘이 있다고 믿어지기도 했다. 물론 스테인드글라스는 예배와 어울리는 엄숙한 분위기를 만들어주고 문맹인 사람들에게 성경의 내용을 알려주는 교육용 교재이기도 했다. 하지만 교회가 권위가 있는 것은 분위기 때문이 아니라 가감 없이 선포되는 하나님의 말씀 때문이어야 한다. 우리는 스테인드글라스처럼 어떤 도구를 사용해 만들어낸 분위기로 사람들을 압도하려는 시도를 통해, 루터가 개혁하고자 했던 당시 교회의 잘못된 모습을 엿볼 수 있다.

중세 군주들의 화려한 무덤에 밀려 제대로 기념되지 못하고 중세 가톨릭이 사랑했던 스테인드글라스에 휩싸여 있는 오컴의 무덤을 보면 사후에도 자신의 시대와 대면하는 것이 그의 운명 같기도 하다. 중세 시대를 무너뜨린 가장 위대한 사람 중 하나인 오컴에 대해 좀 더 자세히 살펴보자.

🏷️ 선생님의 칠판

중세 스콜라 철학과 보편 논쟁   # 강오성 선생님

서양의 중세는 보통 로마가 멸망한 기원후 5세기부터 르네상스와 종교개혁이 일어난 16세기까지의 기간을 말한다. 사상적인 면에서 중세의 쌍두마차에 해당하는 두 철학자는 4, 5세기에 활동한 아우구스티누스와 13세기에 활동한 토마스 아퀴나스(Thomas Aquinas, 1224?-1274)다.

아우구스티누스가 활동했을 때 교회는 기독교의 확장에 발맞추어 교리를 체계적으로 확립할 필요성이 있었다. 아우구스티누스는 현실 세계는 불완전하며 이데아 세계만이 완전하다고 주장했던 플라톤의 철학을 빌려와서 기독교를 설명하는 체계로 삼았다. 그의 체계 안에서 기독교 교리는, 인간의 의지는 불완전하며 선의 결핍 상태에 있기 때문에 신의 은총을 통해 완전한 선에 이를 수 있다는 식으로 설명되었다. 보통 사람들은 아우구스티누스의 사상 체계를 일컬어 "교부 철학"이라고 부른다.

반면 13세기에 등장한 아퀴나스는 계시와 이성의 타협을 시도하여 중세 스콜라 철학을 확립했다. 스콜라 철학의 핵심 사상을 한마디로 정의하자면 "'이성'으로 성경과 하나님을 이해할 수 있고, '언어'로 그것을 표현할 수 있다"는 것이다. 교부 철학이 플라톤에게 빚을 졌다면 스콜라 철학은 아리스토텔레스의 사상 체계를 통해 이성적으로 신학을 분석하고 종합하는 작업을 해나갈 수 있었다. 스콜라 철학자들은 언어와 논리로 하나님의 존재를 증명하려 했을 뿐 아니라 형이상학적인 내용을 이성으로 인지할 수 있는 토대를 만들려고 했다. 그

258 청소년을 위한 하이델베르크 교리문답

들이 보기에 인간의 완전한 행복이란 신과 자연법(조화)을 따르는 것에 있었다. 더 나아가 그들은 선을 행하고 악을 피하기 위해서는 이성을 따르며 올바른 의지를 가지고 정당한 수단을 사용해야 한다고 주장했다.

그런데 스콜라 철학은 "보편 논쟁"을 불러일으켰다. "보편 논쟁"이란 플라톤이 말한 "이데아"에 존재하는 사물이 실제로 존재하는가, 아니면 개념만 있을 뿐 실제로는 존재하지 않는가에 관한 논쟁이다. 이 논쟁은 "개별자"와 "보편자"라는 개념을 중심으로 "실재론"(實在論)과 "유명론"(唯名論)이라는 사상 체계가 부딪친 것이었다.

조금 어렵지만 예를 들어 이 개념들을 설명해보겠다. "소크라테스는 인간이다"라고 할 때 "소크라테스"는 개별자이고 개별자를 포괄하는 보편적 개념, 즉 "인간"은 보편자다. 여기서 보편자인 "인간"이 실제로 존재한다고 믿었던 사람들이 바로 실재론자들이다. 실재론자들에 따르면 소크라테스는 보편적인 인간 중 하나의 개체가 된다. 실재론은 10세기 무렵부터 주류 사상으로 자리를 잡았고 아퀴나스 때에 절정을 이루었다.

이런 실재론 사상은 중세 교회에 아주 큰 영향을 미쳤다. "가톨릭"이라는 말은 "모든 곳에 있는" 혹은 "보편적"이라는 의미를 지닌 그리스어 카톨리코스(katholikos)에서 유래했는데 사람들은 실재론의 영향속에서 로마 가톨릭을 문자적 의미의 보편 교회로 인식했다. 그런 인식에 따르면 가톨릭 교회는 보편자이기 때문에 교회의 원래 속성에 따라 거룩한 교회일 수밖에 없다. 여기서 더 나아가 각 교구 교회들은 개별 교회를 "보편적"인 거룩한 교회와 동일시했다. 또한 성직자들 역시스스로를 보편적인 거룩한 성직자 중의 한 개체라고 주장했다. 이런 사상 체계 속에서는 하나님도 항상 객관적이고 획일적인 분으로 이해된다. 이는 중세의 성화(聖畫)에서 하나님을 전능하고 웅장한 분으로, 예수님을 고통받는 분으로 일관되게 표현하는 것에서 잘 드러난다.

하지만 13세기 말에 스코투스(John Duns Scotus, 1266?-1308)에 의해 실재론에 균열이 생기기 시작했다. 스코투스는 보편자가 실제로 존재한다고 보는 실재론을 보완하여 "보편자는 개별자를 통해서만 존재한다"고 수정했다. 예를 들어 "인간"은 반드시 "소크라테스"라는 형태를 통해 존재한다고 본 것이다. 오컴은 여기서 한 걸음 더 나가 "인간"이라는 것은 존재하지 않는 "관념"일 뿐이며 "소크라테스" 같은 개체만이 실제로 존재할 뿐이라고 주장하면서 스콜라 철학을 뒤흔들었다. 그는 보편자가 "이름으로만 존재할 뿐"이라고 주장했기 때문에 "유명론자"라고 불린다.

오컴의 주장은 큰 반향을 불러일으켰다. "교회"라는 보편자가 실재하지 않는 관념일 뿐이라면 현실에서 타락한 교회를 두고 "그것은 더 이상 교회가 아니다"라고 비판해도 되기 때문이었다. 이는 성직자들에 대해서도 마찬가지였다. 특히 유명론자들은 중세가 제시한 획일적인 하나님의 이미지를 극복하고 하나님이 어떤 이에게는 "목자", 어떤 이에게는 "아버지"로서 각기 다르게 나타날 수 있음을 보여주었다. 더 나아가 오컴은 삼위일체나 성육신, 부활과 같은 사건을 "이성"으로 증명할 수 없는 것으로 여

오컴

겼다. 그가 보기에 하나님에 관한 교리는 이성의 영역을 넘어서는 것으로서 철학으로는 도저히 다룰 수 없었기 때문이다.

오컴은 종교와 정치에 선을 긋고 로마 교황청이 세속 권력을 탐하는 행태를 비판했다. 그의 사상은 중세 교회의 권위를 위협했으며 많은 사람이 그의 사상을 바탕으로 로마 교황청과 가톨릭 교회의 권위에 도전할 수 있었다. 결국에는 교황청에 의해 이단이라고 낙인이 찍혀 소환당한 오컴은 재판을 받고 처형당할 위기에 처하기도 했다. 하지만 오컴의 사상에 영향을 받은 바이에른 제국의 루트비히 4세(Ludwig IV, 1282-1347)가 그를 보호해주었고, 그는 죽을 때까지 저술활동을 계속하며 바이에른의 주도인 뮌헨에 머무를 수 있었다.

오컴이 우리에게 주는 교훈 # 강오성 선생님

오컴의 사상은 중세 사회에 큰 파문을 일으켰다. 예수님은 중세 교회가 가르치는 것처럼 고난을 받아 피를 흘리는 분일 수도 있지만 누군가에게는 "친구"일 수도 있다. 로마 교황청에서 가르치는 대로 하나님은 "창조주", "심판주"이시지만 또 다른 누군가에게는 "아빠"일 수도 있다. 루터에게 하나님은 "구원자"이셨다. 종교개혁은 바로 이러한 오컴의 사상을 토대에 두고 있었으며 그래서 루터는 자신이 "오컴의 추종자"라고까지 선언했던 것이다.

우리의 삶을 성찰해보면 오늘날에도 실재론과 유명론의 싸움이 있는 듯하다. 예수님은 부활하신 후 하늘로 올라가셨다(승천). 그런 까닭에 많은 사람이 예수님은 더 이상 이 땅에 계시지 않고 장차 심판주로서 세상에 오실 것으로 생각한다. 예수님을 "하늘에 계신 분"으로만 인식하는 것이다. 교회에 다니는 사람 중에도 상당수가 예수님을 이 세상과 관계없는 분처럼 생각한다. 그러나 성경은 승천하신 예수님이 하나님과 우리 사이에 중재자가 되셔서 지금도 우리를 위해 간구하고 계신 분이라고 분명하게 말씀한다. 다른 사람들이 어떻게 인식하든 간에 예수님은 우리와 함께 계셔서 지금도 우리를 위해 기도하는 분이시라는 사실을 잊지 말기 바란다!

 믿음 노트

1. 오컴의 "유명론"은 종교개혁가들에게 어떤 영향을 주었습니까?

2. 예수님의 승천은 우리에게 어떤 위로를 줍니까?

제19과   그리스도의 영광과 재림
                    『안네의 일기』

제50-52문

🏷️ 그림으로 이해하기   # 벨강브의 "최후의 심판"(베를린 국립회화관 소장)

최후의 심판과 우리의 소망

베를린 국립회화관에서 특별히 눈길을 끄는 그림은 3단 병풍처럼 펼쳐진 "최후의 심판"이다. 이 그림은 벨기에의 르네상스 화가로서 독실한 신앙을 가지고 있었던 벨강브(Jean Bellegambe, 1470?-1535?)가 1523년에 그린 그림으로서, 예수 그리스도가 세상을 심판하실 것에 대한 그의 믿음을 잘 드러낸 수작이다.

벨강브는 이 그림에서 가운데에 배치한 심판주 그리스도를 중심으로 왼편에는 "생명의 부활"을, 오른편에는 "심판의 부활"을 묘사했다. 생명과 심판의 근거는 좌우 그림 맨 위에 천사가 들고 있는 모습으로 기록된 성경 말씀에서 엿볼 수 있다.

심판주로서 재림하시는 그리스도가 이 세상에 보낸 천사들은 살아 있는 모든 사람들과 죽음에서 되살아난 자들을 왼편과 오른편으로 분류한다. 예수님이 비유로 말씀하신 것처럼 알곡과 가라지, 양과 염소를 나누는 것이다. 생명의 부활에는 평안과 기쁨이 따르지만 악인들이 받을 심판에는 끔찍한 형벌이 뒤따른다.

최후의 심판은 죄인의 길에 서지 않기 위해 분투하는 우리 신앙인들이 바라고 기다리는 분기점이다. 바울이 말한 것처럼 부활, 재림, 심판이 없다면 우리는 세상에서 가장 불쌍하고 어리석은 사람들일 뿐이다(고전 15:19). 반대로 말해 우리는 결코 불쌍한 사람들이 아니다. 그런 확신의 흔들리지 않는 근거는 장차 예정된 예수 그리스도의 최후 심판이다.

🚪 마음 열기

1. 일기를 꾸준히 쓰고 있나요? 혹은 과거에라도 일기를 썼던 적이 있다면 왜 일기를 썼는지 이야기해봅시다.

2. 외롭다고 느낄 때가 있었다면 언제 그런 마음이 들었는지 이야기해봅시다.

그리스도의 영광과 재림

예수님은 바로 이 순간에도 하나님 우편에서 세상의 주관자와 교회의 머리로 존재하신다. 이는 하나님이 정하신 일이다(엡 1:20-23). 여기서 우리는 다음과 같은 사실을 분명하게 기억해야 한다.

① 교회의 머리는 예수 그리스도이시다. 하나님은 교회를 세우기 위해 아들 예수의 피로 값을 치르셨다(행 20:28). 목사, 장로, 집사는 교회의 머리가 될 수 없다. 그들은 단지 교회의 직분자일 뿐이다.

② 교회의 머리가 예수 그리스도라면 교회의 기초는 예수 그리스도의 복음이다. 말씀이 교회를 지탱해야 한다. 말씀 없이 친목과 예술, 문화 등이 핵심을 차지한 모임은 더 이상 교회가 아니다.

③ 교회의 머리가 주님이시라면 그 몸

○ 관련 성구

20 그의 능력이 그리스도 안에서 역사하사 죽은 자들 가운데서 다시 살리시고 하늘에서 자기의 오른편에 앉히사 21 모든 통치와 권세와 능력과 주권과 이 세상뿐 아니라 오는 세상에 일컫는 모든 이름 위에 뛰어나게 하시고, 22 또 만물을 그의 발아래에 복종하게 하시고 그를 만물 위에 교회의 머리로 삼으셨느니라. 23 교회는 그의 몸이니 만물 안에서 만물을 충만하게 하시는 이의 충만함이니라(엡 1:20-23).

인 교회는 반드시 머리와 연결되어 있다. 몸(지체)이 아프면 머리에 전달되듯이, 교회의 머리이신 주님은 성도 한 사람 한 사람을 잘 아시며 그의 몸된 교회를 반드시 책임지고 보호하신다.

○ 관련 성구

여러분은 자기를 위하여 또는 온 양 떼를 위하여 삼가라. 성령이 그들 가운데 여러분을 감독자로 삼고 하나님이 자기 피로 사신 교회를 보살피게 하셨느니라(행 20:28).

네가 어찌하여 네 형제를 비판하느냐? 어찌하여 네 형제를 업신여기느냐? 우리가 다 하나님의 심판대 앞에 서리라(롬 14:10).

예수님은 교회의 머리이실 뿐 아니라 세상의 통치자이시다. 그런데 여기서 문제는 이 세상에 대한 예수님의 통치는 피부에 와 닿지 않는다는 데 있다. 여전히 불법과 죄악이 난무하고, 악한 통치자들이 군림하는 이 세상의 모습은 우리를 절망하게 한다. 이 세상에는 전쟁과 재해, 온갖 흉악한 범죄가 그치지 않는다. 그런데도 예수님이 이 세상의 통치자이신 것이 맞을까? 하지만 성경은 하나님이 예수님을 세상의 통치자로 선포하셨다고 가르친다. 비록 그런 증거들을 찾아보기 힘들 때가 많지만 세상 끝날에 예수님은 장차 이 세상을 심판하는 심판주로 오실 것이다. 성경은 이 사실을 모르는 사람들에 대해 다음과 같이 말씀한다.

악한 일에 관한 징벌이 속히 실행되지 아니하므로 인생들이 악을 행하는 데에 마음이 담대하도다(전 8:11).

관점을 조금 바꾸어 생각해보자. 인류 역사의 순간순간마다 예수님의 통치가 드러나고 악인들이 곧바로 징벌을 당한다면 제대로 된 심판은 이루어지지 않을 것이다. 누군가 우리의 일거수일투족을 원격 카메라로 감시한다면 우리는 "위선"적인 행동을 할 수밖에 없다. 위선적인 행동에 대해 내리는 심판은 진짜일 수 없다. 어떤 사람의 본모습은 아무도 보는 사람이 없다고 생각할 때 드러나기 마련이다. 하나님은 심판을 늦추심으로써 사람들의 위선적인 행동을 방지하고 참된 구원에 이를 기회를 주시는 것이다.

결국 예수님이 이 세상을 통치하고 계시다는 사실은 그것을 "믿음"으로 고백하는 자들에게만 이해되는 개념이다. 우리는 이 세상의 통치자가 누구인지 늘 기억하는 훈련을 해야 한다. 최후의 심판 날이 이르면 악한 통치자들과 폭군들, 가난한 자들을 짓밟는 부자들, 연약한 자들을 업신여기는 권세가들, 살인자들, 사기꾼들, 범법자들, 강도들, 학대하는 사람들은 모두 예수 그리스도의 심판대 앞에 서게 될 것이다(롬 14:10). 그들은 피할 수 없는 심판 앞에서 두려워 떨겠지만 그리스도인들은 하나님의 은혜로 말미암아 환희와 영광을 맛볼 것이다.

○─○ 하이델베르크 교리문답 살펴보기

제50문 "하나님 우편에 앉아계시다가"라는 고백은 어떤 의미가 있습니까?

답 승천하신 그리스도는 하나님 우편에서 교회의 머리로 자신을 선언하셨습니다. 그것은 하나님이 그리스도를 통하여 만물을 통치하시는 것을 의미합니다.

제51문 교회의 머리이신 그리스도의 영광이 우리에게 주는 유익은 무엇입니까?

답 첫째, 그리스도는 성령으로 하늘의 은사들을 그의 몸된 우리에게 부어주십니다. 둘째, 그의 능력으로 우리를 모든 원수로부터 지켜주시고 보존하여주십니다.

제52문 "살아 있는 자와 죽은 자를 심판하러 오십니다"라는 고백은 당신에게 어떤 위로가 됩니까?

답 나는 모든 슬픔과 박해 속에서도 하나님의 심판대 앞에서 나의 모든 저주를 없애주신 그분이 하늘로부터 오시기를 기다릴 수 있습니다. 그가 모든 원수, 곧 나의 원수들을 영원한 형벌에 던지실 것이며, 나와 그의 택한 모든 백성을 하늘의 기쁨과 영광 속으로 이끄실 것입니다.

✎ 교실 밖 수업

안네의 흔적을 찾아서

제2차 세계대전 당시 나치에 의해 희생당한 유대인 소녀 안네가 남긴 『안네의 일기』는 나치 치하에서 유대인들이 겪은 고통과 두려움, 그 속에서 피어난 희망과 행복을 엿볼 수 있게 해준다. 특히 안네가 비밀 은신처 안에서 2년간 지내면서 경험한 삶은 그리스도의 영광스러운 재림을 기다리는 신앙인의 삶을 대변하는 것 같다.

안네가 숨어 지낸 은신처는 네덜란드 암스테르담에 있지만 그녀의 가족은 원래 독일 프랑크푸르트에 거주했었다. 프랑크푸르트 북부 주택가에 자리한 안네의 집은 시내에서 지하철을 타고 휘겔슈트라세(Hügelstraße) 역에서 하차하면 찾아갈 수 있다. 현재는 개인 거주

안네 프랑크 가족이 살았던 프랑크푸르트의 집

지인 관계로 방문객이 출입할 수는 없지만 집 외벽에 안네의 가족들이 살았음을 기념하는 명판이 있고, 입구 벽에는 안네가 1944년 7월 15일에 기록한 일기의 한 문구가 새겨져 있다.

방문지 주소

안네가 숨어 살던 집: Ganghoferstraße 24, 60320 Frankfurt

베르겐 벨젠 추모관: Anne-Frank-Platz, 29303 Lohheide

안네에 대해 더 자세히 알고 싶다면 네덜란드 암스테르담으로 가야 한다. 그 대신 프랑크푸르트에는 괴테의 생가(제42과) 및 바이마르 헌법(제43과)에 관련된 방문지가 있다.

베르겐 벨젠 추모관은 안네와 그녀의 언니 마르고트가 잠들어 있는 수용소 터에 세워졌다.

추모관 내부에 있는 안네와 마르고트의 무덤

"우리 인생의 성격을 만드는 것은 우리 손에 달려 있다."

안네 프랑크, 1944년 7월 15일

1942년 7월에 암스테르담의 은신처로 들어갔던 안네의 가족들은 1944년 8월, 나치에 의해 체포되어 아우슈비츠로 보내졌다. 은신처에 숨어 살던 사람들은 대부분 아우슈비츠에서 사망했다. 안네의 어머니도 그곳에서 과로로 세상을 떠났고 그녀의 아버지만 극적으로 살아남았다.

안네와 언니 마르고트는 1944년 10월 30일에 베르겐 벨젠 수용소로 이송되었다. 당시 베르겐 벨젠 수용소는 수용소 중에서도 가장 비위생적인 곳으로 악명이 높았다. 열악하고 더러운 환경에서 이미 면역력을 잃고 약해진 안네와 마르고트는 오래 버티지 못했다. 이듬해 2월에는 둘 다 티푸스에 걸렸고 쇠약해진 마르고트는 침대에서 바닥으로 떨어져 죽었다. 언니만이 유일한 삶의 희망이었던 안네는 언니의 죽음으로 삶에 대한 의지를 잃었고 같은 해 3월에 눈을 감았다.

하지만 안네는 암스테르담에 숨어 지내는 동안 쓴 일기를 우리에게 남겨주었다. 그 일기장은 전쟁이 끝난 후 은신처를 정리하던 청소부가 발견했으며 수용소에서 살아남은 아버지에게 전달됨으로써 빛을 볼 수 있었다.

🏷️ 선생님의 칠판

절망 속에 피어나는 소망 # 이효선 선생님

많은 사람이 읽었거나 들어봤을 『안네의 일기』는 10대 소녀 안네가 절망적인 세상에서 희망을 품는 과정을 묘사해준다. 유대인이라는 이유만으로 나치에 의해 차별과 고통을 경험한 안네는 이렇게 기록했다(다음 일기문들은 『안네의 일기』[범우사, 1999]에서 인용했다).

1942년 6월 20일

유대인은 노란 별표를 달아야만 했습니다. 또 자전거를 모두 갖다 바쳐야만 했습니다. 유대인은 전차를 타서도 안 되며 자동차를 타서도 안 된답니다. 유대인은 오후 3시부터 5시 사이에만 물건을 살 수 있고 그것도 "유대인 상점"이라는 표시가 있는 곳에서만 사야 합니다.

나치의 점령지에서 살기 등등한 비밀경찰들을 피해 2년간 은신처에 숨어 지내는 동안 안네와 그녀의 가족들은 소망을 품을 수 있었을까? 안네의 일기를 살펴보면 그들은 소망을 잃지 않았음이 분명하다.

1944년 2월 3일 목요일

날이 갈수록 국내에서는 연합군의 상륙작전에 대한 기대가 높아져 갑니다. 만일 당신이 여기에 있다면 독일군의 대항 준비가 진행되고 있는 것을 피부로 느낄 것이고 한편으로는 우리가 아무 소용도 없는 일로 야단법석을 피운다고 웃어버릴지도 모르겠군요. 하지만 상륙작전이 일어나지 않는다고 누가 잘라 말할 수 있겠어요? 신문에는 어디를 보아도 상륙작전에 관한 것뿐이에요.

안네는 숨어 지내는 처지였다. 언제 발각될지 모르는 불안하고 두려운 마음을 숨긴 채 좁은 공간에서 여러 사람과 부딪히며 살아야 하는 것이 안네의 현실이었다. 그녀의 유일한 희망은 누군가가 그들을 구하기 위해 "반드시" 온다는 것에 있었다. 그녀의 말대로 상륙작전이 실제로 펼쳐지기 전에는 그것에 대한 희망을 비웃는 사람도 있었을 것이다. 하지만 안네와 가족에게 그것은 어둠을 몰아내는 한 줄기 빛이며 현실을 버텨낼 힘의 원천이었다. 만일 상륙작전이 없다면 그들의 운명은 얼마나 비참하겠는가? 그런데 그들의 소망대로 "디데이"(D-day)가 찾아왔다. 연합군이 프랑스 북부 노르망디에서 상륙작전을 펼친 것이다.

1944년 6월 6일

오늘이 "디데이"라고 BBC에서 발표했어요. 드디어 상륙작전이 개시된 것입니다. BBC는 오늘 아침 8시에 이 뉴스를 자세히 보도했어요. 프랑스 해안에 맹렬한 폭격이 퍼부어졌습니다. 점령 지역에 대한 안전조치로 해안에서 35km 이내에 사는 사람들은 피난하라는 경고가 내려졌습니다.

12시에 BBC 방송이 뉴스 도중에 아이젠하워, 샤를 드골, 처칠 수상의 연설을 내보내자 은신처는 흥분에 휩싸이게 되었습니다. 그처럼 모두가 떠들어대고 마치 "동화"처럼 생각되던, 기다리고 기다리던 해방이 정말로 찾아오는 것일까요?

"동화"처럼 인식되던 희망이 현실로 다가오는 것은 안네에게 큰 기쁨이었다. 하지만 나치 독일과 그에 협력한 친나치 매국노들에게 "디데이"는 심판의 순간이었다. 비극적이게도 안네와 가족은 몇 개월을 더 버티지 못하고 결국 비밀경찰에게 발각되어 강제 수용소로 끌려갔다. 그러나 끝까지 희망을 잃지 않았던 그녀가 남긴 일기를 통해 우리는 남의 고통을 헤아리고 하나님을 의지하는 어린 안네의 신앙을 엿볼 수 있다.

1943년 12월 29일
리스[안네의 단짝 친구], 나는 끊임없이 너의 입장에 나를 놓아본단다. 내가 네 입장이라면 어떤 운명을 만났을까? 그

『안네의 일기』와 수필   문학에서 말하는 수필(Essay)이란 일정한 형식을 따르지 않고 손이 가는 대로, 인생이나 자연 또는 일상생활에서의 느낌이나 체험을 생각나는 대로 쓴 산문 형식의 글이다. 보통 일상의 가벼운 주제를 소재로 하는 "경수필"과 객관적인 자료들을 활용하여 무거운 주제의 내용을 다루는 "중수필"로 나뉘며 글쓴이의 개성이나 세계관이 두드러지게 나타난다.

서간(편지), 기행문, 관찰 기록문, 일기, 비평, 명상록 등도 수필에 해당한다. 『안네의 일기』는 일기 수필에 해당한다. 우리나라의 대표적인 일기 수필로는 작자 미상의 『계축일기』, 혜경궁 홍씨의 『한중록』 등이 있는데 『안네의 일기』처럼 특정 시기에 일어난 사회 현상―특별히 궁중 생활―에 대한 묘사가 잘 드러나 있다.

13세의 사춘기 소녀였던 안네는 자신의 일기가 이렇게 오랜 시간 동안 많은 사람에게 사랑받으리라고 상상이나 했을까? 자신의 일상과 생각을 흘러보내지 않고 일기장에 고이고이 모아두었던 안네는 "종이는 인간보다 더 잘 참고 견딘다"라고 적었다. 실제로 안네는 어린 나이에 세상을 떠났지만 안네가 일기를 쓴 종이는 잘 참고 견뎠다. 그리고 그녀의 삶과 생각을 생생하게 되살려주었다.

나의 일기장도, 내 주위의 종이들도 어쩌면 나의 손길을 기다리고 있는지 모른다. 하얀 종이에 개성이 담긴 글씨로 적혀갈 그 무언가를…. 글이 쓰인 종이는 우리보다 더 인내심 있게 잘 참고 견뎌줄 것이다. 지금 펜

을 들고 한 단어라도, 한 문장이라도 종이에
적어보면 어떨까? 늘 우리를 기다리고 있는
종이에 응답해보자.

런데도 나는 어째서 이따금 이런 생활을 비
참하게 생각하는 것일까? 리스나 그 밖에 똑
같은 고통을 당하고 있는 다른 사람을 생각
한다면 언제나 감사하고 만족하며 행복을 느껴야만 하는 것이 아닐는
지? 나는 이기적이고 비겁합니다. 어째서 날마다 무서운 꿈만 꾸고, 그
런 생각만 하는 것일까요? 너무나도 무서워 가끔 "악" 하고 비명을 지
르고 싶어집니다. 그것은 역시, 이만큼 혜택을 받고 있으면서도 아직
하나님을 믿는 마음이 약하기 때문이겠지요. 하나님은 내가 받을 자격
이 없는 많은 것을 주시고 있는데도 나는 여전히 날마다 많은 잘못을
저지르고 있습니다. 지금 할 수 있는 일은 하나님이 기적을 일으켜 불
행한 사람들을 구원해주시도록 기도하는 것뿐입니다.

안네는 내일을 기약할 수 없는 절망적인 상황에서도 하나님이 불
행한 사람들을 구원해주시기를 잊지 않고 기도드렸다. 우리는 하이델
베르크 교리문답이 말하는 것처럼 "모든 슬픔과 박해 속에서도 하나
님의 심판대 앞에서 나의 모든 저주를 없애주신 그분이 하늘로부터
오시기를 기다릴 수" 있다. 우리를 모든 원수로부터 지켜주시고 보호
해주시는 예수님은 그 마지막 날에 원수들을 심판하시고 우리와 그
의 택한 모든 백성을 하늘의 기쁨과 영광 속으로 이끄실 것이다. 지금
우리의 현실이 아무리 절망적이라고 해도 그날을 기다리며 소망을
잃지 말기 바란다.

믿음 노트

1. 만일 안네가 기다리던 연합군의 상륙작전이 없었다면 『안네의 일기』
   는 어떻게 달라졌을까요?

2. 예수 그리스도의 재림이 우리에게 주는 소망과 위로는 무엇입니까?

제20과

성령 하나님에 대하여
구텐베르크의 인쇄술

🏷️ **그림으로 이해하기** # 렘브란트의 "메노나이트 안슬로"(베를린 국립회화관 소장)

평안의 근거

렘브란트가 그린 이 그림은 안슬로(Cornelis Claesz Anslo, 1592-1646)라는 메노나이트 교역자와 그의 아내를 그린 초상화다. 메노나이트(Mennonite)란 네덜란드에서 종교개혁이 일어났을 때 메노 시몬스(Menno Simonszoon, 1496-1561)가 세운 개신교 교파로서 재세례파—이는 제27과에서 자세히 다룰 예정이다—와 관련이 있다. 여기서 재세례파에 대해 자세히 언급하기는 어렵지만 간단하게 말해 재세례파는 세속과의 분리를 주장하며 비폭력을 추구함으로써 루터파보다 좀 더 극단적인 개혁을 추구했다고 할 수 있다. 그들은 종교개혁 당시에는 개신교와 가톨릭 양쪽으로부터 박해를 받았는데, 그들 중 상당수는 신앙의 자유를 찾아 미국으로 건너가서 신앙 공동체를 세웠고 그 후손들은 오늘날에 이르고 있다.

그런데 이 그림은 렘브란트의 눈에 비친 그들의 신앙과 현실의 관계를 보여준다. 안슬로의 아내는 얼굴에 온갖 걱정이 가득한 모습이다. 반면 안슬로는 그런 아내를 위로하며 상당히 평안한 표정을 짓는다. 그가 가진 평안의 근거는 바로 안슬로의 손이 가리키는 성경책이다. 이 그림이 그려진 1641년은 소위 "잘나가던" 화가 렘브란트가 파산을 경험하며 몰락한 시기였다. 그는 고난의 길을 걷기 시작한 화가로서 성경이야말로 유일한 신뢰와 영감의 대상임을 이렇게 표현한 것이었다.

렘브란트가 이 그림에서 보여준 대로 우리의 기쁨, 확신, 평안의 근거는 성경뿐이다. 성경은 우리의 슬픔, 의심, 불안을 잠재우고 새로운 마음을 일으켜주어 변화와 새 역사가 시작되게 한다. 그런데 기쁨, 확신, 평안, 구원, 회개 등은 성령의 열매들이다. 여기서 우리는 성령하나님이 흔한 오해와는 달리 감정의 변화나 흥분을 일으켜 일하시는 것이 아니라 성경 말씀을 통해 일하신다는 사실을 알 수 있다.

🏷️ 성경 수업

🚪 마음 열기

1. 기쁨이나, 확신, 혹은 평안을 주는 성경 구절이나 성경 속 이야기
   를 알고 있다면 나누어봅시다.

2. 자신이 스스로 깨닫기 어려운 사실을 성령 하나님이 알게 해주셨
   다고 느낀 적이 있다면 이야기해봅시다.

성령 하나님에 대하여

이번 과는 **성령** 하나님에 대해 공부하려고 한다. 예수님이 말씀하셨듯이 성령의 역사는 바람이 임의로 부는 것과 같아서 그 원리를 파악하거나 명확히 이해하기가 어렵다(요 3:8). 그로 인해 성령 하나님에 대한 다양한 견해와 입장이 생겨났고 그에 따라 개신교의 여러 교파가 갈라지기도 했다.

○ 관련 성구

바람이 임의로 불매 네가 그 소리는 들어도 어디서 와서 어디로 가는지 알지 못하나니 성령으로 난 사람도 다 그러하니라(요 3:8).
내가 아버지께 구하겠으니 그가 또 다른 보혜사를 너희에게 주사 영원토록 너희와 함께 있게 하리니(요 14:16).

그러나 한 가지 확실한 것은 성령이 반드시 "말씀"을 토대로 일하신다는 사실이다. 말씀을 통해 새로운 깨달음을 얻고, 삶이 뒤바뀌고, 마음이 새로워지고, 죄를 미워하게 되고, 기쁨과 감사가 생겨나고, 구

원의 확신 속에 거하게 되는 등의 현상은 모두 성령의 역사에 기인한다.

사도신경에는 "나는 성령을 믿으며"라는 고백이 있다. 그것은 단지 성령 하나님이 "존재"하신다는 사실을 믿는다는 의미가 아니다. 참된 신자는 성령 하나님이 우리 안에 거하시고 하나님의 자녀임을 확신시켜주시고 우리를 변화시키는 작용을 주장하신다는 사실을 믿는다. 다르게 말하면 그리스도의 말씀이 내 속에서 활동하게 하시는 하나님의 역사가 바로 성령 하나님의 근본적인 사역이다. 이를 통해 나타나는 성령의 열매는 방언, 예언, 병 고침이 아니라—이는 교회의 필요에 따라 주어지는 성령의 은사다—사랑, 기쁨, 화평, 인내, 온유, 절제 등의 인격적인 변화다 (갈 5:22-23). 방언이나 예언, 병 고침 등의 은사는 성령을 받은 모두에게 주어지는 것은 아니므로 신앙의 본질이라고 할 수 없다. 오히려 성경 말씀을 통해 인격을 변화시키는 성령 하나님의 역사는 사도신경을 고백하는 누구나가 경험하는 공통점이 되어야 한다. 심지어 바울은 성령과 말씀을 동일한 위치에 놓기도 했다.

구원의 투구와 성령의 검, 곧 하나님의 말씀을 가지라(엡 6:17).

○ 관련 성구

너희는 너희가 하나님의 성전인 것과 하나님의 성령이 너희 안에 계시는 것을 알지 못하느냐?(고전 3:16)

22오직 성령의 열매는 사랑과 희락과 화평과 오래 참음과 자비와 양선과 충성과 23온유와 절제니 이 같은 것을 금지할 법이 없느니라(갈 5:22-23).

👓 하이델베르크 교리문답 살펴보기

제53문 "성령을 믿으며"라는 고백은 성령의 무엇을 믿는다는 것입니까?

답 첫째, 성령은 성부와 성자와 함께 계시는 참되고 영원한 하나
님이심을 믿는 것이며, 둘째, 그분은 나에게도 임하셔서 진실
한 믿음으로 그리스도와 그분의 모든 유익을 누리게 하시고
나를 위로하시며 영원히 나와 동행하심을 믿는 것입니다.

🏷️ 교실 밖 수업

구텐베르크 박물관을 찾아서

구텐베르크는 1390년대에 마인츠의 하급 귀족 가문에서 태어

구텐베르크

났다. 그는 금속 세공 기술을 익히며 40년간 화폐를 찍어내는 등의 일을 하다가 금속 활자를 개발했다. 그가 발명한 인쇄술은 큰 변화 없이 최근까지 쓰일 정도로 획기적이고 우수한 것이었다. 그가 발명한 인쇄술로 제작된 성경은 대중에게 보급되어 성직자 중심의 중세 사회를 뒤흔드는 결과를 낳았다. 또한 수많은 인문주의자의 저서들도 대량 생산됨으로써 유럽의 중세가 끝나고 르네상스 시대가 열릴 수 있었다.

구텐베르크의 고향 마인츠는 프랑크푸르트 서쪽에 자리한 도시다. 마인츠에서는 프랑크푸르트뿐 아니라 슈파이

> 방문지 주소
> **구텐베르크 박물관**: Liebfrauenstraße 5, 55116 Mainz

구텐베르크 박물관에서 인쇄술이 세상을 어떻게 바꾸었는지 확인해보자. 당시 제작된 다양한 책들이 방문객의 눈길을 끈다.

어(제13과), 보름스, 뤼데스하임(Rüdesheim), 하이델베르크도 멀지 않으므로 지리적인 여건을 고려하여 교실 밖 수업의 경로를 정해보기 바란다.

　마인츠의 구시가지 광장에는 종종 재래시장이 열려서 많은 사람이 몰려든다. 이 광장 옆에는 독일의 3대 성당 중 하나였던 검붉은 색의 마인츠 대성당이 서 있다. 중세 시대에는 주요 종교 회의들이 마인츠 대성당에서 열릴 정도로 마인츠의 대주교는 매우 중요한 지위였다. 구텐베르크 박물관은 마인츠 대성당 입구 정면에 있다. 1층에서 입장권을 끊고 2층으로 올라가면 인쇄술과 관련한 다양한 자료들이 눈에 들어온다. 이 박물관에서는 어떻게 인쇄술이 세상을 변화시켰는지를 확인할 수 있다. 구텐베르크 당대에 인쇄된 자료들도 암실에 전시되고 있는데 세상을 바꾼 최초의 인쇄물들을 눈으로 직접 볼 수 있다는 것은 대단한 감동이 아닐 수 없다.

구텐베르크 박물관에 가면 우리 선조들의 업적도 확인할 수 있다.

　　이 박물관에서 가장 반가운 것은 동양의 인쇄물들을 전시한 구역이다. 중국 송나라의 인쇄물 옆에는 우리나라 고려 시대의 인쇄 기술을 설명하는 미니어처와 인쇄물이 전시되어 있다. 사실 고려의 금속 활자 인쇄술은 서양보다 70여 년이나 앞서 발명되었다. 우리는 이에 대해 교과서에서나 들어보았을 뿐 그다지 자부심을 느끼지 못하는 경우가 많은데 이는 고려의 인쇄술이 사회를 변혁시키는 도구였다기보다는 종교적인 목적에서 제한적으로 사용되었다는 한계 때문인 듯하다. 오히려 우리보다 70여 년이나 늦은 구텐베르크의 인쇄술은 유럽의 중세 사회를 허물어뜨리고 근대 사회를 촉발한 결정적인 요소가 되었다.

　　새로운 지식의 확산은 사람들의 인식과 세계관을 변화시켜 새로운 역사가 시작되게 한다. 이것이 역사학자들이 구텐베르크의 인쇄술이 없었다면 루터의 종교개혁이 성공하지 못했을 것이라고 말하는

방문객들이 구텐베르크의 인쇄술에 대한 설명을 듣고 있다.

이유다. 루터는 1517년 10월 31일에 비텐베르크 궁성교회 문에 95개조 반박문을 게시했다. 그리고 두세 주 후에 몇 개의 오류를 발견하고 반박문을 회수하려고 했다. 그러나 그 반박문의 내용은 이미 대량으로 인쇄되어 아일랜드와 스칸디나비아 반도까지 퍼져나간 후였다. 이런 현상은 구텐베르크의 인쇄술이 발명되기 이전에는 상상도 할 수 없는 일이었다.

구텐베르크가 발명한 인쇄술을 사용해 가장 먼저 출간된 책은 성경이었다. 루터가 번역한 독일어 성경이 독일 전역에 보급된 것도 구텐베르크가 발명한 인쇄술이 있었기에 가능한 일이었다. 구텐베르크 박물관의 가장 아래층에 가면 구텐베르크 시대에 사용된 인쇄기를 직접 볼 수 있다. 지금으로부터 약 600년 전에 성경을 만드는 데 쓰인 인쇄기가 어떻게 작동했는지 궁금하지 않은가? 구텐베르크 박물관에 찾아가서 궁금증을 해결하고 그의 인쇄술이 우리에게 끼친 영향이 무엇인지도 확인해보자.

🏷️ 선생님의 칠판

구텐베르크의 인쇄술 이야기 # 정승민 선생님

판면에 볼록하게 글자가 새겨진 금속 활자들을 배열해 사용하는 인쇄술은 1450년경 구텐베르크에 의해 개발되어 상용화되었다. 각각의 알파벳을 돋을새김 형식으로 새긴 금속 형판을 인쇄술에 도입한 그는 나무틀 안에 활자를 배열하고(조판) 잉크를 묻혀 종이에 찍어내는 방식으로 똑같은 내용을 실수 없이 대량으로 만들어낼 수 있었다. 인쇄를 마친 뒤에는 조판을 해체하여 활자들을 다시 사용할 수 있었기 때문에 이 방식은 경제적이면서도 빠른 속도를 자랑했다.

사실 구텐베르크 당시 유럽은 활판 인쇄술이 발달하기에 유리한 조건을 갖추고 있었다. 알파벳은 철자 수가 많지 않았고 활자의 재료가 되는 금속의 가격이 저렴했을 뿐 아니라 활자에 잘 붙고 종이에 번지지 않는 유성 잉크를 사용했기 때문이다. 또한 중국에서 전해진 제지술이 그 당시 크게 개량되고 보완되어 값싼 종이를 구하기 쉬웠다는 점도 한몫했다.

이런 유리한 조건들을 바탕으로 구텐베르크의 활판 인쇄술은 유럽 전역으로 번져나갔다. 그리고 그의 인쇄술을 통해 인문주의자들은 정확하고 표준화된 고전들을 소지할 수 있었다. 물론 그 가운데 가장 중요한 것은 성경이었다. 1454년경에 출간된 『구텐베르크 성경』을 기점으로 금속 활판 인쇄술로 제작된 다양한 성경들이 보급되었으며 역사상 처음으로 보통 사람들도 성경의 내용을 직접 접할 수 있게 되었다.

한마디로 말해 구텐베르크의 인쇄술은 세상을 바꾸었다. 제지술과 함께 유럽 전역으로 퍼진 금속 활판 인쇄술은 새로운 지식과 사상을 전파하는 데 중요한 역할을 하면서 르네상스와 종교개혁을 이끌었다고 해도 과언이 아니다. 1,000년간 교회가 주도해온 중세 사회는 구텐베르크의 인쇄기에 눌려 마지막 숨을 몰아쉬고 있었다.

그런데 구텐베르크가 금속 활자 인쇄술을 발명한 것은 우연이나 요행에 의한 사건이 아니었다. 구텐베르크의 부친은 마인츠의 대주교 밑에서 화폐를 찍어내던 사람이었고, 구텐베르크도 가업을 이어받아 금속 세공업에 종사했던 것으로 보인다. 하지만 마인츠에서는 군주와 대주교 간의 갈등이 고조되었고 세력 싸움에서 대주교가 불리해졌을 때는 마인츠에서 추방당한 적도 있었다.

우여곡절 속에서도 기술을 개발하며 금속 세공업에 종사하던 구텐베르크는 금속 활자에 대해 연구하기 시작했고 번뜩이는 창의성으로 전에 없던 활판 인쇄술을 발명하기에 이르렀다. 그러나 구텐베르크의 말년은 유복하지 못했다. 완벽한 활판 인쇄술을 만들기 원했던 그는 투자자들에게 진 빚을 제때 갚지 못해 고소를 당했고 거의 모든 재산을 잃었기 때문이었다. 그가 만든 인쇄기와 모든 자재도 다른 사람의 손에 넘겨야 할 정도였다.

하지만 성직자와 일부 귀족들만 소유할 수 있던 성경을 완벽한 형태로 대중에게 보급하기 위해 끊임없이 노력해서 열매를 맺은 구텐베르크의 삶은 박수를 받을 만하다. 구텐베르크 이전에는 성경을 비롯한 책들이 주로 필사를 맡은 수도사들을 통해서 생산되었다. 사람이 일일이 옮겨 적는 필사는 시간이 오래 걸릴 뿐 아니라 여러 가지 실수가 생길 가능성이 많은 방법이었다. 그런데 새로운 인쇄술을 발명한 것은 누구보다 필사의 단점을 잘 알던 수도사들이 아니었다. 또한 정교한 기술을 활용해 매일같이 무언가를 찍어내던 제조업자들도 성경에는 관심이 없었다. 그에 반해 구텐베르크는 "성경"을 대중에게 보급하려는 "열정"을 가졌고 그 꿈을 실현하기 전까지 40년간 "훈련"을 받은 인물이었다. 다시 말하면 세상을 바꾼 구텐베르크는 열정과 실력이라는 두 가지 조건을 충족시킨 사람이었다!

아마도 40년 동안 금속을 다루며 기계를 만지는 일은 힘겹고 지루했을 것이다. 그러나 그런 훈련의 과정이 없었다면 성경을 보급하려 했던 구텐베르크의 열망은 단지 백일몽에 그쳤을 확률이 높다. 하나님의 위대한 일을 하기 위해서는 반드시 열정과 훈련이 모두 필요하다는 사실을 기억해야 한다. 꿈만 꾸는 것도 의미가 없고, 목적 없이 내달리는 달음질 역시 삶을 고단하게만 할 뿐이다. 우리 함께 높은 이상을 가지고 부지런한 실천에 매진하자. 이 두 가지에 성공한다면 우리도 언젠가 "새로운 인쇄술"을 발명할 수 있을지도 모른다.

성경과 성령 # 정승민 선생님

우리가 "믿음"으로 하나님의 자녀가 되는 사건은 하나님의 선물로 주어진다(엡 2:8). 그리고 사람이 거듭나는 과정에서 성령 하나님은 그 사람이 믿을 수 있도록 역사하신다. 그런데 바울은 사람이 믿기 위해서는 들어야 하고 듣기 위해서는 누군가가 전해야 한다고 분명하게 말한다(롬 10:14). 즉 믿음에는 대상 혹은 내용이 필요하며 그 대상이나 내용을 파악한 사람만이 성령의 역사를 통해 믿음을 갖게 된다는 것이다.

이런 논리적인 전제에 비추어 역사적인 사건들을 평가해보자. 루터가 성경을 번역하자 독일의 많은 사람이 그 성경을 보면서 참된 믿음으로 돌아섰다. 루터 자신도 성경을 읽으면서 변화되었고 칼뱅 역시 성경을 보던 중에 회심을 경험했다. 성경과 성령 하나님의 활동은 전혀 무관하지 않다. 혹은 성경 말씀 없이는 성령이 역사하지 않는다고 말할 수도 있다.

이런 관점에서 봤을 때 구텐베르크의 인쇄술을 통해 성경이 대량으로 보급되지 않았던 중세에 성령의 활동이 제한되었던 것은 우연이 아니다. 성령 운동은 성경 보급을 배경으로 나타난 역사적 현상이었다. 우리는 이런 사실들을 통해 성령이 반드시 하나님의 말씀인 성경을 통해 역사하신다는 것을 확인할 수 있다. 우리는 말씀과 무관한 격정적인 감정, 뜨거움, 황홀경 같은 기분을 성령의 역사와 동일시하는 실수를 범하지 말아야 할 것이다.

믿음 노트

1. 구텐베르크가 종교개혁에 미친 영향은 무엇이었나요?

2. 성령 하나님과 더욱 가까이하기 위해 우리가 힘써야 할 것은 무엇인
   가요?

교회에 대한 고백
1555년 아우크스부르크 화의(和議)

🏷 그림으로 이해하기 # 페티의 "잃은 양의 비유"(드레스덴 구거장미술관 소장)

잃은 양을 찾아서

이 그림은 "교회"란 어떠해야 하는지를 잘 보여준다. 그림을 자세히 관찰해보자. 한 사람이 양 한 마리를 어깨에 짊어지고 돌아오는데 오른편의 두 사람은 그 모습을 보며 매우 기뻐한다. 그들의 뒤편에는 수많은 양이 보이지만 목동들의 관심은 오로지 잃어버렸던 양 한 마리에 쏠려 있다.

이 그림이 묘사하는 상황은 세상의 논리와는 어울리지 않는다. 이 세상은 경제적인 잣대에 따라 움직이기 때문이다. 양 떼에서 한 마리 양이 없어졌을 때 그 양을 찾느라 다른 양들을 돌보지 않는 것은 너무나 위험한 선택이다. 자칫하면 더 많은 양을 잃어버릴 수도 있다. 단순하게 경제적인 측면만을 고려한다면 없어진 양 한 마리를 포기하는 것이 합리적인 선택일 것이다.

그러나 우리가 앞서 배운 내용을 기억하는가? 하나님은 우리를 자녀로 삼아주실 때 우리의 조건, 능력, 업적, 외모 따위를 고려하지 않으셨다. 하나님이 우리를 자녀로 삼으신 이유를 굳이 따지자면 우리를 "그냥" 사랑하신 것 외에 다른 이유는 없다. 즉 하나님의 "무조건적인 사랑"이 그 이유다. 하나님의 독생자이신 예수님은 우리를 위해 죽임을 당하심으로써 우리의 몸값이 바로 하나님의 아들이 가지는 가치와 같다는 사실을 확증해주셨다.

그런데 부활의 첫 열매가 되셔서 하나님 우편에 앉으신 예수님은 **교회**의 머리가 되셨다. 교회란 무엇인가? 그리스도인들이 예배를 드

○ 관련 성구

나는 선한 목자라. 선한 목자는 양들을 위하여 목숨을 버리거니와(요 10:11).

4내 안에 거하라. 나도 너희 안에 거하리라. 가지가 포도나무에 붙어 있지 아니하면 스스로 열매를 맺을 수 없음 같이 너희도 내 안에 있지 아니하면 그러하리라. 5나는 포도나무요 너희는 가지라. 그가 내 안에, 내가 그 안에 거하면 사람이 열매를 많이 맺나니 나를 떠나서는 너희가 아무것도 할 수 없음이라(요 15:4-5).

리는 건물이 교회인가? 아니다. 예수님은 구원받은 우리가 한 몸처럼 하나로 "연합"되기를 원하셨는데 그 "몸"이 바로 "교회"다. 즉 교회는 십자가 첨탑이 달린 건물이 아니라 머리이신 예수님과 연결된 몸인 그리스도인들의 연합을 일컫는 말이다.

우리가 예수님을 믿고 하나님의 자녀가 되었을 때, 하늘에서는 바로 이 그림과 같은 일이 벌어졌을 것이다. 우리를 어깨에 짊어지고 "잃은 양을 찾았다"라고 소리치는 분은 바로 예수님이시다. 그렇다면 잃었던 생명을 되찾은 우리가 할 일은 무엇일까? 우리는 무엇보다 예수님이 핏값으로 세우신 교회를 잘 보존하고 사랑해야 한다. 그리고 더 나아가 길을 잃은 양들이 주님께 돌아와서 교회의 구성원, 즉 예수님의 몸의 일원이 되도록 돕는 일에 마음을 쏟아야 할 것이다.

🏷️ 성경 수업

📖 마음 열기

1. 당신이 가장 소중하게 여기는 보물은 무엇입니까?

2. 당신이 소속된 교회를 간단하게 소개해보세요.

거룩한 교회에 대하여

앞서 말했듯이 교회란 첨탑 위에 십자가가 달린 건물을 의미하는 것이 아니다. "교회"를 뜻하는 그리스어 "에클레시아"는 "부르심을 받은 사람들의 무리"를 의미한다. 이 의미만 놓고 보더라도 교회가 "건물"이 아니라 "사람들"이라는 사실은 확실해진다.

교회는 예수님을 구주로 고백한 사람들의 모임이다. 그 교회를 세우기 위해 하나님은 예수님의 피를 대가로 지불하셨다(행 20:28). 그렇게 세워진 교회 속에 하나님이 임재하신다. 또한 하나님은 교회를 통해 그분의 뜻을 이루어가신다. 교회의 구성원이 두세 명이든, 수천 명이든 그것이 중요하지는 않다(마 18:20). 예수님을 구주로 고백하는 성도들의 무리, 즉 교회는 머리이신 예수님과 연결되고 교회 구성원들은 서로 사랑으로 연합한다(엡 4:16). 그렇다면 다음과 같은 말들이 올바른지 생각해보자.

○ 관련 성구

두세 사람이 내 이름으로 모인 곳에는 나도 그들 중에 있느니라(마 18:20).

여러분은 자기를 위하여 또는 온 양 떼를 위하여 삼가라. 성령이 그들 가운데 여러분을 감독자로 삼고 하나님이 자기 피로 사신 교회를 보살피게 하셨느니라(행 20:28).

15오직 사랑 안에서 참된 것을 하여 범사에 그에게까지 자랄지라. 그는 머리니 곧 그리스도라. 16그에게서 온몸이 각 마디를 통하여 도움을 받음으로 연결되고 결합되어 각 지체의 분량대로 역사하여 그 몸을 자라게 하며 사랑 안에서 스스로 세우느니라(엡 4:15-16).

① "장로님이 우리 교회에서 제일 높은 분이셔."
② "담임 목사님이 우리 교회의 머리다."
③ "저 사람은 우리 교회에 필요 없어."
④ "나는 교회에 다니지 않고도 혼자서 신앙생활을 잘할 수 있다."

이런 말들을 무심코, 혹은 의도적으로 사용하는 그리스도인들이 있다. 하지만 이는 모두 잘못된 말이다. 왜 잘못됐는지 성경적으로 하나씩 따져보자.

① 목사, 장로, 집사는 계급이 아니라 교회를 섬기기 위한 서로 다른 "역할"일 뿐이다(엡 4:11-12).

② 교회의 머리는 사람이 아니라 예수님이시다. 목사와 장로 중 누가 교회의 머리인가를 두고 다투는 교회들도 있는데 이는 매우 부끄러운 일이라는 사실을 알아야 한다.

③ 교회도 사람들이 모인 집단이기에 분쟁이나 분열, 갈등이 생기기 마련이다. 그렇다고 해서 친하지 않거나 생각이 다른 사람들을 교회에 필요 없는 사람으로 치부하면 안 된다. 우리는 예수님이 그런 사람들을 위하여 죽으셨다는 사실을 기억하고 겸손한 자세로 주의해야 한다(고전 8:11-13).

④ 교회는 예수님과 연결되어 함께 호흡하는 몸이다. 그러므로 교회 없이 혼자서 신앙생활을 한다는 것은 마치 우리의 신체 부위 하나가 떨어져 나가는 것과 같다. 그리스도인은 반드시 다른 그리스도인과의 관계(교회) 속에 있어야 한다.

◯◯ 하이델베르크 교리문답 살펴보기

제54문 신앙고백 중 그리스도의 "거룩한 공교회"에 대해 당신은 무엇을 믿습니까?

답 하나님의 아들이 세상의 시작과 끝날까지 모든 인류로부터 택하신 교회를 참된 믿음의 연합 속에서 모으시고 보호하시며 성령과 말씀으로 보존하시는 것을 믿으며, 그 교회 속에서 살아 있는 구성원으로서 영원히 머물게 될 것을 믿습니다.

제55문 당신은 "성도의 교제"를 어떻게 이해하고 있습니까?

첫째, 모든 믿는 자들은 그리스도의 몸 된 구성원으로서 그분과 함께 연합하고 그의 보화와 은사를 얻습니다. 둘째, 각 구성원은 다른 성도(지체)들의 유익과 구원을 위해 항상 기쁘게 그 은사를 사용해야 할 의무가 있습니다.

교실 밖 수업

1555년 아우크스부르크 화의의 현장을 찾아서

독일 남부에 자리한 아우크스부르크(Augsburg)는 수천 년의 역사를 가진 유서 깊은 도시로서 신성 로마 제국의 자유도시 중 하나였다. 뮌헨에서 자동차로 1시간이 채 걸리지 않는 서북쪽에 자리하고 있으며, 프랑크푸르트에서 고속열차를 타고 찾아갈 수도 있다.

1555년에 아우크스부르크에서 맺어진 종교 화의는 개신교 역사에서 한 페이지를 차지한다. 루터의 개신교 신앙은 처음에 로마 가톨릭에 의해 "이단"으로 정죄되었고 신성 로마 제국의 황제는 이단을 처벌한다는 명목으로 루터파 신자들을 박해했다. 하지만 부패한 로마 가톨릭의 지배에 반감을 품은 각 지역의 제후들은 황제에게 종교를 선택할 수 있는 권리를 보장해달라고 요구했다. 대외 전쟁 때문에 제후들의 협력이 필요했던 황제는 1526년 슈파이어 제국 의회에서 제후들의 요구를 수용하기로 하고 1530년에 열린 아우크스부르크 제국 의회를 통해 루터파의 교리를 설명할 기회를 주는 등 유화정책을 폈지만 기본적으로는 개신교를 인정할 생각이 전혀 없었다. 더욱이 기회가 있을 때마다 태도를 바꾸어 무력으로 개신교 세력을 진압하려고 했다. 이에 개신교 진영의 제후들은 1531년부터 슈말칼덴 동맹을 맺고 저항을 이어나갔다. 그들의 끈질긴 저항과 투쟁의 열매가 바로 아우크스부르크 화의였다.

아우크스부르크 화의의 기본적인 내용은 "각 영지의 종교는 제후가 결정한다"는 것으로서 종교를 선택할 수 있는 개인의 완전한 권리를 인정한 것은 아니었다. 하지만 이런 한계에도 불구하고 중세의 로마 가톨릭에 저항한 종교개혁이 이 화의를 통해 공식적인 결실을 보았다는 사실은 분명했다. 이처럼 세계사적으로도 중요한 의의를 가지는 아우크스부르크 화의의 배경과 과정 및 결과를 아우크스부르크에서 직접 확인해보자.

종교개혁에서부터 아우크스부르크 화의까지 숨 막히게 전개된 역사를 살펴보며 교실 밖 수업을 진행하기에 아우크스부르크만큼 적당한 도시는 없을 것이다. 이곳에서 우리는 중세 로마 가톨릭의 흔적은 물론이고 루터, 멜란히톤 등이 남긴 흔적도 확인할 수 있다. 먼저 루터가 1517년에 95개조 반박문을 게시하고 이듬해에 소환되었을 때 지내던 성 안나 교회에 찾아가 보자. 그다음으로는 아우크스부르크 대성당을 살펴본 후 고풍스러운 시내를 가로질러 성 울리히 아프라 교회까지 걸어가 보자.

성 안나 교회(St. Anna Kirche)는 아우크스부르크 시내 중심부의 번잡한 상가 지역에 있다. 로마 가톨릭은 1518년

성 안나 교회의 전시관 입구

방문지 주소
성 안나 교회: Im Annahof 2, 86150 Augsburg
아우크스부르크 대성당: Frauentorstraße 2, 86152 Augsburg
성 울리히 아프라 교회: Ulrichsplatz 19, 86150 Augsburg

10월에 루터를 아우크스부르크로 소환하여 심문했다. 같은 해 4월, 교황청은 "하이델베르크 논쟁"을 통해 루터의 사상이 잘못되었음을 증명하고자 했지만 루터가 굴복하지 않자 그의 사상을 "이단"으로 못 박아 철회시킬 요량이었다. 그러나 루터는 여기서도 자신의 주장을 굽히지 않았다.

성 안나 교회는 아우크스부르크로 소환되었던 루터가 지냈던 장소로서 교회 입구에서부터 루터를 기념하는 흔적들을 볼 수 있고 작은 계단을 따라 2층으로 올라가면 당시 루터가 지냈던 곳을 개조한 기념관을 관람할 수 있다. 좁다란 계단을 따라 올라가면서 전시해놓은 자료들을 살펴보면 역사의 흐름이 한눈에 들어온다. 기념관에는 중세 시대에 발행된 면죄부와 1648년에 날인된 베스트팔렌 조약 문서, 종교개혁과 관련된 다양한 문서들이 전시되어 있다.

성 안나 교회에서 아우크스부르크 대성당(Augsburg Dom)으로 발걸음을 옮겨보자. 먼저 대성당 앞에 세워진 특이한 동상들이 눈길을 끈다. 이 동상들은 아우크스부르크와 관련된 3명의 성인을 형상화한 것이다. 정면에서 봤을 때 좌측의 인물은 기원후 9세기의 성인인 짐페르트(St. Simpert, ?-807)다. 중앙에 말을 탄 인물은 기원후 10세기의 성인인 울리히(St. Ulrich, 890?-973)이고, 우측 인물은 기원후 4세기 로마 시대의 박해 때 순교한 아프라(St. Afra, ?-304)다. 이들은 모두 가톨릭의 아우크스부르크 교구가 신성시하며 자랑하는 성인들이지만 역설

아우크스부르크 대성당 앞에 세워진 성인들의 동상

레지덴츠. 붉은색 원 안에 기념 명판이 보인다.

적으로 신성 로마 제국의 황제와 교황이 "하나님의 이름으로" 수많은
개신교인을 박해했던 피의 역사를 반영하는 것 같다.

아우크스부르크 대성당 옆에는 "레지덴츠"(Residenz)라는 부대시
설이 있다. 카를 5세가 루터파 개신교인들에게 해명 기회를 주었던
1530년, 바로 이곳에서 루터의 동역자였던 멜란히톤이 체계적으로
정리한 루터파의 신앙고백이 황제 앞에서 낭독되었다. 레지덴츠의 외
벽에는 그 사건을 기념하는 명판이 붙어 있다.

아우크스부르크 신앙고백을 낭독하는 장면을
담은 16세기의 목판화

개신교의 신앙고백 중 많은 사람에
게 가장 널리 알려진 아우크스부르크
신앙고백은 아우크스부르크 화의라는
열매의 씨앗이었고, 1563년에 만들어
진 하이델베르크 교리문답의 탄생에도
영향을 주었다. 로마 가톨릭에 의해 "이
단"으로 낙인 찍힌 개혁자들은 이 신앙
고백을 통해 자신들의 신앙이 성경에
근거한다는 사실을 천명했을 뿐 아니라

아우크스부르크의 중심을 가로지르는 고풍스러운 막시밀리안 거리 끝에 성 울리히 아프라 교회가 있다.

체계화된 공통의 교리를 가질 수 있었다.

아우크스부르크 대성당에서 나와 남쪽으로 방향을 잡고 카롤리네 거리(Karolinenstraße)와 막시밀리안 거리(Maximilianstraße)를 따라 이동하면 성 울리히 아프라 교회(Basilika St. Ulrich und Afra)로 갈 수 있다. 이 교회의 이름은 아우크스부르크 대성당 앞에 놓인 동상의 주인공들에게서 빌려온 것이다.

그런데 특이하게도 이 교회는 하나의 교회처럼 보이지만 실제로는 두 개의 교회가 벽을 맞대고 있다. 막시밀리안 거리에서 봤을 때, 앞의 교회는 정면에 출입문이 있고 규모가 작은 교회로서 개신교 예배당이며, 오른쪽으로 돌아서 들어가는 뒤의 건물은 가톨릭 성당으로서 훨씬 크고 웅장하다. 바로 이 성당에서 1555년에 아우크스부르크 화의가 체결되었다. 이곳에서는 주변을 둘러보아도 아우크스부르크 화의를 기념하는 명판이나 기념물은 찾아볼 수 없다. 하지만 벽을 맞대고 앞뒤로 세워진 두 교회의 조화로운 모습 자체가 신교와 구교가 서로를 인정하고 평화와 공존을 선택한 1555년 당시의 상황을 설명해주는 것 같다.

🏷️ 선생님의 칠판

아우크스부르크 화의의 의미 # 정승민 선생님

루터는 구원이 오직 믿음으로 하나님의 은혜에 의해 이루어지며 성경만이 믿음의 유일한 근거라고 주장했다. 루터를 지지하면서 황제와 로마 가톨릭의 권위에 도전한 독일의 제후들은 동맹을 맺고 끈질기게 저항한 끝에 마침내 아우크스부르크 화의를 맺을 수 있었다. 아우크스부르크 화의를 통해 결정된 주요 내용은 다음과 같다.

① 각 영지의 제후는 자기 영지의 종교를 결정할 권리를 가진다.
② 이 원칙은 루터파에만 적용된다.
③ 1552년까지 개신교인이 점거한 가톨릭 교회의 재산은 그들의 재산으로 인정된다.

비록 영지를 가진 제후에 한정되기는 했지만 아우크스부르크 화의를 통해 역사상 최초로 개인이 종교를 선택할 수 있게 되었다. 영지에 복속된 주민 개개인에게는 종교를 선택할 권리가 없었다. 하지만 새로운 영지로 옮겨 가는 것은 허용되었으므로 이 화의는 종교 선택에 대한 개인의 자유가 확대되는 과정이었다고 평가할 수 있다. 또한 정치 주체가 종교를 자유롭게 선택할 수 있게 되었다는 것은 교황의 지배력이 이제 세속 사회에 미치지 못한다는 의미이기도 했다. 한편 이 화의의 결과 독일 연방의 대다수 지역이 루터파 개신교를 자기 지역의 종교로 채택했는데 이는 국가 종교의 시작을 알리는 현상이었다.

교회사적 측면에서 보면 아우크스부르크 화의는 새로운 사상을 추종하던 다양한 집단들이 하나의 공동체를 형성해서 정식으로 인정받은 최초의 역사적 사건이었다. 루터의 종교개혁 사상을 받아들인 지역과 도시들은 물론이고 수많은 개인이 하나의 영적 공동체, 즉 교회 공동체를 이루었다. 그 이전에는 지연이나 혈연이 사람의 정체성을 결정하는 중요한 기준이었다면 이제 신념이나 사상이 새로운 기준으로 대두한 것이다.

이는 우리에게 영적으로 중요한 교훈을 준다. 개인주의적이고 이기적인 문화에 물든 우리는 다른 교회나 교인들과 "연합"하는 것에 상당히 서툴다. 그러나 예수 그리스도를 구주로 고백하는 사람은 누구든지 커다란 영적 공동체의 일원임을 기억해야 한다. 우리가 각자의 교회에 소속되어 있을지라도 사실은 그리스도를 머리로 하는 거대한 본질적 교회의 지체라는 사실을 잊지 말기 바란다. 우리는 이런 개념을 사도신경과 하이델베르크 교리문답을 통해 배울 수 있다. 이 "거룩한 공교회"를 믿음으로 고백하는 사람들은 마땅히 각 교회의 울타리를 넘어서 주변의 연약한 교회들과 힘을 나누고 협력해야 한다. 그런 연합이야말로 보이지 않는 교회의 본질을 드러내 주기 때문이다.

한편 아우크스부르크 화의에는 그늘진 면도 있다. 루터의 종교개혁 사상을 추종하는 독일 내의 영주들과 거기에 속한 지역들, 즉 "루터파"는 권리를 보장받았지만 스위스에서 시작된 칼뱅파나 재세례파를 비롯한 소수 개신교 종파들은 전혀 인정을 받지 못했기 때문이다. 그 이유는 분명했다. 사회의 중하위층에 기반을 둔 칼뱅파나 다른 개신교 종파들과는 달리 루터파는 주로 영주들과 귀족들의 지지를 받았기 때문에 정치적인 영향력이 컸던 것이다. 즉 아우크스부르크 화의는 순수하게 종교적이거나 인권적인 성격의 사건이 아니었다.

그런데 우리는 여기서도 영적인 교훈을 얻을 수 있다. 오늘날 교회의 현실을 생각해보라. 교회 내에서 목소리가 크고 주목받는 사람들은 누구인가? 대체로 사회적 지위가 높거나 부유한 사람들이 교회에서도 인정받지 않는가? 교회 안에서 가난하거나 평범한 교회 구성원들의 목소리가 상대적으로 약하다면, 우리는 교회의 정체성이 올바로 정립되어 있는지 심각하게 점검해보아야 할 것이다. 예수님은 가난한 자들이 복이 있으며, 교회에서 큰 자는 섬기는 자라고 말씀하셨기 때문이다.

믿음 노트

1. 1555년 아우크스부르크 화의에서 루터파는 정식 종교로 인정되었지만 칼뱅파는 여전히 "이단"으로 남게 된 이유는 무엇이었나요?

2. 우리가 교회와 관련하여 잘못 사용하는 표현은 무엇인지 생각해보고, 성경적으로 왜 잘못되었는지 정리해봅시다.

제22과

죄 용서와 몸의 부활, 영생
1648년 베스트팔렌 조약

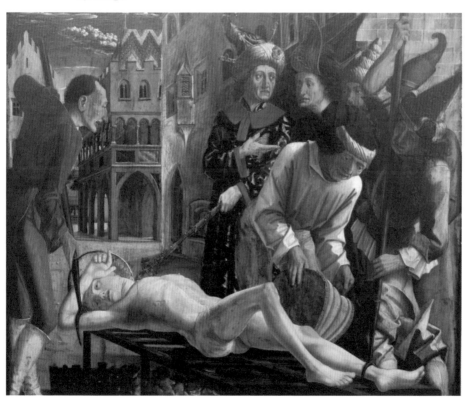

🏷️ **그림으로 이해하기** # 파허의 "라우렌티우스의 순교"(뮌헨 알테 피나코테크 소장)

참된 보물

뮌헨 알테 피나코테크의 1층 제12관에 가면 파허(Michael Pacher, 1435-1498)의 "라우렌티우스의 순교"라는 그림을 볼 수 있다. 라우렌티우스(Laurentius, 225?-258)는 기원후 3세기에 순교한 초기 로마 교회의 집사였다. 라우렌티우스는 교회를 섬기면서 고아, 과부, 가난한 사람들을 돕는 일을 담당했다. 그가 계속해서 가난한 자들에게 물건을 나누어준다는 이야기를 들은 집정관은 교회의 재산을 몰수할 생각으로 교회가 가진 보물을 보여달라고 했다. 이에 라우렌티우스는 교회에 오면 수많은 보물을 볼 수 있다고 대답했다.

집정관이 들뜬 마음으로 교회에 도착했을 때 라우렌티우스가 그에게 보여준 것은 고아와 과부와 가난한 사람들이었다. 라우렌티우스는 "이 사람들이 교회의 참된 보물입니다"라고 말했다. 라우렌티우스에게 조롱을 당했다고 생각한 집정관은 분노해서 그를 체포했고 라우렌티우스는 결국 황제 앞에서 뜨거운 석쇠 위에 올려져 죽임을 당했다고 한다. 라우렌티우스는 죽음을 맞이하면서도 로마 제국이 하나님께 돌아올 것을 기도했는데 그 이유는 장차 올 영원한 세계가 있다고 믿었기 때문이었다. 영원한 세계를 바라보는 그에게 교회의 진정한 보물이란 가난하고 비천한 사람들일 수밖에 없었다.

라우렌티우스의 이야기는 우리에게 하나님의 말씀을 진실로 믿는 사람의 모습을 분명하게 보여주는 듯하다. 앞의 그림을 보면서 자신에게 질문을 던져보자. 나는 하나님의 말씀을 진실로 믿고 있는가? 나의 믿음은 삶을 통해 드러나고 있는가? 혹시 믿는 것과 생활하는 것이 분리되지는 않았는가?

🏷️ 성경 수업

📖 마음 열기

1. 자유란 무엇인지 이야기해봅시다.

2. 보통 사람들이 죽음을 두려워하는 이유는 무엇인가요?

부활과 영생에 대하여

예수님이 십자가에 처형되던 장면을 떠올려보자. 예루살렘 외곽 언덕에서 3명의 죄수가 십자가에서 피를 흘리고 있다. 그들이 처형된 언덕의 이름은 "골고다"로서 "해골"이라는 뜻이 있었다. 이들은 모두 반역죄의 명목으로 십자가형을 선고받았을 것이다. 십자가형은 로마가 반란자들을 처형할 때 사용하는 가장 고통스러운 형벌이었다. 아마 십자가의 고통은 인류 역사상 가장 끔찍한 고통이라고도 할 수 있을 것이다. 고대 기록에 보면 십자가에 무려 6일간 매달려 있다가 죽은 사람도 있었다고 한다.

로마 제국은 죽음을 더디 맛보게 함으로써 고통을 극대화하는 십자가형이 속주민과 피지배 계층의 반란 의지를 꺾을 수

○ 관련 성구

만일 그리스도 안에서 우리가 바라는 것이 다만 이 세상의 삶뿐이면 모든 사람 가운데 우리가 더욱 불쌍한 자이리라(고전 15:19).

사랑하는 자들아, 우리가 지금은 하나님의 자녀라. 장래에 어떻게 될지는 아직 나타나지 아니하였으나 그가 나타나시면 우리가 그와 같을 줄을 아는 것은 그의 참모습 그대로 볼 것이기 때문이니(요일 3:2).

28이를 놀랍게 여기지 말라. 무덤 속에 있는 자가 다 그의 음성을 들을 때가 오나니 29선한 일을 행한 자는 생명의 부활로, 악한 일을 행한 자는 심판의 부활로 나오리라(요 5:28-29).

있다고 생각했다. 하지만 예수님은 십자가형을 받을 만한 죄를 짓지 않으셨다. 사실은 어떤 죄도 없으신 그분은 우리 대신 "누명"을 쓰고 인류 역사상 최악의 고통을 경험하신 것이었다. 그로 인해 예수님의 십자가를 바라보는 모든 자는 죄의 형벌을 피할 수 있게 되었다.

예수님 좌우에는 2명의 강도가 같이 처형되고 있었다. 그중 하나는 예수님이 죄가 없으시며 하나님께 보내심을 받은 자임을 믿게 되었다. 그는 체포되기 전에 예수님의 말씀과 사역에 대해 들어보았을 가능성이 크다. 참혹한 고통 중에 그가 입을 열었다.

"예수님! 주님의 나라가 임하실 때에 저를 기억해주십시오."

그에게 예수님이 대답하셨다.

"내가 진실로 네게 이르노니, 오늘 네가 나와 함께 낙원에 있으리라."

예수님의 말씀은 그가 죽음의 고통을 견뎌낼 힘을 주는 유일한 소망이었을 것이다. 그렇다! 현재의 고통이 아무리 극심하더라도 부활과 영생의 소망은 우리에게 놀라운 능력이 되어준다. 이 소망이야말로 기독교 신앙의 능력이며 기독교가 다른 종교와 구별되는 특성이다. 앞으로 살펴보겠지만 수많은 순교자가 붙잡았던 소망 역시 부활과 영생의 소망이었다.

제56문 "죄를 용서받는 것"에서 당신이 구체적으로 믿는 것은 무엇입니까?

답 하나님은 그리스도의 속죄로 인해 내가 일생 싸워야 하는 나의 죄와 죄의 속성을 더 이상 기억하지 않으실 것이며, 오히려 나에게 그리스도의 의로움을 주셔서 결코 저주를 당하지 않게 하실 것을 믿습니다.

제57문 "몸의 부활"은 당신에게 어떤 위로가 됩니까?

답 나의 인생이 끝나면 나의 영혼은 즉시 그리스도에게로 돌아갈 것이며, 나의 육체는 그리스도의 능력으로 부활해서 장차 영혼과 결합하여 그리스도의 영광스러운 몸과 같이 변화될 것입니다. 그 부활의 소망은 현재의 삶에 위로가 됩니다.

제58문 "영생"은 당신에게 어떤 위로가 됩니까?

답 나는 지금 영원한 즐거움이 시작되었음을 느끼듯이 내 인생이 끝나면 완벽한 구원을 누리게 될 것입니다. 그것은 내가 상상조차 할 수 없는 축복이며 그로 인해 영원히 하나님을 찬양할 것입니다.

교실 밖 수업 # 뮌스터

베스트팔렌 조약 이해하기

유럽의 근대화가 시작되고 "국가"라는 개념이 도입된 것은

베스트팔렌 조약이 체결된 평화의 홀

1648년 독일 뮌스터(Münster)에서 체결된 베스트팔렌 조약 이후부터
다. 그 이전에는 국가의 개념이 오늘날의 개념과는 사뭇 달랐다. 베스
트팔렌 조약을 통해 국가, 민족, 종교 등의 현대적인 개념이 확립되었
다고도 볼 수 있다. 따라서 이 조약이 역사 속에서 갖는 중요성은 매
우 크다고 하겠다. 심지어 근대 유럽의 시작을 베스트팔렌 조약으로
보는 학자들도 있을 정도다.

베스트팔렌 조약이 체결된 뮌스터는 독일의 북서부에 있는 인구
30만 명 정도의 중소 도시다. 뮌스터의 상징처럼 여겨지는 뮌스터 대
성당에서 교실 밖 수업을 시작해보자. 이 고풍스러운 대성당은 베스
트팔렌 지역의 종교적 중심이었다. 뮌스터는 가톨릭 교구가 805년에
설립되었으며 지금도 인구의 3분의 2 정도가 가톨릭 신자일 정도로
가톨릭의 영향력이 강한 곳이다.

뮌스터 대성당에서 구시청사(Historisches Rathaus)로 이동하면 평화의 홀(Friedenssaal, Hall of Peace)에 들어가 볼 수 있다. 사실 홀 안에는 이 지역을 다스리던 인물들의 초상화 외에 특별히 볼 만한 것은 없다. 하지만 이곳이 바로 베스트팔렌 조약이 체결된 바로 그 장소라고 생각하면 베스트팔렌 조약의 의미가 더욱 생생하게 다가온다. 앞 과에서 자세히 살펴보았지만 1555년에 열린 아우크스부르크 화의의 결과, 루터파는 독일 내에서 상당한 권리를 보장받을 수 있었다. 하지만 끊임없이 박해를 받던 다른 개신교인들은 1648년에 체결된 베스트팔렌 조약을 통해 비로소 신앙의 자유를 얻을 수 있었다.

구시청사 오른편에는 람베르티 교회(Lambertikirche)가 있다. 이 교회에 가면 당시에 개신교인들이 어떤 박해를 받았는지 가늠해볼 수 있다. 교회의 종탑을 자세히 살펴보면 거기에 달린 3개의 철창(cage)이 보인다. 이는 재세례파의 지도자 3명을 철창에 넣어 죽였던 사건을 기억나게 하는 설치물이다. 그 사건은 베스트팔렌 조약이 체결되기 100여 년 전인 1536년에 이 지역에서 일어났던 재세례파에 대한 학살의 단면을 보여준다.

중세 시대부터 같은 자리에 서 있는

방문지 주소

뮌스터 대성당: Domplatz 28, 48143 Münster
뮌스터 구시청사: Prinzipalmarkt 10, 48143 Münster
람베르티 교회: Kirchherrngasse 3, 48143 Münster

람베르티 교회의 철창들

성당들이 여전히 위용을 자랑하는 뮌스터의 거리를 걸으며 종교개혁 당시의 상황을 상상해보자. 참된 신앙을 위해 죽음도 두려워하지 않았던 믿음의 선조들이 거닐었던 그곳에 서서 부활과 영생에 대해 생각해보기 바란다.

🏷️ 선생님의 칠판

근대의 시작과 종교의 자유 # 정승민 선생님

많은 사람이 중세가 끝나고 근대가 열린 상징적인 사건으로 베스트팔렌 조약을 꼽는다. 1555년 아우크스부르크 화의에서 각 지역의 주민은 통치자의 신앙에 따른다는 조건으로 신앙의 자유를 일부 획득했었다. 하지만 베스트팔렌 조약은 개인이 통치자의 결정과 상관없이 자신의 종교를 결정할 자유를 허용한다는 것이었다. 하지만 이 조약은 종교 문제만 다룬 것은 아니었으며 정치·사회적인 면에서 서구 사회에 매우 큰 영향을 미친 조약이었다.

베스트팔렌 조약은 신교와 구교 세력이 치열하게 싸운 30년 전쟁 (1620-1648)의 결과물이었다. 독일 전체가 가톨릭 진영과 개신교 진영으로 나뉘어 싸운 이 전쟁은 주변의 여러 나라가 이해관계에 따라 참전함으로써 국제전의 양상을 띠었다. 전쟁이 끝난 후 개신교 측을 지원했던 네덜란드, 스위스 등은 주권을 획득했으며 프랑스, 스웨덴 등은 영토를 획득해 국경을 확립했다. 국가 간의 권리와 한계를 명시하고 제후들의 완전한 주권과 독립을 보장한 조약 문서는 근대적 국제 법률과 함께 근대적 국가가 출현했음을 보여주는 증거였다. 또한 이 조약은 국가 간의 중재가 최초로 실현된 조약이었다.

그러나 독일은 30년 전쟁으로 인구가 급격히 감소하고 국토가 황폐화하는 등 막대한 타격을 입었다. 게다가 각 지역 제후들의 주권을 인정한 베스트팔렌 조약의 결과에 따라 정치적으로도 분열이 심화되면서 신성 로마 제국은 유명무실하게 되었다. 그 결과 통일 민족 국가로 발돋움할 기회를 놓친 독일은 당시 유럽에서 후진국으로 전락할 수밖에 없었다.

그럼에도 베스트팔렌 조약은 국가 주권 개념이 확립되고 개인의 자유가 확대되었다는 점에서 인류사에서 매우 중요한 사건이었다고 평가할 수 있다. 무엇보다 개신교 국가들이 가톨릭의 위협에서 벗어나고 개인이 종교를 선택할 자유를 획득한 것은 매우 획기적인 변화

테르보르흐(Gerard ter Borch, 1617-1681)의 "뮌스터 조약의 비준에 관한 서약"(암스테르담 국립미술관 소장)

였다. 권위주의적이고 배타적이었던 중세 가톨릭은 이제 새로운 변화를 수용하고 루터파와 칼뱅파를 완전하게 인정할 수밖에 없었다. 하지만 여기에도 한계는 있었는데, 재세례파로 대표되는 소수의 신앙에 대해서는 여전히 어떤 보장도 공식화되지 않았다는 것이었다. 재세례파의 특성을 루터파와 칼뱅파의 특성과 비교함으로써 그 이유에 대해 살펴보자.

먼저 루터파와 칼뱅파를 구분해보자. 루터파는 말 그대로 독일 내에서 루터의 사상을 추종한 세력을 일컫는다. 그런데 앞서도 살펴보았듯이 루터의 주장을 적극적으로 수용한 계층은 주로 제후 혹은 귀족 계층이었다. 영주가 종교를 선택할 권리를 인정하기로 한 아우크스부르크 화의를 이끌어낸 슈말칼덴 동맹의 주인공들 역시 제후와 귀족들이었다.

반면 칼뱅파를 상대적으로 많이 받아들인 계층은 평민과 상공업자들이었다. 이는 앞서도 살펴보았듯이 세속의 직업을 긍정한 칼뱅의 사상이 원인이었다. 칼뱅파는 귀족 중심의 루터파와는 달리 정치적인 역량을 갖추기까지 시간이 걸렸으므로 아우크스부르크 화의에서 배제되어도 어쩔 수 없었다.

그러나 루터파와 칼뱅파를 필두로 한 대다수 개신교 분파들의 공통점은 "국가교회"(state church) 개념을 갖고 있었다는 것이었다. 즉 이들은 자신들의 신앙이 공적

베스트팔렌 조약의 정치적 특성 종교개혁으로 가톨릭과 프로테스탄트(개신교) 사이의 대립이 격화되면서 종교전쟁이 일어나게 되었다. 프랑스에서는 위그노 전쟁이 일어났고, 독일에서는 30년 전쟁이 일어났다. 30년 전쟁에 개입한 영국, 네덜란드, 스웨덴 등 개신교 국가는 신교 진영을 지원하였고, 가톨릭의 수호자로 자처한 에스파냐는 구교 측에 섰다. 그런데 프랑스는 특이하게도 구교 국가이면서도 상대적으로 전력이 약했던 신교 세력을 지원했다. 무게중심을 잡음으로써 전쟁을 지속시키고 에스파냐를 견제해 유럽의 패권을 차지하기 위해서였다. 이처럼 30년 전쟁은 종교전쟁이면서도 열강 간의 세력 다툼 성격을 지녔다. 베스트팔렌 조약(1648)에 여러 나라와 자유도시들이 참여한 것이 그런 성격을 잘 말해준다.

인 영역에서도 영향력을 발휘해야 한다고 믿었으며 기회가 주어진다면 종교가 사회 전체에 영향을 끼치기를 바랐다. 제후나 귀족이 큰 비중을 차지했던 루터파는 말할 것도 없고, 칼뱅이 직접적인 영향력을 발휘했던 스위스의 제네바에서 종교성이 강한 사회 체계가 실험되었다는 사실이 이들 종파가 가진 국가 교회로서의 특징을 잘 보여준다고 하겠다.

반면, 정치와 종교의 분리를 주장하고 제도로서가 아니라 인격으로서 드러나는 신앙의 중요성을 강조하는 분파가 있었는데 그것이 바로 재세례파였다. 재세례파는 "삶 전체로 그리스도를 따를 것"을 가르치며 갓난아이들에게 "유아 세례"를 주는 것을 거부했다. 왜냐하면 세례란 자신의 인격과 고백이 뒷받침되어야 한다고 보았기 때문이다. 심지어 그들은 유아 세례를 받은 사람이라도 성인이 되어 예수를 구주로 새롭게 고백한다면 다시 세례를 받아야 한다고 주장했다. 이에 대해 쾰른(Köln)의 대주교가 신성 로마 제국 황제에게 이 무리를 조롱하면서 "재세례파"라고 불렀던 것이 그 명칭의 유래가 되었다.

뮌스터 람베르티 교회 앞에서 수많은 재세례파 교도들이 처형을 당하는 장면이다. 이들이 고문과 위협을 견딜 수 있었던 것은 부활과 영생에 대한 확실한 믿음 때문이었다.

정교분리와 유아 세례 거부를 주장한 재세례파는 가톨릭과 개신교—여기서는 루터파와 칼뱅파를 말한다—모두로부터 박해를 받았다. 정교분리를 주장하는 이들을 도와줄 정치 세력도 없고, 유아 세례를 부정하여 기존 교회의 권위를 깎아내리는 그들을 도와줄 교회도 없었기 때문이다. 뮌스터에서도 재세례파 교인들이 고문을 받고 300명 이상이 처형을 당했다는 기록이 있다.

재세례파에 대한 평가는 오늘날에도 다양하며, 많은 개신교단이 재세례파의 특정 교리에 대해 동의하지 않는 것도 사실이다. 하지만 그들의 생동력 있는 신앙에는 우리가 본받아야 할 부분이 있다. 그들은 "교리"가 제도적 차원이 아니라 인격적인 삶의 차원에서 나타나야 할 것을 강조했다. 또한 부활과 영생에 대한 믿음으로 현재의 박해와 고통을 이길 수 있음을 실제로 보여주었다. 우리가 그들에게 본받아야 할 점은 다음과 같다.

① 영생과 부활에 대해 확실히 믿음으로써 현재의 고통과 어려움을 극복해나간다.
② 교리와 제도에 머무는 것이 아니라 도덕과 윤리 차원으로 나타나는 신앙을 추구한다.
③ 교회는 정치권력으로부터 자유로워야 한다.

재세례파는 숱한 박해와 좌절 속에서도 모범적인 신앙으로 사람들에게 감동을 주면서 점진적으로 자유를 획득했으며 네덜란드를 중심으로 존속되었다. 네덜란드의 화가 렘브란트도 재세례파의 영향을 받았다. 앞서 간략하게 소개한 메노 시몬스―재세례파인 메노나이트의 창시자―는 1535년 뮌스터 제세례파 순교 사건을 보면서 회심을 경험했다고 한다. 그는 다음과 같이 말했다.

뮌스터에서 재세례파 사람들이 순교를 당한 사건은 내 가슴속에 너무도 뜨겁게 남아 나를 변화시켰습니다. 나는 그들이 영원한 생명과 부활에 대한 신앙으로 인해 기꺼이 목숨을 내어놓는 모습을 보면서 나

스스로 심각한 신앙의 오류에 빠져 있다는 사실을 깨달았습니다. 나는 불결하고 육신적인 삶에 빠져 있으면서 그리스도의 십자가를 피하고 있었습니다.

✍ 믿음 노트

1. 신앙의 자유가 중요한 이유는 무엇인지 이야기해봅시다.

2. 재세례파에게 배울 만한 신앙적 교훈은 무엇이며, 그 이유는 무엇입니까?

제23과

믿음으로 의롭게 되는 일
1517년 종교개혁

제59-61문

그림으로 이해하기 # 루터의 생애 중 다섯 번째 그림(에르푸르트 구시청사 소장)

구원에 도달하기 위해

앞의 그림은 에르푸르트 구시청사 3층에 소장된 그림으로서 루터의 생애 중 한 장면을 묘사한다. 그는 에르푸르트에 있는 아우구스티누스 수도원에 들어갔다. 이유는 그렇게 해야 구원을 얻을 수 있다고 생각했기 때문이었다. 수도승이 된 루터는 수도원의 규칙에 따라 참회, 금식, 명상 등을 수행하며 하나님의 의에 도달하기 위해 각고의 노력을 기울였다. 그는 자신의 마음속에 퍼지는 악한 생각을 뿌리 뽑겠다는 열망으로 의식을 잃고 쓰러질 지경이 되도록 고행에 집중하기도 했다. 이 그림은 그렇게 쓰러진 루터를 동료들이 일으켜주는 장면을 담고 있다.

이 그림이 우리에게 암시하는 것은 어떤 행위도 인간을 구원에 도달하게 할 수 없다는 사실이다. 루터는 아무리 최선을 다해 여러 가지 노력을 기울여도 자신이 죄를 해결할 수 없다는 사실을 분명하게 깨닫게 될 뿐이었다. 그는 수도승으로서 할 수 있는 온갖 노력을 다해본 후, 사람은 "오직 믿음으로 의롭게 된다"는 사실을 확실하게 깨달았다.

구원이란 우리의 행위에 따라 좌우되는 것이 아니다. 하지만 우리는 너무도 쉽게 우리의 행위가 우리의 구원을 결정하는 것처럼 생각한다. 예를 들어 주일 예배에 빠지지 않고 찬양과 기도를 열심히 하면 천국에 갈 수 있다는 기분이 들지만, 예배에 빠지고 나쁜 짓을 하면 당장이라도 지옥에 떨어질 것 같은 두려움이 밀려오곤 한다.

그럴 때마다 이 그림을 떠올려보자. 루터처럼 더 많은 노력을 기울여서 구원을 얻으려 해도 그런 모든 행위는 우리를 지치게 할 뿐이다. 그렇다면 우리는 어떻게 구원에 도달할 수 있는가? 이번 과에서는 루터의 삶을 통해 사람이 의롭게 되는 방법이 무엇인지 살펴보는 시간을 가져보자.

🏷️ 성경 수업

┌───┐
│ 🚪 마음 열기   │
│   │
│ 1. 구원의 확신이 흔들려서 두려움을 느꼈던 적이 있다면 언제였는 │
│   지 이야기해봅시다.   │
│   │
│   │
│ 2. "의로움"이란 무엇이라고 생각합니까?   │
│   │
└───┘

│ 의로움에 대하여

하나님께서 유일하신 "독생자"를 값으로 지불하셔서 죄에 의해 오염된 우리를 건져주셨다. 여기서 다시 한 번 강조하자면 하나님이 보시기에 우리의 가치는 독생자의 가치와 같다. 우리는 그만큼 존귀한 사람들이다!

예수님은 원래 하나님으로부터 나신 친아들이며 우리는 그 아들의 가치를 지불하고 "입양"하신 양자들이다. 친아들과 양아들은 그 시작이 다르지만 "상속권"은 똑같이 누린다. 이 얼마나 놀라운 은혜인가? 이제 우리는 하나님의 영원한 세계를 이어받는 "상속자"로서 하나님을 "아버지"라고 부르는 특

○ 관련 성구

복음에는 하나님의 의가 나타나서 믿음으로 믿음에 이르게 하나니 기록된바 "오직 의인은 믿음으로 살리라" 함과 같으니라(롬 1:17).

권을 가진 자들이 되었다(롬 8:15-17).

그렇다면 하나님이 우리를 당신의 자녀로 부르신 목적은 무엇일까? 우리는 하나님이 독생자의 핏값을 지불하고 우리를 사셨기 때문에 우리가 더 이상 우리 자신의 것이 아니라는 사실을 기억해야 한다. 우리는 이제 하나님의 소유다!(고전 6:20; 7:23) 그러므로 우리의 욕심대로, 우리 마음이 원하는 대로 살아서는 안 된다. 성경은 하나님이 우리를 다음과 같은 목적으로 구원해주셨다고 선언한다.

○ 관련 성구

21이제는 율법 외에 하나님의 한 의가 나타났으니 율법과 선지자들에게 증거를 받은 것이라. 22곧 예수 그리스도를 믿음으로 말미암아 모든 믿는 자에게 미치는 하나님의 의니 차별이 없느니라. 23모든 사람이 죄를 범하였으매 하나님의 영광에 이르지 못하더니 24그리스도 예수 안에 있는 속량으로 말미암아 하나님의 은혜로 값없이 의롭다 하심을 얻은 자 되었느니라. 25이 예수를 하나님이 그의 피로써 믿음으로 말미암는 화목제물로 세우셨으니 이는 하나님께서 길이 참으시는 중에 전에 지은 죄를 간과하심으로 자기의 의로우심을 나타내려 하심이니(롬 3:21-25).

5그 기쁘신 뜻대로 우리를 예정하사 예수 그리스도로 말미암아 자기의 아들들이 되게 하셨으니 6이는 그가 사랑하시는 자 안에서 우리에게 거저 주시는 바 그의 은혜의 영광을 찬송하게 하려는 것이라(엡 1:5-6).

우리는 예수 그리스도로 말미암아 하나님의 자녀가 되었다. 우리의 죄는 예수 그리스도의 십자가를 통해서 확실하게 용서받았다. 그렇다면 우리가 존재하는 이유는 무엇인가? 다시 말해 우리는 누구를 "대표"하며 누구를 드러내는 삶을 살아야 하는가?

수많은 믿음의 선조들이 예수님을 위해 목숨을 버린 이유는 하나님이 예수님을 통해 허락하신 은혜의 영광스러움을 알았기 때문이었다. 우리도 그러한 삶을 살아야 한다. 우리는 이제 그리스도를 대표하는 존재다. 그런데 우리가 그 사실을 온전히 인식하기 위해서는 우리가 하나님 앞에서 의로운 자가 되었다는 사실을 먼저 굳게 붙잡아야 한다. 하이델베르크 교리문답을 살펴본 후 종교개혁의 불길을 일으킨 루터의 삶을 통해 우리에게 임한 그리스도의 의가 무엇인지 확인해 보자.

○○ 하이델베르크 교리문답 살펴보기

제59문 이런 모든 내용을 믿을 때 당신에게 어떤 유익이 있습니까?

답 나는 믿음으로 말미암아 하나님 앞에서 의로운 자가 되고 영원한 생명을 상속받게 됩니다.

제60문 당신은 어떻게 하나님 앞에 의롭게 됩니까?

답 오직 예수 그리스도에 대한 참된 믿음으로만 됩니다. 비록 내가 하나님의 모든 계명을 어기고 그 계명을 결코 지킬 수 없다고 양심이 나를 고발하며 여전히 악에 기울어 있다고 할지라도, 하나님은 나의 어떤 선행이 아닌 오로지 은혜로 나에게 완전한 의와 그리스도의 거룩함을 주셨습니다. 이로 인해 하나님은 내가 그리스도가 나를 위해 하신 것을 믿기만 하면 마치 내가 죄를 짓지 않은 것처럼, 그리고 그리스도가 순종하신 것을 내가 이룬 것처럼 인정해주십니다.

제61문 왜 당신은 오직 믿음으로 당신이 의롭게 되었다고 고백합니까?

답 하나님이 나의 믿음을 받을 만한 가치가 있는 것으로 여기시는 것이 아니라 그리스도가 이루신 의와 속죄와 거룩함이 하나님 앞에서 나의 의로움이 되었기 때문입니다. 나는 오직 믿음으로 그리스도의 의를 받아서 의로워집니다.

루터가 수도사 시절을 보낸 아우구스티누스 수도원의 방. 수도사 시절 루터가 생활했던 흔적들을 볼 수 있다.

🏷️ 교실 밖 수업 # 에르푸르트

수도사에서 종교개혁가로

루터는 몇 년 전에 실시한 한 조사에서 지난 1,000년간 가장 영향력 있었던 인물 1위에 선정되었다. 그만큼 루터의 종교개혁은 기독교뿐 아니라 인류 사회 전체에 엄청난 반향을 일으킨 사건임이 틀림없다. 그런데 많은 사람이 종교개혁이 중요하다고 말하면서도 루터가 "어떤 과정으로" 회심했는지에 대해서는 별 관심이 없는 것 같다.

그가 어떤 고뇌 속에서 신앙을 정립했는지 살펴보면 오늘날을 살아가는 그리스도인에게 큰 도움이 될 것이다. 루터의 종교개혁 사상을 이어나가는 후예라고 주장하는 우리가 실제로는 루터의 회심 전 모습을 더 닮았는지도 모르기 때문이다. 루터는 로마 가톨릭의 면죄부 판매에 분노하여 하루아침에 종교개혁을 일으킨 것이 아니라 여러 가지 고민과 갈등 속에서 성경을 통해 답을 찾아가는 과정에서 종

에르푸르트 북쪽에 자리한 스토테른하임의 루터 기념비. 이곳에서 루터는 법학을 포기하고 수도사가 되기로 결심했다.

교개혁의 기치를 높이 올릴 수 있었다. 이 사실을 염두에 두고 루터의 회심 과정을 자세히 살펴보자.

　이번 교실 밖 수업에서는 루터가 종교개혁을 일으킨 비텐베르크가 아니라 수도사 시절을 보냈던 에르푸르트를 주로 살펴보고자 한다. 에르푸르트는 프랑크푸르트에서 라이프치히 혹은 베를린 방면으로 가는 기차나 차편을 이용하면 어렵지 않게 찾아갈 수 있다.

　루터가 수도사로서 에르푸르트에서 지낸 시절을 이해하기 위해서는 루터의 생애를 전체적으로 조망해보아야 한다. 루터는 부모의 바람을 따라 법관이 되려고 에르푸르트 대학교에서 법학을 공부했었다. 그런데 어느 날 근처 스토테른하임의 들판을 지나던 중 친구가 벼락을 맞

방문지 주소

아우구스티누스 수도원:
Augustinerstraße 10, 99084
Erfurt

구시청사: Fischmarkt 1, 99084
Erfurt

앙거 광장: Anger 52, 99084 Erfurt

성 마리 대성당과 성 세베루스 성당:
Domplatz, 99084 Erfurt

스토테른하임: Luthersteinweg 1,
99195 Erfurt

고 급사하는 사건이 발생했다. 죽음과 생명의 갈림길에서 공포와 충격에 휩싸인 루터는 땅에 엎드려 간절히 기도했다.

"도우소서, 성 안나여! 나는 수도사가 되겠나이다."

그날은 1505년 7월 2일로 폭우가 쏟아지던 날이었다. 그리고 곧 루터는 자신의 서원에 따라 법학도의 신분을 버리고 아우구스티누스 수도원으로 들어갔다. 그는 수도원 전통에 따라 예배당 제단 앞에 납작 엎드려 수도사가 될 것을 맹세하고 그곳에서 1511년까지 수도사로 지냈다. 그리고 돔 광장(Domplatz)에 있는 성 마리 대성당에서 서품을 받고 정식 가톨릭 사제가 되었다.

그런데 그렇게 고행과 금욕을 통해 선행을 추구하며 구원에 이르려고 노력했던 루터가 1511년에 로마를 방문했을 때 로마의 종교인들은 루터에게 혼란과 실망만을 안겨주었다. 면죄부를 판매하는 그들은 비윤리적이었으며 성적으로 음란하기까지 했기 때문이었다. 그럼에도 루터는 로마의 라테란 성당 계단을 무릎으로 기어 올라가며 참회하려고 노력했다. 그렇게 하면 자신이 의로운 사람이 될 수 있으리라 생각했다. 하지만 그는 거기서 그런 행위들이 구원과 관련이 없다는 것을 뼈저리게 깨닫고 다시 독일 비텐베르크로 돌아왔다.

루터는 신학박사로서 1512년부터 비텐베르크 대학교에서 성경을 가르치는 일을 맡게 되었다. 그리고 이듬해인

비텐베르크 루터 하우스의 루터 방. 이곳에서 루터가 성경을 연구했다.

1513년, 성경을 읽던 중 "오직 의인은 믿음으로 말미암아 살리라"라는 구절을 통해 깨달음을 얻고 회심을 경험하게 되었다. 그리고 자신

이 깨달은 바를 바탕으로 성경을 연구하던 중, 가톨릭의 문제점을 지켜보고만 있을 수 없다는 생각으로 95개조 반박문을 비텐베르크 궁성교회 대문에 게시했다. 그것이 바로 1517년 10월 31일이었다.

🏷️ 선생님의 칠판

루터의 종교개혁과 95개조 반박문 # 박광제 선생님

에르푸르트의 수도승이었던 루터는 자신의 행위로 구원을 받기 위해, 즉 하나님 앞에서 의롭게 되기 위해 끊임없이 노력했던 사람이었다. 그러나 고행이나 수련 등의 행위에서는 답을 찾지 못했고, 비텐베르크에서 성경을 읽던 중 "오직 믿음으로 의롭게 된다"라는 확신을 얻고 회심을 경험했다.

그때 로마 교황청은 성 베드로 대성당 건립을 위한다는 핑계로 면죄부를 판매하기 시작했다. 면죄부란 연옥에 있는 죽은 자들을 구원할 수 있는 놀라운 문서였다. 로마 가톨릭은 돈에 눈이 먼 나머지 회유와 협박을 통해 사람들에게 이것을 구매하도록 강요했다.

그러나 믿음으로 구원을 얻는다는 사실을 깨달은 루터의 눈에 면죄부란 인간의 "행위"로 하나님께 도달하려는 헛된 노력에 불과한 것이었다. 더 나아가 그런 행위를 어리석은 사람들에게 강요하는 것은 돈을 위해 멸망을 전하는 것이나 다름없었다. 자신이 소속된 로마 가톨릭의 염치없는 행태에 분노한 루터는 비텐베르크 궁성교회 대문에 95개조 반박문을 내걸었다. 95개조 반박문의 주요 내용은 다음과 같다(다음 내용은 『유럽비전트립 1』[박양규 지음, 두란노, 2011], 116에서 인용했다).

① 제2조: 회개는 사제에 의해 집행되는 참회와 사죄가 아니다.

② 제5조: 교황은 교회 자체의 징벌 외에는 어떤 죄도 용서할 수 없다.

③ 제10조: 죽은 자에게 연옥을 통해 속죄를 보류하는 것은 잘못이며 무지의 결과다.

④ 제21조: 면죄부를 선전하는 사제들은 모두 오류에 빠진 것이다.

⑤ 제82조: 성 베드로 대성당을 세우는 데 가난한 자들의 돈이 아니라 자기 돈을 써라.

중세 서유럽에서는 약 1,000년 동안 로마 가톨릭 교회를 중심으로 하는 하나의 기독교 세계가 전개되었다. 로마 가톨릭 교회는 종교적 측면은 말할 것도 없고 사람들의 실생활과 사회를 지배하면서 막강한 권력과 부를 독점했다. 그러나 14세기를 지나면서 로마 가톨릭 교회는 내외적인 문제를 감당하지 못하고 삐걱거리기 시작했다. 교황 레오 10세가 성 베드로 대성당의 개축 비용을 마련하기 위해 면죄부를 판매하자, 비텐베르크 대학교의 신학 교수였던 루터가 95개조 반박문"을 발표하면서 거기에 반발했던 것이다. 루터는 면죄부 판매를 비판하면서, 인간은 오직 신의 은총과 믿음에 의해서만 구원을 받을 수 있으며 신앙의 유일한 근거는 오직 성경이라고 주장하여 교황의 권위에 도전했다. 우리가 익히 아는 대로 교황청은 루터를 파문했지만 그의 용기 있는 행동을 통하여 서유럽의 종교와 사회를 재편하는 종교개혁이 시작되었다.

루터의 생애는 우리에게 매우 중요한 교훈을 준다. 그가 수도승이 되기로 작정한 시기부터 종교개혁을 일으키기까지의 과정을 생각

종교개혁의 진원지인 비텐베르크. 멀리 보이는 탑은 95개조 반박문을 붙인 궁성교회의 탑이다.

해보자. 루터가 구원을 확신하게 된 것은 무엇 때문이었을까? 루터는 어떻게 로마 가톨릭의 면죄부가 잘못된 것임을 알게 되었을까? 루터가 종교개혁을 담대하게 주장할 수 있었던 근거는 무엇인가? 이런 모든 확신은 바로 "성경" 말씀을 통해 비롯된 것이었다.

답은 성경에 있다! 우리는 성경을 통해 인생의 목적과 하나님의 사랑을 알게 된다. 또한 성경을 통해 우리의 가치관을 올바로 세워갈 수 있다. 루터가 고행과 수련을 뒤로하고 성경에 집중했던 것처럼 우리도 성경을 체계적으로 배우고 익히는 것이 매우 중요하다. 성경을 올바로 알아야 이 세상과 사탄의 거짓말에 속지 않을 수 있다.

우리는 우리가 의롭게 되어 하나님의 자녀가 되었음을 어떻게 알 수 있는가? 루터의 삶을 다시 한 번 돌아보라. 성경이 아니고서는 절대로 깨달을 수 없다는 사실을 알게 될 것이다.

믿음 노트

1. 루터의 생애를 정리해보고 루터가 로마 가톨릭의 문제점을 자신 있
   게 외칠 수 있었던 비결이 무엇인지 생각해봅시다.

2. 당신이 하나님의 자녀인 것을 확신할 수 있습니까? 그렇다면 그 근
   거는 무엇인지 말해봅시다.

제24과

선한 행위와 의(義)의 관계
중세의 건축 양식

제62-64문

💬 **그림으로 이해하기** # 파허의 "아우구스티누스에게 죄 명부를 보여주는 악마"(뮌헨 알테 피나코테크 소장)

죄를 해결하는 방법

파허의 "아우구스티누스에게 죄 명부를 보여주는 악마"라는 그림은 앞 과에서 살펴본 "라우렌티우스의 순교"와 함께 뮌헨 알테 피나코테크에 전시되어 있다. 교부 철학을 집대성한 것으로 널리 알려진 아우구스티누스는 극적으로 회심한 후 젊은 날의 방탕한 삶을 청산하고 기독교의 진리를 웅변적인 목소리로 대변했던 인물이었다.

파허가 그린 이 그림과 관련된 이야기는 선한 행위와 의의 관계를 정립해주는 메시지를 전해준다. 어느 날 아우구스티누스를 찾아온 악마는 그동안 아우구스티누스가 지었던 죄를 기록한 명부를 보여주었다. 지난날 아우구스티누스가 지은 죄를 낱낱이 공개해 그를 굴복시키려는 의도였다. 그러나 아우구스티누스는 악마의 공격을 이겨낼 수 있었는데 그 이유는 단 하나, 그가 "신의 은총"을 의지했기 때문이었다.

악마는 아우구스티누스를 공격했듯이 하나님의 백성을 호시탐탐 노리고 있다. 악마는 우리가 지금까지 지은 죄에 매몰되어 거기서 한 걸음도 헤어나지 못하도록 양심의 가책을 악용한다. 사실 양심의 가책은 선한 목적으로도 사용된다. 자신의 죄를 깨닫고 상한 마음으로 하나님께 나아가는 자는 구원의 길에 서게 되기 때문이다. 하지만 악마의 음성에 속아 넘어가서 스스로 죄의 짐을 해결하려는 자는 가중되는 양심의 가책에 눌려 점점 더 죄의식의 나락으로 떨어진다.

죄로 인해 가책을 느끼는 인간이 구원을 받는 길은 무엇인가? 열심히 선을 행해도 죄는 사라지지 않는다. 방법은 단 하나다. 아우구스티누스가 외쳤던 것처럼 신의 은총, 즉 하나님의 은혜를 "믿음"으로 받는 것뿐이다. 예수님이 죄인인 우리를 대신해서 죽으신 것을 마음에 믿어 하나님의 은혜를 받는다면 하나님은 우리의 죄를 하나도 기억하지 않으실 것이다.

"내가 그들의 불의를 긍휼히 여기고 그들의 죄를 다시 기억하지 아니하리라" 하셨느니라(히 8:12).

성경 수업

마음 열기

1. 만일 아우구스티누스에게처럼 악마가 당신에게 와서 당신이 저지른 죄를 모두 들추어낸다면 어떤 마음이 들까요?

2. 죄에 대한 양심의 가책이 생길 때, 당신은 어떻게 반응하나요?

선한 행위에 대하여

사람이 죽으면 어떻게 될까? 아무것도 남지 않고 소멸해버릴까? 죽음 이후의 세계에 대한 어떤 객관적인 증거도 없으므로 우리는 아무것도 확신할 수 없을까? 우리의 신앙과 삶의 준거인 성경은 인간의 죽음에 대해 다음과 같이 말씀한다.

한 번 죽는 것은 사람에게 정해진 것이요, 그 후에는 심판이 있으리니(히 9:27).

사람이 한 번 죽는 것은 변하지 않는 법칙이다. 그리고 성경은 그 죽음 이후에 심판이 있을 것이라고 말씀한다. 성경의 가르침에 따르면 육체의 죽음은 사람의 마지막이 아니라 거기서 또 다른 세계가 펼쳐지는 분기점이다. 그때 사람이 맞이할 운명은 다음과 같다.

10네가 어찌하여 네 형제를 비판하느냐? 어찌하여 네 형제를 업신여기느냐? 우리가 다 하나님의 심판대 앞에 서리라. 11기록되었으되 "주께서 이르시되 내가 살았노니 모든 무릎이 내게 꿇을 것이요, 모든 혀가 하나님께 자백하리라" 하였느니라(롬 14:10-11).

죽음을 피할 사람이 없듯이 하나님 앞에서 심판을 피할 사람도 없다. 이는 모든 사람이 맞이하게 될 운명이다. 죄에 물든 인간은 하나도 빠짐없이 죄에 대한 형벌을 받아야 한다. 요한계시록은 그런 상태를 가리켜 벌거벗은 상태라고 묘사한다(계 3:18). 우리는 우리가 가진 모든 것을 동원해도 이 벌거벗은 수치를 가릴 수 없다.

이 문제를 해결하실 수 있는 분은 오직 예수님이시다. 예수님은 십자가에서 죄인인 우리 대신 형벌을 받아 죽으셨다. 그 예수님을 믿어 영생을 얻는 자는 심판에 이르지 아니한다(요 5:24). 요한계시록은 예수님을 통해 구원받아 심판에 이르지 아니하는 것을 "흰옷"이라는 시각적 상징을 통

내가 너를 권하노니 내게서 불로 연단한 금을 사서 부요하게 하고 흰옷을 사서 입어 벌거벗은 수치를 보이지 않게 하고 안약을 사서 눈에 발라 보게 하라(계 3:18).

내가 진실로 진실로 너희에게 이르노니 내 말을 듣고 또 나 보내신 이를 믿는 자는 영생을 얻었고 심판에 이르지 아니하나니 사망에서 생명으로 옮겼느니라(요 5:24).

무릇 우리는 다 부정한 자 같아서 우리의 의는 다 더러운 옷 같으며, 우리는 다 잎사귀 같이 시들므로 우리의 죄악이 바람 같이 우리를 몰아가나이다(사 64:6).

양털과 베 실로 섞어 짠 것을 입지 말지니라(신 22:11).

해 표현한다(계 3:18). 이 흰옷을 입은 자들은 벌거벗은 수치를 가리고 하나님의 거룩한 성에 출입하게 될 것이다.

그러나 어떤 이들은 흰옷(예수님) 대신 선행을 통해 자신의 벌거벗은 수치를 가려보려 한다. 하지만 우리는 인간의 선행 역시 완전하지 않기 때문에 아무리 많은 선행을 해도 죄를 가릴 수 없다는 사실을 기억해야 한다. 따라서 성경은 이러한 자기 노력이나 의로운 행위를 "더러운 옷"이라고 표현한다(사 64:6). 이에 대해 또 어떤 사람들은 우리가 구원을 받기 위해서는 예수님을 믿는 것만으로는 부족하고 선행도 갖추어야 한다고 가르친다. 하지만 성경은 믿음(양털)과 선행(베실)을 합쳐서 구원을 받으려는 시도 역시 옳지 못함을 가르치고 있다는 사실을 잊지 말아야 한다(신 22:11).

○○ 하이델베르크 교리문답 살펴보기

제62문 우리의 선한 행위들은 왜 하나님 앞에서 우리의 의가 될 수 없습니까?

답 하나님의 심판대 앞에 내세울 수 있는 의는 절대적으로 완전한 의로움이어야 하고 하나님의 율법에 완벽하게 맞아야 합니다. 반면 우리의 행위는 아무리 선하다 할지라도 하나님 앞에는 불완전하며 죄에 오염되어 있을 뿐입니다.

제63문 하나님이 이 세상과 내세에서 보상하신다고 해도 우리의 선한 행위는 아무런 소용이 없는 것입니까?

답 그 보상은 선한 행위에 대한 것이 아니라 은혜의 선물로 주어지는 것입니다.

제64문 그런 가르침은 사람들을 선한 행위에 대해 나태하게 하거나 악하게 만들지 않습니까?

　답 아닙니다. 참된 믿음으로 그리스도를 마음에 모신 사람이 감사의 열매를 맺지 않을 수는 없습니다.

🏷️ 교실 밖 수업　# 쾰른 대성당

고딕 양식

독일 중서부에 자리한 쾰른은 쾰른 대성당(Kölner Dom)으로 유명한 도시다. 가장 높은 첨탑의 높이가 150m가 넘는 쾰른 대성당은 유럽에서 두 번째로 높은 성당이다. 독일 내에서 "선한 행위와 의의 관계"에 대해서 교

> **방문지 주소**
> **쾰른 대성당:** Domkloster 4, 50667 Köln

실 밖 수업을 하기에 쾰른 대성당만큼 좋은 곳도 없다. 쾰른 대성당에서는 "선한 행위"를 통해 구원을 받으려고 하는 로마 가톨릭의 여러 가지 다양한 시도를 볼 수 있기 때문이다.

쾰른이 독일 역사에서 차지하는 비중은 매우 높다. 쾰른이라는 도시 이름이 식민지를 뜻하는 "콜로니아"(colonia)에서 나왔을 만큼 쾰른은 고대 로마가 이 지역을 통치하기 위해 중시했던 요충지였기 때문이다. 중세 시대의 쾰른 대성당은 그 명성을 잇기라도 하듯이 수많은 사람이 찾는 순례지로 유명했다. 그 이유는 무엇보다 마태복음에 나오는 동방박사의 유골이 이 대성당에 안치되었다고 알려졌기 때문이었다. 중세 시대에는 고행, 금욕, 선행 외에도 성인의 유골이나 유

퀼른 대성당 안에 비치된 동방박사 유골함. 중세에 이것을 보기 위한 순례객의 발길이 끊이지 않았다.

품을 보거나 만지기 위해 순례의 먼 길을 떠나는 것이 의를 얻는 한 가지 방편으로 여겨졌다.

    퀼른 대성당의 외양도 겉으로 보이는 요소를 통해 신앙을 증명하거나 고무하려고 한 중세인들의 노력을 잘 보여준다. 퀼른 대성당은 예배 처소라기보다는 거대한 탑처럼 보인다. 하늘로 끝도 없이 뻗은 첨탑과 짙은 색의 높은 건물이 주는 위압감은 그 앞에 서보지 못한 사람은 제대로 느끼기 어려울 것이다.

    그뿐 아니다. 중세 시대에는 마을의 어떤 건물도 교회보다 높아서는 안 된다는 규정이 따로 있었다. 그래서 어느 마을을 가나 교회 첨탑이 가장 높게 솟은 모습을 볼 수 있었다. 이는 중세 시대 사람들의 신앙 중심적인 삶의 단면을 보여주기도 하지만 영적인 권위를 세우는 것이 아니라 겉모습으로 신앙을 내세움으로써 세상을 지배하려고 했던 중세 교회의 한계를 드러내 주기도 한다.

퀼른 대성당을 찾아가 보라. 퀼른 대성당은 "고딕 양식"으로 축조된 대표적인 건축물이다. 고딕 양식은 수직선적인 미를 강조하여 거룩한 신에게 도달하려는 염원을 표현한 건축 양식이다. 퀼른 대성당의 높이 뻗은 첨탑은 하늘 높은 줄 모르고 위를 향해 뻗어 있다. 오늘날 우리는 퀼른 대성당 같은 건축물을 통해서 중세 시대 사람들의 가치관을 엿보게 된다. 성인들의 유골함이나 눈에 보이는 건축물을 통해 하나님의 호의를 얻어내려는 그들의 노력은 가상하지만 무언가 초점이 어긋난 듯하다. 그래서 루터는 사람이 "오직 믿음으로 구원받는다"라는 사실을 힘주어 강조했을 것이다.

독일에서 가장 높은 가톨릭 성당인 퀼른 대성당은 도시 어느 곳에서나 보일 만큼 높고 웅장한 랜드마크다.

고딕 양식을 비롯한 중세의 건축 양식을 더 자세히 살펴보면서 중세 시대 사람들이 가졌던 신앙의 한계에 대해 살펴보고 참된 신앙이 무엇인지 생각해보자.

🏷️ 선생님의 칠판

│ 로마네스크 양식과 고딕 양식 # 박광제 선생님

중세 시대에 로마 교황청과 함께 가장 중요한 세력을 형성했던 것은 독일 지역에 등장한 신성 로마 제국이었다. 그 이름에서도 알 수 있듯이 신성 로마 제국(*Sacrum Romanum Imperium*)은 로마 제국의 유산 위에 세워진 제국으로서 기독교를 중심 가치로 여기는 사상적 특성이 있었다.

처음에 이러한 신성 로마 제국의 특성은 무엇보다 각종 건물을 지을 때 사용된 로마식 건축 기법에서 잘 드러났다. 이때 당시에 지어진 교회당들은 무거운 돔(dom)을 건물 위에 얹고, 그 무게를 지탱하기 위해 두꺼운 벽을 갖춘 구조가 되었다. 이런 구조로 인해 창문은 작아질 수밖에 없었는데 과거 로마 제국의 영광을 재현하는 듯한 이 건축 양식을 "로마네스크 양식"이라고 한다. 이 건축기법은 신성 로마 제국이 출현한 9세기경부터 시작되어 카노사의 굴욕과 십자군 전쟁이 시작된 10-11세기에 절정을 이루었다.

로마네스크 양식은 교회당 내에서 "하나님의 임재"를 느끼도록 의도된 건축 기법이라고 할 수 있다. 로마네스크 양식으로 지어진 성당 안에 들어가면 천장에 설치된 돔과 작은 창문에서 들어오는 제한된 빛 때문에 신비한 느낌을 받게 된다. 이로 인해 사람들은 돔 아래에

대표적인 로마네스크 양식 건물인 피사 대성당.
건물 위로 돔이 보인다.

서서 "하나님의 집"에 들어왔음을 확신했을 수도 있었을 것이다.

그러나 12세기부터 변화의 바람이 불기 시작했다. 각 지역의 대학을 중심으로 상인들의 공동체인 "길드"가 생겨나고 경제적으로 부유한 상공 계층이 등장하기 시작했다. 아울러 이성을 통해 신앙을 탐구하는 스콜라 철학이 유행하면서 건축의 형태도 자연스럽게 변하기 시작했다. 즉 이성으로 하나님을 이해할 수 있다고 생각한 스콜라 철학과 함께 인간의 노력과 이성으로 천국에 도달할 수 있다는 신념이 싹트기 시작했고 상업이 발달함에 따라 이런 신념을 건축물로 표현할 여유가 생겨난 것이었다.

그 결과 돔을 얹어서 만드는 로마네스크 양식보다는 하늘로 뾰족하게 높이 쌓아서 어떻게 해서든지 천국에 도달해보려는 마음을 표현한 고딕 양식이 유행하게 되었다. 첨탑들이 하늘을 향해 높이 쌓아올려졌으며 천장과 첨탑의 무게를 분산시키는 건축술이 개발되어 상대적으로 벽이 얇아졌다. 결과적으로 창문이 커지면서 스테인드글라스가 본격적으로 사용되었다. 이런 특징을 갖는 "고딕 양식"이 유럽을 휩쓸면서 12세기 이후부터는 마을마다 뾰족한 첨탑과 커다란 스테인드글라스를 갖춘 교회들이 자리를 잡게 되었다.

고딕 양식은 하늘에 가 닿고 싶은 마음을 드러내고 교회 내부를 스테인드글라스를 통해 더욱 성스럽게 표현하려고 시도한 노력의 결과물이었다. 이는 고딕 양식으로 지어진 성당이나 교회에 들어가 보면 어렵지 않게 확인할 수 있다. 시야를 벗어날 정도로 하늘을 향해 높게 솟은 첨탑, 그로 인해 만들어지는 높은 천장, 커다란 창문을 채운 스테인드글라스의 성화(聖畫)를 통과해서 예배당 내부로 들어오는 오묘한 빛은 "하나님의 집"을 느끼게 해준 로마네스크 양식보다 더 성스러운 분위기를 만들어냈다.

　로마네스크와 고딕 양식은 둘 다 중세 유럽에서 유행했던 건축 양식이었다. 엄청난 자본과 기술이 집약된 당시의 건축물들을 보면 노력을 통해 천국에 도달하려는 인간의 욕구가 대단하다는 사실을 확인할 수 있다. 중세 유럽인들은 교회당을 "하나님이 거하시는 집"으로 이해하면서 어떻게 해서든지 더 성스러운 분위기를 연출하고자 노력했다. 그 덕분에 인류는 찬란한 문화유산을 소유할 수 있게 되었지만, 본질적인 신앙의 관점에서 보았을 때 그런 시도 자체가 가지고 있는 한계를 직시할 필요가 있을 것이다.

　로마 가톨릭이 자랑하는 바티칸의 성 베드로 대성당은 축구장 6개가 들어갈 만큼 엄청난 규모의 건축물이다. 하지만 그 건축비를 충당하기 위해 교황은 면죄부를 발행하면서 그것을 사는 사람들은 천국으로 직행한다고 가르쳤다. 또한 중세에 지어진 많은 성당은 그 안에 하나님이 계시는 것처럼 여겨졌고, 그런 기대에 부응하기 위해 성스러운 분위기가 매우 중요한 요소로 부각되었다. 그러나 눈에 보기에 훌륭한 예배당을 짓고자 하는 이런 노력은 인간의 선행으로 천국에 도달하려는 행위의 연장선에 있는 것이 아닌가? 우리는 성경에서 말하는 성전이란 무엇인지 분명하게 알아야 한다.

　너희 몸은 너희가 하나님께로부터 받은 바 너희 가운데 계신 성령의 전인 줄을 알지 못하느냐? 너희는 너희 자신의 것이 아니라 값으로 산 것이 되었으니 그런즉 너희 몸으로 하나님께 영광을 돌리라(고전 6:20).

　사람들이 축조한 성당과 건물은 하나님이 거하시는 "성전"이 아니다. 그것은 예배를 드리는 "장소"일 뿐이며 하나님이 거하시는 곳은 "교회", 즉 구원받은 성도의 무리 가운데다. 성령은 교회 가운데 임재하시기 때문에 교회를 구성하는 성도들 각자가 하나님이 거하시는 "처소"가 된다. 우리는 믿음으로 구원을 받아 의롭게 되었고 그로 인해 하나님이 우리와 함께 거하신다. 하나님은 사람들이 만든 건물에 한정적으로 계시는 분이 결코 아니다.

주께서 이르시되 하늘은 나의 보좌요 땅은 나의 발등상이니 너희가 나를 위하여 무슨 집을 짓겠으며, 나의 안식할 처소가 어디냐?(행 7:49)

믿음 노트

1. 왜 중세 사람들은 로마네스크와 고딕 양식을 선호했는지 이야기해
   봅시다.

2. 우리가 선행에 힘써야 한다면 그 이유는 무엇일까요?

제25과

거룩한 성례에 관하여

루카스 크라나흐 부자(父子)

제65-68문

🏷️ 그림으로 이해하기 # 소(少) 크라나흐의 "최후의 만찬"(성 요한 교회 소장)

제25과 **거룩한 성례에 관하여** | 제65~68문 **343**

최후의 만찬과 성찬

소(少) 크라나흐(Lucas Cranach der Jüngere, 1515-1586)의 "최후의 만찬"은 루터가 종교개혁을 일으킨 비텐베르크에서 서쪽으로 3-40km 떨어진 데사우(Dessau)의 성 요한 교회에 소장되어 있다. 이 그림을 보면 예수님을 중심으로 제자들이 양쪽으로 앉아 최후의 만찬을 나누는 다빈치(Leonardo da Vinci, 1452-1519)의 "최후의 만찬"이 떠오른다. 그러나 이 그림에서 예수님 주변에 모여 있는 사람들의 실제 모델들은, 예수님의 좌우에 앉은 루터와 멜란히톤을 비롯한 여러 종교개혁가다. 크라나흐가 최후의 만찬 장면에 종교개혁가들을 등장시킨 이유는 무엇일까?

종교개혁 당시 루터는 자신의 개혁 사상이 성경에 근거한 것이라고 주장하며 성경의 중요성을 강조했다. 그리고 그는 평민들도 성경을 볼 수 있도록 성경을 독일어로 번역했다. 이에 대해 당시 로마 가톨릭이 루터를 가리켜 하나님의 교회를 파괴하는 자라고 정죄하며 그를 따르는 무리를 이단으로 몰아 박해했다는 사실을 우리는 잘 알고 있다.

이런 상황에서 문제는 당시에 글을 모르는 사람이 많았고 평범한 사람들에게 개혁적인 신학 사상은 다소 어려울 수 있다는 것이었다. 따라서 루터의 개혁 사상이 그의 의도대로 평민들에게 가 닿기에는 한계가 있었다. 그래서 대를 이어 루터의 사역을 도왔던 크라나흐 부자(父子)는 그림을 통해 글을 모르는 사람들에게 종교개혁 사상을 시각화하여 보여주고자 했다.

그러한 크라나흐의 의도를 생각한다면 이 그림의 메시지는 명확하다. 예수님과 함께 식사를 나누는 자들, 다시 말해 종교개혁의 사상을 따르는 사람이 참으로 예수님과 함께하는 사람이라는 것이다. 반면 사제의 위치에 있으면서 면죄부를 파는 사람은 가룟 유다처럼 나쁜 사람이라는 것도 분명하게 드러난다.

우리가 잘 알듯이 최후의 만찬은 성찬식의 모범이었다. 크라나흐가 종교개혁가들을 최후의 만찬 자리에 불러 모은 것은 성찬식을 대단히 의미 있는 의식이라고 생각했기 때문이었다. 오늘날 신앙인들도 예수님의 본을 따라 성찬식을 거행한다. 우리는 교회에서 성찬식을 할 때 어떤 태도로 임하는가? 혹여 정해진 때가 되면 정기적으로 행하는 형식적인 행위로 치부하지는 않는가?

예수님과 함께하는 자들은 주님과 함께 앉아 만찬을 나눈다. 지금은 예수님이 눈에 보이지 않더라도 우리는 성찬식을 통해 주님의 떡을 떼고 잔을 마실 때마다 예수님과 함께하고 있으며 우리가 예수님과 연결된 그분의 몸의 일부임을 마음에 새긴다. 진실한 마음으로 주님의 떡과 잔을 나누는 우리가 진정한 그분의 몸이다!

🏷️ 성경 수업

 마음 열기

1. 성찬식에 참여해본 적이 있나요? 어떤 마음으로 성찬식에 참여했었는지 이야기해봅시다.

2. 생활 속에서 예수님이 나와 함께하신다고 느낀 적이 있다면 언제였는지 이야기해봅시다.

성례에 대하여

우리는 하나님의 은혜를 힘입어 예수 그리스도를 믿음으로 하나님 앞에서 의롭다 함을 얻게 되었다. 그렇다면 "믿음"은 어떻게 생기는 것일까? 이번 과에서는 그에 대해 함께 생각해보자.

우선 믿음의 근원은 하나님이시다. 우리가 믿음을 가질 수 있는 것은 하나님이 우리에게 "믿음"을 선물로 주시기 때문이다(엡 2:8). 그러나 믿음이 선물이라고 해서 하늘에서 갑자기 뚝 떨어지는 것은 아니다. 하이델베르크 교리문답은 우리에게 믿음이 "설교"와 "성례"를 통해서 주어진다고 분명하게 밝힌다. 설교란 우리도 잘 알듯이 말씀의 선포를 의미한다. 즉 설교는 **청각**을 통해서 주어지는 믿음의 통로다.

그렇다면 성례는 무엇일까? 성례는 **시각, 촉각, 미각**을 통해서 믿음이 생기게 하는 방편으로서 세례와 성만찬이 여기에 포함된다. 성례는 예수님의 은혜를 보고, 만지고, 맛볼 수 있는 축복으로서 교회에 허락된 거룩한 예식이다. 성례는 떡과 잔을 나누며 제자들을 축복하셨던 예수님의 말씀, 모든 민족을 제자로 삼아 세례를 베풀라고 명령하신 예수님의 말씀에 근거를 둔다. 그래서 우리는 그 형식이 아무리 성례의 형식을 띠고 있더라도 예수님과 상관없이 행해지면 결코 거룩할 수 없다는 점을 늘 기억해야 한다. 성례는 반드시 예수님의 죽으심과 부활을 기념하는 예식이어야 하는 것이다.

세례란 우리가 그리스도의 은혜를 받아 죄 용서를 받았다는 감격을 오감을 통해 확인하는 행위이며, 성만찬은 그리스도의 은혜가 "지금" 우리에게 임해 우리가 그분과 연결되었음을 공감각적으로 확인하는 행위다. 이런 까닭에 초기 교회나 종교개혁 당시의 개혁 교회에서는 주일마다 설교와 성례가 함께 시행되었다. 지금부터 함께 종교개혁의 현장을 찾아가 우리에게 설교와 성례가 어떤 의미인지 더 자세히 살펴보자.

○○ 하이델베르크 교리문답 살펴보기

제65문 믿음만이 우리를 그리스도와 그의 모든 축복을 누릴 수 있게 한다면 이 믿음은 어떻게 생깁니까?

답 복음을 전할 때 우리 마음속에서 일하시는 성령이 믿음을 주시고, 성례를 통해 그 믿음을 더욱 굳건하게 하십니다.

제66문 성례란 무엇입니까?

답 성례란 거룩하고 눈에 보이는 표시이며 인장입니다. 하나님은 그런 가시적인 방법을 통해 우리가 복음의 약속을 더욱 잘 이해하고 확증하도록 친히 제정하셨습니다. 복음이란 예수 그리스도가 십자가 위에서 완성하신 죽음 때문에 하나님이 우리 죄를 용서하시고 영원한 생명을 허락하셨다는 약속입니다.

제67문 말씀과 성례, 이 두 가지는 구원의 유일한 근거로서 십자가에서 죽으신 예수 그리스도에 대한 믿음에 초점을 맞추도록 의도된 것입니까?

답　그렇습니다. 성령은 우리에게 우리의 구원이 그리스도의 십자가 죽음에 전적으로 달려 있다는 사실을 복음으로 가르치시고 성례를 통해 확신시켜주십니다.

제68문 신약성경에 얼마나 많은 그리스도의 성례가 제정되어 있습니까?

답　두 가지입니다. 거룩한 세례와 성만찬입니다.

🏷️ 교실 밖 수업　#비텐베르크, 데사우

▍크라나흐의 그림을 통해 이해하기

아래 그림은 대(大) 크라나흐가 그린 종교개혁가 루터의 얼굴이다. 많은 사람이 루터의 얼굴을 익숙하게 알고 있는 것은 전적으로 그의 얼굴을 그림으로 남긴 크라나흐 덕분이다. 사실 이것만으로도 우리가 종교개혁을 이해하는 데 크라나흐의 역할이 작지 않다고 말할 수 있을 것이다. 그것은 당대에도 마찬가지였다. 크라나흐는 종교개혁 시대에 루터를 지지하며 그의 사상을 그림으로 표현해내었다. 글을 몰랐던 수많은 민중이 그의 그림을 통해 종교개혁을 이해하고 받아들였으니 당시 그의 역할은 매우 중요했다고 평가할 수 있을 것이다. 크라나흐의 발자취는 95개조 반

크라나흐의 "루터"

비텐베르크에 있는 크라나흐의 집 내부. 그의 그림들을 한눈에 볼 수 있도록 전시해놓았다.

박문이 내걸렸던 비텐베르크에서도 찾아볼 수 있고, 그의 아들 소(少) 크라나흐의 걸작 "최후의 만찬"이 소장된 데사우의 성 요한 교회에서도 접할 수 있다.

크라나흐 부자가 남긴 그림들을 보는 것은 종교개혁을 이해하고자 할 때 역사책을 보는 것만큼이나 큰 도움이 될 것이다. 그림 안에 도식화된 표현들은 종교개혁을 더욱 입체적으로 이해할 수 있도록 우리를 이끌어주기 때문이다.

1517년, 비텐베르크는 종교개혁의 진원지가 되었다. 루터는 종교개혁 시대의 시작을 알리는 95개조 반박문을 비텐베르크에 있는 궁성교회의 문에 내걸었다. 지금도 비텐베르크를 방문하면 여

방문지 주소
루카스 크라나흐의 집: Markt 4, 06886 Wittenberg
성 마리아 교회: Kirchplatz, 06886 Wittenberg
성 요한 교회: Johannisstraße 11, 06844 Dessau-Roßlau

기저기에서 루터의 흔적들을 찾아볼 수 있다.

우선 비텐베르크 광장에서는 루터와 그의 동역자 멜란히톤의 커다란 동상을 볼 수 있다. 광장 근처에 있는 크라나흐가 살던 집은 박물관 형태로 개조되어 많은 이들에게 종교개혁의 여진을 느끼게 해주고 있다. 지금은 박물관이 된 이 집에서 크라나흐는 루터와 멜란히톤의 사상들을 능숙하게 그림으로 표현해냈을 것이다. 어떻게 보면 이곳이야말로 종교개혁 역사의 중심지였던 셈이다.

광장 근처에는 첨탑이 높이 솟은 성 마리아 교회(Stadtkirche Sankt Marien)가 있다. 이 교회는 루터가 설교 사역을 감당했던 곳이다. 루터의 목소리가 울려 퍼졌을 이 교회에도 크라나흐의 다양한 그림이 전시되어 있다. 종교개혁의 분위기를 생생하게 전해주는 그의 그림들을 찾아 교실 밖 수업을 떠나보자.

🏷️ 선생님의 칠판

그림으로 복음을 전하다 # 백병환 선생님

옆의 그림은 성 마리아 교회에 소장된 대(大) 크라나흐의 그림들로서 교회의 제단 앞을 장식하고 있는 제단화들이다. 이 그림들을 자세히 살펴보면 크라나흐가 종교개혁의 사상들을 그림에 어떻게 반영했는지 알 수 있다. 우선 가운데 아랫부분에 있는 그림을 보자. 화면의 오른편에는 설교하는 루터가 있고, 왼편에는 루터의 설교를 듣고 있는 청중들이 그려져 있다. 그런데 루터와 청중들 사이에 있는 분은 십자가에 달리신 예수님이시다. 크라나흐는 이런 구도를 통해 어떤 메시지를 전하려고 했을까? 너무나도 선명하고 확실한 메시지는 루터가 예수 그리스도를 통해 말씀을 전하고 있다는 것이다.

이번에는 상단 오른편에 있는 그림을 살펴보자. 가운데에는 종교 개혁가가 있고 왼편에는 무릎을 꿇고 있는 영주가 있으며 오른편에는 교황청과 관련된 붉은 옷을 입은 사람이 등을 돌리고 서 있다. 조금 더 자세히 그림을 들여다보면 개혁자의 손에 열쇠가 들린 것을 발견할 수 있다. 이 그림을 통해 크라나흐는 천국이 로마 가톨릭의 무력과 협박으로 열리는 것이 아니라 종교개혁가들이 전한 복음을 통해 열릴 것이라는 이야기를 전해준다.

상단 왼편의 그림에는 멜란히톤과 크라나흐가 등장한다. 그림에서 아기에게 세례를 주는 이가 멜란히톤이고, 그의 왼편에 앉아 있는 자가 바로 크라나흐 자신이다. 당시 가톨릭은 유아 세례를 오랜 전통으로 지켜오고 있었으나 면죄부로 천국행 표를 사야 했던 것처럼, 유

아 세례 역시 돈을 주어야 받을 수
있었다. 그러나 크라나흐는 유아 세
례를 주는 멜란히톤의 오른편에 성
경을 펴서 들고 있는 사람을 그림으
로써 유아 세례가 돈으로 살 수 있는
것이 아니라 오직 성경에 따라 시행
할 수 있는 것임을 보여주었다.

이제 중앙 상단의 그림으로 시선
을 돌려보자. 이 그림 역시 최후의
만찬 장면을 소재로 삼아 다양한 이
들을 표현했다. 먼저 그림의 앞쪽 왼
편에 등을 돌린 채로 돈 보따리를 몰
래 빼돌리는 듯 앉아 있는 인물이 눈
에 띈다. 예수님의 제자 중에 돈을
훔쳐내던 자는 가룟 유다였다. 그러
나 그림 속 인물의 복장은 마치 당시
의 면죄부 판매자처럼 보인다. 여기

대(大) 크라나흐

크라나흐는 비텐베르크의 궁정화가로 활동하며 신학
자들의 개혁 사상을 그림으로 표현한 화가였다. 그의
아들과 동명이인이므로 부친을 대(大) 크라나흐, 아
들을 소(少) 크라나흐라고 한다.

크라나흐 부자는 그림을 통해 종교개혁 사상을 일
반 민중들이 알기 쉽게 전했다. 얼핏 보면 교회의 제단
화처럼 보이지만 율법과 은혜를 명확하게 묘사했고,
로마 가톨릭 사상의 잘못된 점을 꼬집어 표현했다. 크
라나흐는 당시 교회와 사제들을 서열이 있는 것으로
표현하기보다 그리스도의 십자가를 통해 동등한 관계
에 있는 것으로 표현했다.

루터의 종교개혁이 한 세대 만에 독일 전역과 유럽
으로 확대할 수 있었던 데에는 크라나흐 부자의 그림
도 구텐베르크의 인쇄술만큼이나 큰 역할을 했다.

서 크라나흐의 의도가 정확히 드러난다. 그는 로마 가톨릭의 면죄부
판매를 가룟 유다의 도둑질과 다름없는 행태로 본 것이다.

지금까지 자세히 살펴본 제단화를 통해 우리는 크라나흐의 생각
과 믿음을 엿볼 수 있다. 그의 사상에 따르면 모든 설교의 중심은 예
수 그리스도여야 하고, 세례나 유아 세례, 성만찬 등의 모든 성례는
성경에 뿌리내리고 있어야 한다. 말씀이 선포되는 제단에 그려진 그
의 그림은 한결같이 예수 그리스도의 십자가가 교회의 중심이어야

함을 강조한다. 크라나흐에게 설교와 성례는 오직 십자가의 사건에 근거해야만 참된 것이었고, 그것을 지키는 이들은 기존 가톨릭의 사제가 아닌 종교개혁가들이었다.

또한 크라나흐 부자의 그림들은 문맹률이 높아 번역된 성경도 읽지 못하는 이가 많았던 당대에 효과적인 복음 전파의 수단이기도 했다. 중세에는 성경이 라틴어로만 쓰여 있어 사제들의 전유물이 될 수밖에 없었다. 그러나 종교개혁가들은 민중이 스스로 성경을 읽을 수 있어야 한다는 신념으로 성경을 자국어로 번역하는 데 힘을 쏟았다. 그런데도 글을 아예 읽지 못하는 이들이 많았던 안타까운 상황에서 하나님의 말씀을 전하기 위해서는 다른 방법이 필요했다. 가령 17세기 영국의 버니언(John Bunyan, 1628-1688)이 민중을 위해 성경을 우화 형태로 표현한 『천로역정』을 출간했던 것처럼 말이다. 크라나흐 부자의 그림이 종교개혁사에서 중요한 위치를 차지하는 이유가 바로 여기에 있다. 루터가 종교개혁의 불씨를 댕겼고 멜란히톤이 그것을 체계화했다면, 크라나흐는 종교개혁 사상과 그 사상의 뿌리가 된 성경을 누구나 이해하기 쉽게 그림으로 표현해내었다.

소(少) 크라나흐가 심혈을 기울여 그렸던 "최후의 만찬"에서 예수님의 제자들이 앉아 있었던 자리를 대신한 종교개혁가들과 그 추종자들의 얼굴을 보며 민중들은 어떤 생각을 했을까? 민중들은 그림에 대한 다른 설명을 듣지 않았어도 그림을 보는 즉시 "이단"이라는 오명을 뒤집어쓴 종교개혁가들이 바로 예수님과 한 몸을 이루고 진리를 따르는 자들이라는 메시지를 알아차릴 수 있었을 것이다.

크라나흐 부자는 종교개혁 사상이 "이단"으로 공격받던 시대에도 굴하지 않고 그의 화폭 전체를 "외치는 자의 소리"로 가득 채웠다. 그

소리로 가득 찬 그의 그림들은 아마 그의 그림을 본 이들에게 종교개혁에 대한 강한 확신을 안겨주었을 것이다. 이 소리는 오늘날 우리에게도 유효하다. 우리는 정기적으로 성례를 행할 때마다 크라나흐 부자가 당시 시대를 향해 던졌던 이 메시지를 기억해야 한다. 예수님의 몸이 될 수 있는 이들은 누구인가? 종교개혁가들처럼 참된 진리를 따르는 우리가 바로 예수님의 몸이다!

 믿음 노트

1. 크라나흐 부자는 어떤 방식으로 루터의 종교개혁을 도왔습니까? 오늘날 크라나흐나 『천로역정』의 저자인 버니언처럼, 복음을 효과적으로 전할 방법이 있다면 무엇이 있을까요?

2. 성례에 대해 새롭게 깨달은 사실이 있다면 무엇입니까?

제26과 | 거룩한 세례에 관하여

알브레히트 뒤러

제69-71문

그림으로 이해하기 # 뒤러의 "그리스도를 위한 애곡"(뮌헨 알테 피나코 테크 소장)

성례의 의미

뮌헨 알테 피나코테크에서는 독일 화가 뒤러의 그림들을 볼 수 있다. 그중 여기서 함께 살펴볼 그림은 "그리스도를 위한 애곡"이다. 이 그림은 전체적으로 삼각형 구도를 이루고 있다. 중앙 상단에 십자가 나무 기둥이 보이고, 하단에 좌우로 길게 예수님의 시신이 놓여 있다. 예수님 아랫부분에는 가시관도 놓여 있는데, 이는 이 그림이 십자가의 죽음 직후를 묘사한다는 사실을 알려준다.

뒤러는 이 그림의 중심에 무릎을 꿇고 예수님을 바라보는 여인을 배치했다. 그녀는 죽은 예수님의 손을 붙잡고 비통해한다. 주변에 무덤덤한 표정을 짓고 있는 인물들이 있어 비통해하는 여인의 표정은 좀 더 극적으로 다가온다. 이 여인의 표정이야말로 이 그림의 제목인 "그리스도를 위한 애곡"에 잘 어울린다.

이 그림의 왼편에는 예수님의 시체를 옮기는 남자가, 오른편에는 시신을 처리하기 위해 몰약과 향유를 들고 온 두 남녀가 보인다. 예수님 바로 뒤에는 두 손을 들고 망연자실한 나이 든 여성도 있다. 그러나 예수님의 손을 붙잡고 애곡하는 이는 중앙에 무릎을 꿇은 여인뿐이다.

이 그림은 "성례"에 대한 우리의 마음 자세를 돌아보게 해준다. 성례에는 세례와 성만찬이 포함된다. 세례는 예수님이 죽으심으로써 내 죄를 완전히 씻어주셨음을 공식적으로 인정하는 사건이고, 성만찬은 예수님이 지금 우리의 손을 잡고 계시며 우리가 그분과 한 몸임을 시각적으로 확인하는 예식이다.

그러므로 세례와 성만찬은 그저 평범한 종교의식이 아니다. 그림의 주변인들처럼 예수님의 죽음을 관망하는 자는 성례에 어울리지 않는다. 성례의 핵심에는 예수 그리스도의 죽으심이 있다. 우리는 성례를 통해 2,000년 전에 죽으신 주님이 부활하셔서 여전히 우리의 손을 잡고 계시며, 우리는 그분의 몸으로 연결되어 있음을 확인할 수 있다.

🏷️ 성경 수업

🚪 마음 열기

1. 자신이 참여했던 여러 가지 의식 중에 가장 긴장되었던 경험을 나누어봅시다.

2. 교회에서 세례나 입교 예식에 참여한 경험이 있나요? 그때 어떤 기분이 들었나요?

세례에 대하여

우리는 앞 과에서 은혜가 주어지는 방편은 설교와 성례가 있다고 배웠고, 성례에는 세례와 성만찬이 있음도 살펴보았다. 이와 관련한 사도 바울의 가르침을 살펴보는 것은 앞으로 이어질 배움에 도움이 될 것이다. 사도 바울은 세례를 어떻게 이해했는지 살펴보자.

1형제들아! 나는 너희가 알지 못하기를 원하지 아니하노니 우리 조상들이 다 구름 아래에 있고 바다 가운데로 지나며 2모세에게 속하여 다 구름과 바다에서 세례를 받고 3다 같은 신령한 음식을 먹으며 4다 같은 신령한 음료를 마셨으니 이는 그들을 따르는 신령한 반석으로부터 마셨으매 그 반석은 곧 그리스도시라(고전 10:1-4).

이 말씀에서 바울은 세례와 성만찬을 언급하며 구약의 출애굽 사건으로 시선을 돌린다. 이스라엘 백성은 이집트의 포로가 된 지 400여 년 만에 하나님의 인도로 이집트를 탈출할 수 있었다. 이스라엘 백성이 이집트의 권력과 문화에 완전히 사로잡혀 육체적·정신적 지배를 받으며 포로 생활을 했던 것은 마치 우리가 "죄"의 노예가 되어 있는 상태를 보여주는 듯하다.

○ 관련 성구

3무릇 그리스도 예수와 합하여 세례를 받은 우리는 그의 죽으심과 합하여 세례를 받은 줄을 알지 못하느냐? 4그러므로 우리가 그의 죽으심과 합하여 세례를 받음으로 그와 함께 장사되었나니 이는 아버지의 영광으로 말미암아 그리스도를 죽은 자 가운데서 살리심과 같이 우리로 또한 새 생명 가운데서 행하게 하려 함이라(롬 6:3-4).

그러므로 너희는 가서 모든 민족을 제자로 삼아 아버지와 아들과 성령의 이름으로 세례를 베풀고(마 28:19).

믿고 세례를 받는 사람은 구원을 얻을 것이요, 믿지 않는 사람은 정죄를 받으리라(마 16:16).

"죄"의 노예에게는 죽음의 어두운 그림자만이 드리울 뿐이다. 그러나 이스라엘 백성은 출애굽할 때 하나님의 명령에 따라 어린 양의 피를 문설주에 발라 죽음을 피했다. 그리고 포로의 신세에서 벗어나 자유인이 되었다. 그와 마찬가지로 우리는 예수님의 피 흘리심을 통해 자유를 얻을 수 있게 되었다.

그렇게 어린 양의 피로 말미암아 죽음을 피하고 출애굽하여 자유를 얻은 이스라엘 백성은 곧 홍해를 건너고 광야 길을 걸어야 했다. 바울은 이스라엘 백성들이 물 사이를 지나 홍해를 건넜던 사건을 "세례"의 표상으로 이해했다. 모세는 오늘날 목사가 성도에게 세례를 주는 것처럼 이스라엘 백성에게 세례를 베푼 것은 아니었다. 하지만 바울은 이스라엘 백성이 애굽에서 벗어나 바다 가운데로 지났던 그 사건을 세례와 직접 연결한다. 이러한 바울의 견해에 따르자면 이스라엘 백성은 유월절에 어린 양의 피로 죄 용서를 받아 생명을 얻었고, 출애굽의 첫걸음을 방해하며 기필코 뒤따르던 애굽의 군사들 앞에서 보란 듯이 바다로 걸어 들어감으로써 그들이 하나님의 백성임을 확증하였다.

우리도 유월절의 어린 양 되신 예수님을 믿음으로써 죄 용서를 받았지만, 죄의 유혹은 여전히 우리를 뒤따른다. 우리 속에 아직도 죄의 "속성"이 남아 있기 때문이다. 그러나 이스라엘 백성이 서슬 퍼런 애굽의 추격에도 항복하지 않고 기꺼이 홍해를 향해 걸음을 옮겼던 것처럼, 예수님을 믿는 우리에게는 우리를 추격하는 죄의 유혹에 사로잡히지 않겠다는 "의지"와 하나님의 자녀답게 살고 싶다는 "소망"이 생겼다.

그러므로 세례란 이스라엘 백성이 홍해를 지나며 하나님의 자녀로서 자신들의 정체성을 확고히 했던 것처럼 우리가 이제 죄의 노예가 아닌 하나님의 자녀가 되었다는 것을 교회가 공식적으로 선언하는 거룩한 행위다. 우리는 세례를 통해 비로소 우리의 죄가 깨끗해졌고 하나님의 자녀로 사는 삶이 새롭게 시작되었다는 것을 오감으로 체험하고 교회로부터 공식적인 확증을 받는다. 그리고 홍해를 건넌 이후 반석에서 샘솟는 물을 마시며 광야에서의 삶을 견디어냈던 이스라엘 백성처럼 세례를 받은 우리는 성만찬을 통해 그리스도에게서 오는 끊임없는 은혜를 맛보며 이 세상을 살아갈 힘을 얻는다.

제69문 그리스도가 십자가에서 죽으신 것이 당신에게 어떤 유익이 되는지에 대해 세례는 당신에게 어떤 의미와 확신을 줍니까?

  답 그리스도가 눈에 보이는 방식으로 물로 씻음을 통해 주신 약속은 몸이 물로 더러움을 씻어내듯이 그의 피와 성령이 우리의 죄와 영혼의 더러움을 완전히 씻어낸다는 것을 확신하게 해줍니다.

제70문 그리스도의 피와 성령으로 씻음 받았다는 것은 무슨 의미입니까?

  답 그리스도의 피로 씻음을 받았다는 말은 십자가에서 우리를 위해 부어주시는 그리스도의 피로 인해 은혜를 통하여 하나님으로부터 우리의 죄가 용서함을 받았다는 것입니다. 성령으로 씻음을 받았다는 말은 우리가 죄에 대해서는 죽고 거룩하고 흠 없는 삶을 살게 하려고 성령을 통해 우리를 새롭게 하시고 그리스도의 가족으로 거룩하게 해주셨다는 것을 의미합니다.

제71문 그리스도가 우리를 그의 피로 씻으시고 성령으로 씻어주신다는 약속을 어디에서 하고 있습니까?

  답 세례를 제정하시면서 약속하셨습니다. 말씀하시기를, "너희는 가서 모든 민족을 제자로 삼아 아버지와 아들과 성령의 이름으로 세례를 베풀고"(마 28:19), "믿고 세례를 받는 사람은 구원을 얻을 것이요, 믿지 않는 사람은 정죄를 받으리라"(막 16:16)라고 하셨습니다.

🏷️ 교실 밖 수업

뒤러의 그림 이해하기

피카소(Pablo Picasso, 1881-1973), 반 고흐(Vincent van Gogh, 1853-1890), 미켈란젤로(Michelangelo di Lodovico Buonarroti Simoni, 1475-1564) 같은 예술가들에 비해 뒤러는 상대적으로 덜 알려진 화가이지만, 루터의 종교개혁과 신앙의 관점에서 보면 결코 가볍게 다룰 수 없는 인물이다. 앞서 제25과에서 살펴본 크라나흐가 루터의 사상을 작품에 그대로 반영하여 표현했던 것과는 달리, 뒤러는 자신의 작품에 종교개혁의 사상을 직접 드러내지는 않았다. 그러나 뒤러의 작품들을 자세히 살펴보면 종교개혁에 대한 그의 열정이 크라나흐보다 뒤지지 않았음을 알 수 있다.

예를 들어 뒤러의 가장 유명한 작품인 "기도하는 손"을 보면 그의 경건함을 미루어 알 수 있다. 아마 뒤러의 이름을 알지 못하는 사람은 많을지 몰라도 그의 "기도하는 손"을 못 본 사람은 별로 없을 것이다. 이 작품이 그토록 많은 사람의 사랑을 받는 이유는 거기에 그의 간절함이 그대로 묻어나기 때문이 아닐까? 이번 과에서는 그의 작품을 찾아 뉘른베르크와 뮌헨 알테 피나코테크로

뒤러의 기도하는 손

방문지 주소

알브레히트 뒤러 하우스: Albrecht-Dürer-Straße 39, 90403 Nürnberg
뒤러 광장: Albrecht-Dürer-platz, 90403 Nürnberg

떠나보자.

뉘른베르크는 과거 나치의 거점이었던 도
시이면서 동시에 나치를 처벌하기 위한 전범
재판이 열렸던 곳이기도 하다. 현재는 나치 전
당대회 기록보관소가 있는 역사적인 곳이면서
도 "캐논과 지그"의 작곡자 파헬벨, 이번 과에
서 살펴볼 뒤러를 낳은 예술의 도시이기도 하
다. 사실 뒤러는 우리나라 사람들에게는 많이
알려지지 않았지만 독일인들에게는 "국민 화
가"와 같은 인물이다. 유럽 연합(EU)의 유로화
가 통용되기 전에는 독일의 마르크 화폐에 뒤
러의 얼굴이 새겨져 있을 정도였다.

뒤러 광장에 서 있는 뒤러의 동상

뒤러와 관련된 교실 밖 수업을 위해 뒤러의
동상이 서 있는 뒤러 광장을 먼저 찾아가자. 뒤러 광장은 고풍스러운
건물로 둘러싸인 구시가지의 광장이다. 그 광장에 위풍당당하게 서
있는 뒤러의 동상을 보면 뉘른베르크 시민들에게 뒤러가 얼마나 자
랑스러운 존재인지 짐작할 수 있다.

뒤러 광장에서 2-300m 떨어진 곳에는 뒤러의 생가가 있다. 이곳
은 누구나 방문하여 둘러볼 수 있도록 박물관으로 개조되어 뒤러에
대해 더 알고 싶어 하는 이들을 반겨준다. 중세풍의 건물 안으로 발걸
음을 옮기면 약 500년 전 뒤러가 살았던 환경을 그대로 재현해놓은
작업실에서 뒤러의 작품들을 통해 그의 생애와 발자취를 접할 수 있
다. 이처럼 뒤러의 숨결이 살아 숨 쉬는 뉘른베르크에서 뒤러와 종교
개혁 신앙을 주제로 교실 밖 수업을 해보자.

뒤러와 성만찬 # 백병환 선생님

독실한 신앙의 소유자였던 뒤러는 그 유명한 "기도하는 손"을 자신의 대표적인 작품으로 남겼다. 그는 그 "기도하는 손"의 주인이 바로 사도들이라고 고백했고, 다음과 같은 말도 남겼다.

뮌헨 알테 피나코테크에 소장된 뒤러의 대표적인 작품 "네 사도"

기도하는 손이 가장 깨끗하고 위대한 손이다.

기도하는 자리가 가장 크고 높은 자리다.

그 후 뒤러는 1517년의 종교개혁을 경험하면서 루터의 사상을 수용했고 루터와 개인적인 서신을 주고받으며 관계를 유지했다. 루터를 한 번도 만나지 못했던 뒤러는 루터를 만나 그의 모습을 동판에 새길 수 있게 되기를 기도하기도 했다. 그렇게 함으로써 그는 후세들이 오랫동안 루터를 기억할 수 있기를 바랄 만큼 루터의 사상을 지지했다.

루터의 사상을 가진다는 것은 경멸과 비난을 받는 상황이며 심지어 이단으로 정죄될 수도 있고 더 나쁜 상황을 경험할 수도 있지만, 저는 루터의 종교개혁을 수용한다고 고백합니다.

뒤러는 이런 마음으로 "네 사도"를 그려서 사람들이 자주 출입하는 뉘른베르크 시청사 현관에 전시했다. 두 폭의 캔버스에 2명씩 나뉘어 실제 사람 크기로 그려진 이 그림에는 왼쪽부터 요한, 베드로, 마가, 바울이 등장한다. 뒤러는 이 4명의 사도를 그림으로써 종교개혁가들이 이 네 명의 사도들에게 결정적인 영향을 받았다는 것과 종교개혁가들의 주장이 요한복음, 베드로전서, 마가복음, 로마서의 말씀을 토대로 한다는 것을 주장했다. 다시 말해 종교개혁 사상은 이단적 가르침이 아니라 성경 말씀을 근거로 한다는 사실을 천명한 것이었다.

그림 속 네 명의 사도를 자세히 들여다보면 뒤러의 의도를 더욱 정확히 읽을 수 있다. 우선 요한은 성경을 들고 서 있는데, 그가 펼쳐 읽고 있는 구절은 요한복음 1:1이다.

> 태초에 말씀이 계시니라. 이 말씀이 하나님과 함께 계셨으니 이 말씀은 곧 하나님이시니라(요 1:1).

요한 옆의 베드로는 마치 말씀을 읽는 요한의 목소리에 집중하고 있는 듯한데 손에는 "천국의 열쇠"를 쥐고 있다. 마가는 손에 성경 두루마리를 들고 바울을 바라보고 있고 바울은 왼손으로는 성경을, 오른손으로는 칼을 들고 서 있다. 이 모든 구체적인 묘사를 종합해보면 뒤러는 결국 이 그림을 통해 말씀만이 우리의 근본이 되어야 할 것과 말씀을 가지고 순교하는 자리까지 결연히 나아가야 할 것을 보여주고 있다고 할 수 있다.

또한 뒤러는 이 그림에서 네 명의 사도가 네 가지 유형의 성격을 반영한다고 했다. 요한은 다혈질, 베드로는 점액질, 마가는 담즙질, 바울은 우울질을 대표한다는 것이다. 네 명의 사도와 같이 우리도 각기 다양한 성향과 기질을 가지고 있다. 하나님이 사람을 다양한 모습으로 창조하셨기 때문이다. 하지만 뒤러는 이렇게 다양한 기질을 가진 사도들이 모두 하나님의 말씀에 집중하며 하나님께 목숨을 바치기까지 순종했다는 사실을 강조하는 듯하다.

알브레히트 뒤러

뮌헨 알테 피나코테크에 있는 뒤러의 자화상

알브레히트 뒤러는 독일 뉘른베르크에서 태어나 작품 활동을 했다. 그는 중세와 르네상스 시대의 교차점, 가톨릭과 종교개혁이 교차하는 시대를 살았던 화가(판화가)였다. 이 시대의 예술가들이 어떤 신앙관을 가졌는지 작품 자체만으로는 알 수 없다. 뒤러가 살았던 때는 주문자들의 성향이 작품에 더 지배적으로 나타나던 시대였기 때문이다. 크라나흐 같이 공개적으로 종교개혁을 지지했던 화가들도 있었지만 뒤러는 사적인 편지나 작품 이면에 종교개혁의 희망을 담아 표현했다. 루터를 그리고자 했던 열망이 담긴 편지라든지, 종교개혁가 멜란히톤의 그림은 그가 종교개혁을 지지했음을 반영한다.

뒤러의 작품에 담긴 종교적인 색채나 표현들은 지금까지 그의 신앙이 종교개혁과 무관하지 않음을 우리에게 보여주며 잔잔한 감동을 준다.

따라서 우리는 이 그림이 주는 교훈을 잊지 말아야 한다. 우리가 각자 성향이 다르고 자라난 배경이 다르더라도 말씀이신 예수님과 항상 동행하고 그 말씀에 순종하겠다는 결연한 마음으로 매일매일 순교자적인 삶을 살아가는 것에서는 일치된 모습을 보여야 한다. 그렇게 사는 것이 거룩한 성례에 합당한 삶이며 그리스도인들에게 요구되는 마땅한 행실이다.

세례와 성만찬은 교회에서 벌어지는 일회성의 사건도 아니고, 무의미한 종교의식도 아니다. 세례는 앞으로 예수님과 동행하며 말씀대로 살아갈 것을 공식적으로 선언하는 첫 자리다. 그 첫 선언 이후 우리는 매번 성만찬을 나누며 살아 생동하는 말씀과 예수 그리스도를 거듭 새롭게 만난다. 그리고 세례와 성만찬으로 만난 말씀이신 예수 그리스도와 세밀한 일상을 함께할 때 우리를 통해 천국의 문이 열리는 것이다.

또한 우리는 성례를 통해 예수님이 우리와 함께하심을 온몸으로 확인할 수 있다. 교회가 생활 속에서 예수 그리스도와 무관하게 살거나 그리스도인으로서 해서는 안 될 죄를 범한 교인에게 성만찬을 금하는 이유가 여기에 있다. 우리가 그 본질을 기억하며 세례와 성만찬에 참여할 때 말씀에 뿌리내리고 예수 그리스도를 따라가는 매일의 삶이 새롭게 시작될 것이다.

믿음 노트

1. 알브레히트 뒤러는 어떤 방식으로 루터의 종교개혁에 힘을 보태주었습니까?

2. 우리가 성례에 온전히 참여하기 위해서는 어떤 삶을 살아야 할까요?

독일의 인문 고전으로 이해하는

청소년을 위한
하이델베르크 교리문답 1

Copyright ©박양규 2016

1쇄 발행 2016년 10월 21일
5쇄 발행 2024년 10월 21일

지은이   박양규
펴낸이   김요한
펴낸곳   새물결플러스

편 집   왕희광 정인철 노재현 이형일 나유영 노동래
디자인   황진주 김은경
마케팅   박성민
총 무   김명화 이성순
영 상   최정호
아카데미   차상희

홈페이지   www.holywaveplus.com
이메일   hwpbooks@hwpbooks.com
출판등록 2008년 8월 21일 제2008-24호
주 소   (우) 04114 서울시 마포구 신촌로28가길 29
전 화   02) 2652-3161
팩 스   02) 2652-3191

ISBN 979-11-86409-78-7 04230

책값은 뒤표지에 있습니다.